慈禧太后

和她身邊的
男人們

U0037517

慈禧像

從葉赫那拉‧杏真、蘭貴人、懿妃、懿貴妃、慈禧太后西佛爺，
她的生命旅程伴隨著這些尊稱的變化而越來越豐富。

太后出遊情景

慈禧出門必定講究排場，除了幾十人的女眷是基本配備之外，兩位心腹寵監也一定隨侍在旁。

女伴簇擁下的太后

跟隆裕（右一）及瑾妃（左一）相比，雖然看得出慈禧有了年紀，但她卻比兩人更加雍容華貴。

太后賞荷

慈禧很有生活情趣，她偏愛花卉，勤政時不忘有閒情逸致賞花。

太后賞雪

慈禧後來雖接受拍照，但仍懷有敬畏之心，因此她拍照前須先選定良辰吉日。

太后扮觀音

這是裕勛齡為她拍下的觀音扮像，這很有可能是中國有史以來的
第一張藝術攝影照片。

太后在頤和園賞雪

慈禧平日除了費盡心機操弄政權之外，賞雪是她閒暇時間很重要
的休閒活動之一。

太后與眾女眷

慈禧愛拍照，可她在接受攝影之前還曾為了照相處罰過珍妃。德
齡姐妹入宮後慈禧便多次留影。

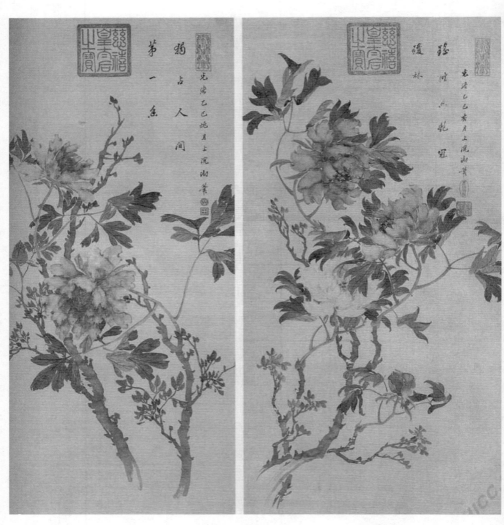

太后畫跡

慈禧的畫雖說不上巧奪天工，但也細膩動人。

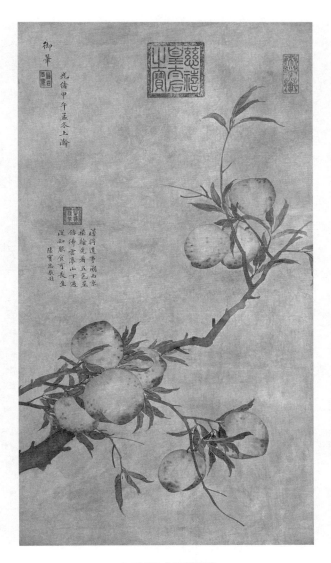

太后畫《仙桃圖》

慈禧從四歲開始就學習禮教，她對文史、詩經、繪畫都很喜歡，
其中書法是她的罩門。

太后手跡《壽》

慈禧逢年過節或是心情好的時候喜歡給人賜字。有一回她賜給京
劇演員的「福」字多了一點，李蓮英便靠機智化解尷尬。

序

　　「男人透過征服世界來征服女人，女人透過征服男人來征服世界。」，這句話是當年美國著名總統甘迺迪夫人賈桂琳的經典名言。對於在男權社會統治中國長達四十八年之久的中國女人慈禧而言，後一句話用來闡釋她具有超人控制力的深刻原因是再恰當不過了。一個四品道員的女兒，在佳麗如雲的後宮中脫穎而出，三度垂簾聽政，兩決皇儲，獨斷乾綱，運大清國脈於股掌之中，除了洞悉人性、工於心計、敢作敢為的帝王素質之外，一群讓她棲息在自己肩膀上的男人是必不可少的生命線。

棲息在皇權上的女人

　　皇權是至高無上的，「普天之下，莫非王土；率土之濱，莫非王臣。」一旦皇權在握，生殺予奪便在一念之間。皇權戰爭精彩紛呈，勾心鬥角爾虞我詐之間，往往暗藏殺機。一個女人一旦與皇權糾纏在一起，便永遠失去了寧靜的生活；一個聰明絕頂且嗜權如命的女人一旦遭遇皇權，當纖手撼動天下時，主導歷史的並不都是男人。

　　中國人對后妃干政向來十分忌憚，周武王時期便有「牝雞司晨，國之禍也」的警誡。西漢武帝時，為了立幼子弗陵為皇帝，漢武帝無故幽閉弗陵的母親鉤弋夫人，理由是「母壯子幼，國之禍也」。明太祖朱元璋更是留下了「後宮不得干政，違者斬」的祖訓。

清朝皇帝十分忌諱后妃干政，清朝的后妃制度規定：「後宮眾女上至太后、皇后，下至常在、答應一律不得處理前朝大臣官員事務，不得私入南書房、上書房等處，不得私下議論朝政為談資，否則視作干政。」然而，事與願違，清朝曾數度女主臨朝，更有人說清朝興盛於一個女人而結束於另一個女人。入關之初，孝莊聰穎睿智，兩次幕後輔佐幼主安邦定國，聲望極高，不少朝臣上奏請太后垂簾聽政都被婉拒。在光緒朝，后妃不得干政的祖訓依然執行不誤，因為瑾、珍二妃「有乞請干預種種劣跡」，被降為貴人，並在一次懲處中被剝衣廷杖，打得神志不清，而下令嚴懲二妃的正是衝破祖制、三度垂簾聽政的慈禧。在男權至上的社會，女主當政往往要衝破無數急流險灘、暗礁巨浪才能一償夙願，沒有大智慧的女子是難得善終的，而有大智慧的女子在中國男權社會兩千年的歷史長河中屈指可數，其中就包括慈禧。

儘管中國文學、戲劇一再用刻板的既定形象描繪慈禧是一個蛇蠍心腸的醜女子，但現實上，她一定長得花容月貌、美貌動人，因為美貌是一個四品官員的女兒接近皇權的一張通行證。關於她姣好的容貌正史記載不多，但眾所周知的是，她是後宮選秀的佼佼者。慈禧的女侍官德齡在描寫慈禧的書中說：「太后當伊在妙齡時，真是一位丰姿綽約、明媚鮮麗的少女，這是宮人中所時常稱道的。」慈禧年近七旬的時候，宮裡來了位美國女畫家卡爾，她在《慈禧寫照記》中也說，「慈禧太后身體各部分極為相稱，美麗的面容與其柔嫩修美的手、苗條的身材和烏黑發亮的頭髮，和諧地組合在一

起」、「嫣然一笑，姿態橫生，令人自然欣悅」。美貌女人笑在最初，智慧女人笑在最後，美貌與智慧並存的女人才能獲得一生的福氣。

如果說美貌賦予她機會，智慧便賦予她能力。朝廷是君臣鬥法的場所；後宮則是嬪妃爭寵的地方。一旦得寵，榮華富貴接踵而至；一旦失寵，輕則孤老終生，重則危及性命。漢初的「人彘案」、宋光宗時的「砍手案」、明朝的「狸貓換太子案」，無不顯示後宮殺機四伏、危機重重。所以，后妃們都要使出渾身解數爭寵奪愛，靜則潛流暗湧，動則血雨腥風。慈禧靜如處子，動若脫兔，忍辱負重，必要時便有奇謀異技、毒心辣手。如一曲江南小調唱動聖心，讓她從眾多美人中脫穎而出；一汪眼淚牽動咸豐帝愛子之情，讓她避免了鉤弋夫人之禍；關鍵時刻暗傳訊息，叔嫂聯盟剷除輔政八大臣；略施苦肉計，計謀慈安性命；嚴懲珍妃，震懾光緒帝等等都顯示了她有超人的謀略和過人的心計，而這些正是一個大國帝王所應有的素質。

如果只是為了計謀後宮，慈禧也成不了清朝唯一垂簾聽政的女人，她嗜權如命的性格，不斷膨脹的政治野心，把她從後宮推上了歷史舞臺。按照清朝慣例，皇帝十四歲便可以親政，可同治帝十八歲才親政、光緒帝十九歲才親政，推遲親政的原因表面上是皇帝不諳世事，仍需輔政，實際上是慈禧攬權不放、愚弄萬民百姓的結果。光緒帝親政不久，因政見不同，慈禧再度垂簾，也只為一個「權」字。慈禧一生兩立皇帝，光緒帝和宣統帝，都不超過四歲，目的是為延續她千秋萬代的「權力夢」。親情誠可貴，權力價更高。她自

私、冷漠，為達目的不擇手段，攬權的慾望超越一切。

慈禧對帝王之術駕輕就熟，能在晚清四十八年的政治漩渦中屹立不倒，但對世界發展潮流卻不甚瞭解，不少人認為慈禧「精於治術而昧於世界大勢」。在一系列中外事件中，其判斷及決策一錯再錯，結果讓中國在半殖民地的泥沼中越陷越深。甲午戰爭激戰正烈時，慈禧罷朝三日，正在頤和園大肆慶生，一句「今日令吾不歡者，吾亦將令彼終生不歡」，令前方戰事節節敗退；八國聯軍侵華後，一句「量中華之物力，結與國之歡心」，暴露了她賣國求榮的決心。令中國人汗顏的「馬拉火車事件」、向八國聯軍宣戰的草率決定、被俄國人屢屢出賣的外交挫折令慈禧成為千古罪人。這實在是國家的悲劇，也是慈禧個人的悲劇！人們對此痛恨過，謾罵過，然而，試想如果慈禧沒有沾上皇權，那事情又會怎樣呢？或許在中國歷史上，女人與皇權實在是一個解不開的謎題。

俯首太后的男人

她是一個亂權干政、毀壞祖宗基業的亡國太后，她的身後背負種種罵名，可相對咸豐帝的懦弱、同治帝的狂躁、光緒帝的獨斷、載灃的無能，她是那個風雨飄搖的時代唯一具有決斷力、凝聚力的無冕女皇。她能在政變的驚濤駭浪中化險為夷，能在內憂外患的風浪中暫保平安，也能在權力爭奪的狂風惡浪中穩操勝券。當然她不是一個人在戰鬥，無論形勢多麼險惡，她的身邊總有謀臣能將為她出生入死。

咸豐帝在熱河駕崩，八位輔政大臣之首的肅順飛揚跋扈，隻手遮天，急於奪權的兩宮太后勢單力薄。關鍵時刻，安德海巧遞「橄欖枝」，恭親王奕訢冒險奔喪，醇親王奕譞星夜斬肅順，一場驚心動魄的最高權力之爭短短六天內以慈禧的勝利而落下帷幕。

　　慈禧掌權之初，太平軍已擁有東南半壁江山，並直逼京師，形勢萬分危急，滿蒙權貴人心惶惶。曾國藩、左宗棠等率湘軍在數年後直搗太平軍京都，太平軍之患化為烏有，大清統治轉危為安。太平軍被滅之際，活動於北方的捻軍勢力坐大，京畿統治再度陷入危局。慈禧派李鴻章率淮軍前往會攻，給淮軍將領加官晉爵，四品以上的淮軍將領竟達兩千多人。四年後，李鴻章等淮軍將領以捻軍的全軍覆沒回報了慈禧的提攜之恩。

　　戊戌政變前，銳意改革的年輕皇帝光緒意圖借助維新派的力量剷除后黨勢力，甚至定下了兵圍頤和園的詳細計畫，母子關係勢同水火。在劍拔弩張的政治鬥爭面前，袁世凱見風使舵，密告榮祿，慈禧太后以迅雷不及掩耳之勢囚禁光緒帝，重掌大權。

　　八國聯軍攻入京師，兩宮倉皇「西狩」，一向穩居後宮的慈禧在西逃中受盡煎熬，心膽俱喪。甘肅布政使岑春煊聞訊，第一個率軍護駕，從蘭州啟程，日夜兼程到北京郊外，護送兩宮人馬到西安。岑春煊率兵「勤王」有功，很快被提拔為陝西巡撫、兩廣總督，成為清末重臣，後能與袁世凱勢力抗衡，史稱「南岑北袁」。遠在山東的袁世凱也趕緊派人送去金銀財寶做盤纏，並派部下張勳等率新建陸軍隨駕護衛，而張勳在護駕中捨生忘死，深得西太后慈禧的稱

讚，說他「忠勇可嘉」。兩宮回鑾時護駕有功的張勳於光緒二十七年（1901）調北京，多次擔任慈禧太后、光緒的扈從，宣統元年（1909）溥儀即位後，歷任江南提督，率巡防營駐南京。除此之外，還有懷來縣令吳永寒夜獻被，已告病歸鄉的御前侍衛李永吉星夜馳往西安護駕等，這些人鞍前馬後，為慈禧出生入死。

縱觀慈禧一生，主政大清四十八年，在她的麾下，能誓死效忠的能臣不可謂不多，內政有恭親王奕訢，外交得力於能臣李鴻章，軍事交給親信榮祿，另有文祥、勝保、桂良、曾國藩、左宗棠、張之洞等權臣幹將多方輔佐。但權力的競逐上沒有永恆的敵人，也沒有永恆的朋友，只有永恆的利益。所以，一個鐵腕女皇的發跡史，不可能處處是歌舞昇平的君臣之樂。慈禧雖著意籠絡群臣，讓他們為己效力，但一旦利益攸關時，她就變成了陰冷、殘酷的血腥太后，她有「三必殺」——功高震主，殺；臣強主弱，殺；臣眾主寡，殺。功勳蓋世的曾國藩在湘軍攻入天京之後，不得不面臨「飛鳥盡，良弓藏；狡兔死，走狗烹」的結局，故為求自保，只得自剪羽翼，裁撤湘軍；幾乎同時陷入危險境地的還有恭親王奕訢，他被頌揚為定亂安邦的賢王，一度形成了「只知有恭親王，不知有大清朝」的局面，光彩遠超慈禧。臣強主弱，禍亂相隨，慈禧借機打擊，奕訢幾經蹉跎，銳意全失；為晚清扛起軍事、外交、洋務重任的肱股重臣李鴻章幾番起伏，只因滿漢有別，功高欺主。

「主賣官爵，臣賣智識。」群臣只有屈尊在一個收放自如、恩威並用，令所有男人為之顫抖、為之傾倒的無冕女皇身後，才能安

心一展才智。

太后石榴裙下的男人

　　慈禧是一位風華正茂的寡婦，也是一位唯我獨尊的皇太后，一生演繹了「一鳳戲雙龍」的至尊人生，情感世界卻一敗塗地。康有為稱她為一個「墮落的宮妃」，她的一生青年喪夫、中年喪子，獨守空閨近五十年，在後宮正史中，她的情感世界一片荒漠，但在民間戲劇和野史的傳說中卻是異彩紛呈，從皇帝、大臣到太監，與她有關的情事盛傳不衰，並一直為人們津津樂道。她嬌媚得寵、外通權臣、內寵豎宦、偷歡民間等等成為市井之夫的噱頭、小說評書的主題。

　　咸豐帝的後宮粉黛三千、美女如雲，慈禧獻媚邀寵，深得聖眷，機關算盡，可三千寵愛集一身的幸福時光也僅僅曇花一現的淒美瞬間。慈安手上的一紙密詔，揭秘夫妻情感原是漏洞百出。

　　她是氣吞山河的至尊，雖然兒子是她內心最軟弱的部分，可惜她是一位澈底失敗的母親。在她眼裡，親子同治帝頑劣不堪，處處與她較勁；在同治帝眼裡，她專橫霸道，不近人情。在她眼裡，繼子光緒帝過分懦弱，不聽號令；在繼子光緒帝眼裡，她嗜權如命，冷酷無情。母子關係勢同火水，雖有子在側卻難享天倫之樂。

　　稗官野史傳言，她與奕訢、榮祿等重臣不時暗度陳倉，情意綿綿，用肉色生香的愛換來操諸己手的權利。慈禧入宮做秀女時，便與奕訢相好，私密偷歡，因而辛酉政變時奕訢死心塌地追隨慈禧。

大權在握後，慈禧專寵榮祿，這位慈禧的初戀情人一再升遷，兩人私通穢亂春宮。

後宮寂寞，半男太監貼身護衛，往往是傳說中後宮戲鳳的主角。傳言她與安德海、李蓮英等內宦香豔度春宵，事洩朝野。安德海在太后榻上肆意獻媚，惹惱了年輕的皇帝同治帝，引來殺身之禍。稗史有傳，八面玲瓏的李蓮英不僅是史上最貼心的奴才，還是太后的枕邊紅人，幾十年鳳眷不衰。

皇宮禁院，厚牆高簷，太后召見重臣必須有一簾之隔，永世難得一見；太監貼心，已非男身，私通多是牆外猜疑。面首（古代專供貴婦玩弄的美男子）卻是後宮寡婦舊夢重溫的奇貨。正史有載，秦時趙姬有呂不韋、嫪毐；南北朝時山陰公主有面首三十多名；唐時武則天則有薛懷義、張易之、張宗昌。據傳慈禧也是此中高手，她獵採四方，葷素不棄，中外兼有，床榻之歡奇聞迭出。清文廷式的《聞塵偶記》載，慈禧曾臨幸琉璃廠一位姓白的古董商；民間不同版本傳，李蓮英推薦北京金華飯店的史姓夥計與慈禧晝夜宣淫；北京琉璃廠琴師張春圃狷介有志節，不願屈節侍太后，貧困而死；更為傳奇的是，英國年輕作家巴克斯在報上撰文稱，自己是慈禧生命的最後歲月一直廝守的秘密情人。

正史未必不是經過皇家包裝的野史，野史未必都是偽史。後院宮禁森嚴，妃嬪紅杏出牆卻不是奇聞軼事，只是不可能在正史中找到記載。坊間有傳聞，戲劇有演繹，電影有創作，宮闈禁事，在嚴肅呆板的正史中更多了一份輕鬆和活潑的氛圍，何嘗不可！

目　錄

第一章

慈禧最敬畏的男人
——丈夫咸豐

他是她這輩子唯一一位竭盡全力去討好和取悅的男人，不僅僅是「夫為妻綱」，更重要的是他是皇權的化身，皇宮裡唯一的光源。六宮粉黛為博得他龍顏一悅，處處暗藏殺機，而她聰慧狡黠，曾一度寵絕後宮。他對她的寵溺和對皇權的時常缺席，無意中造就了一個弱質女流的權欲橫流。

咸豐帝畫像

咸豐帝最愛的兩件事是聽戲和縱慾，他的荒誕不經給了
慈禧走上歷史舞臺的機會。

咸豐二年選秀

　　咸豐帝被後人詬稱為無遠見、無膽識、無才能、無作為的「四無」皇帝，面對國庫空虛、軍隊廢弛、吏治腐敗、天災不斷、百姓起義此起彼伏、西方列強虎視眈眈的爛攤子，他一籌莫展，乾脆沉迷聲色，縱慾自戕。他即位第二年就下令挑選秀女入宮，赫赫有名的慈禧便在那年成了咸豐帝的後宮新寵。

　　咸豐二年（1852）二月，道光帝的喪期一過，二十一歲的咸豐帝按照皇家規矩，迫不及待地進行了他新上任皇帝以來的第一次選秀女，堂而皇之的理由是為了延續皇族血脈，充實後宮。實際上，最重要的是滿足好色皇帝的膨脹性慾。

　　瑞雪殘冰包裹的北京還難得見到草長鶯飛的早春景色，選自全國各地的六十位旗籍佳麗早已坐著驛車來到了京城，來自北京西四牌樓劈柴胡同的葉赫那拉姐妹倆也在驛車隊伍中緊張地等待著。葉赫那拉・杏貞和葉赫那拉・婉貞後來成為了歷史上值得濃墨重彩的兩個人，杏貞即中外知名的慈禧太后，婉貞即醇親王福晉、光緒帝的生母，但此時，她們只是來自鑲藍旗的一個四品道員的女兒。曾祖父吉郎阿做到刑部郎中；祖父景瑞最高任到刑部員外郎，但被牽扯進一樁戶部虧空案中；父親惠征為山西歸綏道員。清朝從順治時就規定，凡八旗人家年滿十三歲至十七歲的女子，必須參加每三年一次的皇帝選秀女。清朝滿、蒙、漢各八旗，共二十四旗，內務府包衣三旗則是清室的奴隸，其秀女只能做「宮女子」。像慈禧有這

樣家庭背景的女子未經選秀，不得嫁娶，而一旦選中，可以「備內廷主位，或為皇子皇孫拴婚，或為親郡王及親郡王之子指婚」。

選秀過程因謹慎而繁瑣，由太監經過兩次選擇。二月初七晚，在各旗參領、領催負責下，運送秀女的車隊來到了皇宮的神武門，在太監的引領下到達順貞門，太監首領在等待著，秀女們按旗籍分組，每組五人、四人不等，一字排開，太監細細審視，容貌端莊秀麗者留下牌子，牌子上書某官某人之女，某旗滿洲人或蒙古人，年歲若干。慈禧姐妹和其他四十多位佳麗留下，其他的由本旗專車載回家，可自行擇配。初選通過的還要進行由太監主持的複選，複選時要對繡錦、執帚等基本技藝進行測試，觀察其儀容形態，不合格的稱撤牌子，出宮回家。出身官宦人家的慈禧姐妹從小家教極好，姿容秀麗，儀態端莊，很輕鬆地便通過了前兩關。選秀中真正最重要的是下一關，皇帝親自「引閱」。

引閱的地點選在了咸豐帝養母康慈皇太妃的壽康宮。這天，年輕而好色的咸豐帝顯得有些自得和興奮，連看好幾個秀女都難符心意，正為此懊惱不已。這時，葉赫那拉·杏貞懷著激動而忐忑不安的心情被喚入殿中，太監命她「抬頭見駕」。咸豐帝眼前一亮，雖非國色天香，但這絕對是個美人：苗條、匀稱的身材，一對靈氣飽滿的杏仁眼睛，眼角微微上翹，一雙靈巧的手，一副彎彎的眉，一個高高隆起的鼻樑，堅強的下巴上是飽滿清晰的嘴唇。因為緊張，她不禁梨頰添紅，羞態橫生，秋波微掩，咸豐帝看得目不轉睛，已有幾分醉態。一位老福晉說了一句：「此女頗有福相。」咸豐帝這

才醒轉過來。初次引閱，慈禧和其他十六位秀女一起留宮住宿，等待複選。慈禧的妹妹因落選，回家自行擇婚。一旦被選為秀女，就不可避免地進入到後宮這個競爭的漩渦中，越接近皇帝競爭就越激烈殘酷，被選中的秀女們還要經過屢屢複試，才能最終獲得后妃封號。

選秀並沒有使慈禧立刻改變命運，相對於同時進宮的他他拉氏而言，慈禧的好戲還在後頭。選秀之後，慈禧和其他十六位秀女被安排在宮廷各處，慈禧曾被安排在皇家園林圓明園一處比較隱秘的「桐蔭深處」。

匆匆的幾次見面，絕非驚豔出色的慈禧顯然沒有給咸豐帝留下多少印象。一連幾個月了，她竟連皇帝的面都沒見著。皇帝是這後宮中唯一的成年男性，可他六宮粉黛，三千佳麗，出則寶馬香車，入則黃羅傘蓋，到處僕從如雲，如果不是情人眼裡出西施，或是驚豔奪目的絕代佳人，成日蜂圍蝶繞的皇帝哪有精力記住一個並非絕而美人的新晉佳麗。後宮妃嬪如林，宮女如雲，大家都依附著皇帝而生。一朝被寵，平步青雲，光宗耀祖；一被冷落，只能眼見「紅顏暗老白髮新」，只能「一生遂向空房宿」。後宮爭寵之戰風雷激蕩，在這厚牆高院裡沒人能獨善其身，生性好強的慈禧更不想坐以待斃。一個不能憑長相一鳴驚人的女子唯有通過聰明的頭腦才能逆轉局面。

慈禧自幼隨父宦游各地，官場的傾軋、角逐，豐富了她生活的閱歷；宦海中的鑽營、貪婪，使她養成了陰險、狠毒的性格；雖是

家中的長女，卻並不受父母寵愛，親情淡漠、缺乏，使她勢利、冷靜。在這等級森嚴的後宮中，只有皇帝和依附於皇帝的人可以呼風喚雨，趾高氣揚，其他的都必須夾著尾巴做人。

慈禧入宮不久，家庭發生重大變故。父親惠征被調任為安微徽寧池太廣道道員，剛上任即遇上太平軍順長江而下，一路勢如破竹，安微巡撫蔣文慶被殺，惠征押解一萬兩銀子輾轉逃到了鎮江的丹徒鎮，操辦糧台，以待援兵。刑部左侍郎李嘉端參劾他臨陣逃脫，咸豐帝一怒之下將其解職查辦。惠征驚駭過度，一病不起，於咸豐三年（1853）六月初三日死於鎮江。家庭慘遭變故，在形勢複雜的後宮，慈禧只能和著淚水往肚裡吞，現在唯一能改變她命運的只有咸豐帝。

命運十分眷顧慈禧，圓明園本為皇家夏宮，皇帝一年難得去幾次，可內憂外患讓咸豐帝心煩意亂，乾脆躲進圓明園寄情聲色。慈禧花錢籠絡了身邊的宮女太監，並與咸豐帝身邊的宣詔太監安德海搭上了線。一天午後，咸豐帝乘著御輦在圓明園漫無目地遊玩，行至一桐蔭深處，清風徐來，傳來一腔腔嬌脆的江南小調。咸豐帝知道這是新晉秀女的所在，一聽這歌曲婉轉，便動了風流心思，順歌而行，來到一處宮殿，見殿內林蔭夾道，花氣襲人，一女子手搖摺扇，蔥指柳腰，正在引頸高歌。咸豐帝見她粉腮若桃，明眸皓齒，唇不點而紅，眉不描而翠，低著頭的溫柔閑雅，像一朵水蓮花不勝涼風的嬌羞，最令人癡迷陶醉。當晚，咸豐帝對她百般憐愛。接連幾天，咸豐帝都翻下了她的綠頭牌。

咸豐二年（1852）五月，秀女決選，咸豐帝收穫頗豐，左擁右抱好不得意，後宮又多了四名「貴人」──蘭貴人、麗貴人、婉貴人、伊貴人，四名「常在」──容常在、鑫常在、明常在、玫常在。咸豐帝和慈禧都酷愛玉蘭花，咸豐帝便封她為蘭貴人，蘭貴人在這些新晉女子中排行第一，咸豐帝把她安排進了長春宮。長春宮的正殿上高懸著乾隆帝的御筆匾額，上書「敬修內則」四個遒勁有力的大字，告誡後宮嬪妃遵守祖宗家法，謹言慎行。咸豐帝不知道的是，這位心高氣傲的女子一旦打開潘朵拉的權欲之盒，便變得「遇佛殺佛，遇魔殺魔」了。

寵信蘭貴人

後宮爭寵之戰歷來風雲變換，波譎雲詭。咸豐帝好色又多情，後宮佳麗無數，卻無固寵，後宮人人自危，奪寵之爭更加激烈。後宮等級森嚴，皇后之下還有一個皇貴妃，兩個貴妃，四個妃子，六位嬪，貴人、常在、答應無定數。慈禧要在六宮粉黛中脫穎而出，美貌和智慧不可或缺。

後人見到的慈禧照片往往乾癟皺巴、難以入目，但這些照片都是慈禧年近七十歲時留下的，二八年華的慈禧卻美豔動人。試想好色而大權獨攬的咸豐帝又不是雄才偉略的齊宣王，怎麼可能像齊宣王一樣勉為其難去寵幸只有智謀、沒有美貌的鐘無艷？

慈禧少女時期，每次出外遊玩時，見過的人都忍不住駐足側目，都說她就像天仙下凡一樣漂亮迷人。慈禧晚年常常炫耀說，年輕時宮裡人都說她長得漂亮，大家都忌妒她。做過慈禧近兩年女侍官的德齡，在她的書中如此描繪慈禧的外貌：「太后當伊在妙齡時，真是一位風姿綽約、明媚鮮明的少女，這是宮中人所時常稱道的；就是伊在漸漸給年華所排擠，入於老境之後，也還依舊保留著好幾分動人的姿色咧！」

美國女畫家卡爾，光緒三十年（1904）八月入宮為慈禧畫像，與慈禧朝夕相處九個月，將自己的親見親歷，記錄於《慈禧寫照記》中。在書中她寫道：「我看眼前這位皇太后，乃是一位極美麗極和善的婦人，猜度其年齡，至多不過四十歲（其實慈禧已年近七旬），而且其性情佳麗姣好，使人一見便生喜悅之情。」、「慈禧太后身體各部分極為相稱，美麗的面容，與其柔嫩修美的手、苗條的身材和烏黑光亮的頭髮，和諧地組合在一起，相得益彰。太后廣額豐頤，明眸隆準，眉目如畫，口唇寬度恰與鼻寬相稱。雖然其下頜極為廣闊，但絲毫不顯頑強的態勢。耳輪平整，牙齒潔白得如同編貝。嫣然一笑，姿態橫生，令人自然欣悅。我怎麼也不敢相信她已享六十九歲的大壽，平心揣測，當為一位四十歲的美麗中年婦女而已。」

西方作家 I・T・赫德蘭在《一個美國人眼中的慈禧太后》一書中寫道：慈禧太后身高中等偏低，但她穿的鞋鞋跟很高，有的高達六英寸，再加上她穿的滿族式服裝，從雙肩垂落下來，所有這些

使她看上去渾身透露著帝王氣度……她的體型非常完美，走起路來步履輕快，體態優雅，而且單從身體外表來看，她的的確確是一個魅力非凡的女人，與她皇太后的身份非常相稱。她的容貌說不上是傾國傾城，但她精力充沛，充滿活力，十分令人愉快。她的膚色稍帶橄欖色，黑黑的睫毛下是一雙漆黑的眼眸，這讓她的臉頰光彩照人。在她漆黑的雙眸裡，時而帶著微笑，時而閃過一絲憤怒。

　　但受封為蘭貴人以後，慈禧並沒有成為獨寵專房的後宮嬪妃，競爭壓力依然極大。後宮與慈禧爭寵的仍有不少，以嬌麗溫順獲寵的雲嬪、以柔媚著稱的麗貴人和以姿容取勝的玫常在同樣深受咸豐帝的寵愛。雲嬪武佳氏是咸豐帝稱帝前的寵妾，姿容超群，是一朵溫順如水的解語花，與咸豐帝情誼深厚，咸豐稱帝後對她寵眷不衰。麗貴人、玫常在和慈禧同年選秀進宮。麗貴人豔若桃子，病若西施，最愛撒嬌弄嗔，嬌媚時柔若無骨，嗔癡時玉骨錚錚，自選秀入宮以來，是咸豐帝的最愛；玫常在徐桂氏因出身低微，頗有心計，總能帶給咸豐帝新鮮和刺激，不久把她晉升為貴人，但她妒忌心重，因而咸豐帝對這位精靈古怪的美人總是又愛又恨。

　　慈禧每天都花大量的時間將自己裝扮得嬌俏可人，宮中內外都薰香繚繞，每晚她希望看到敬事房的太監走入她的房間，給她帶來侍寢的好消息，但大多時候，皇帝實在是分身乏術，她只能佇立窗前，聽麗貴人或玫常在宮中的鶯歌燕舞，暗自垂淚到天亮。如果他偶有臨幸，她便心花怒放，使盡渾身解數，讓他感受她的渴望和熱情。可皇帝真的太忙，她也厭倦了這種反反覆覆的失望，她需要的

是獨寵。環視後宮，慈禧不是最美的，也不是最嬌媚的，如果要集三千寵愛於一身，必要時要出手又快又狠，有時還要學會等待機會的垂憐。

慈禧在殘酷的後宮競爭中，漸漸變得冷靜和成熟。她開始聽從宮人建議，每日飲「駐香露」，使自己漸漸玉體溢香；她聽從御醫建議，用雞蛋清敷面，讓皮膚柔軟有彈性；她讓近侍從宮外採來人奶，天天用人奶沐浴，不久後通體細滑白嫩，肌膚宛如初生嬰兒；用宮中特製的玉容散化妝，使面容珠圓玉潤；她還偏愛中國的各種養生秘方。由於保養有方，二十出頭的慈禧少了剛入宮時的那份青澀，多了一份成熟女人的風韻和嫵媚。

在不斷提升女性魅力的同時，這位剛離開長輩庇護的女孩表現出了超乎常人的競爭能力。她是天生的翻雲覆雨手，在這小小的後宮裡，她潛在的政治才能得到充分的練習機會。她煽動了身邊所有的宮女太監，散盡錢財，四處賄賂，安插眼線，儼然組成一個宮內小社團，而她就是這個團體的首領。他們刺探情報，對咸豐帝每天寵幸的妃嬪瞭若指掌；她指使人陷害寵幸正濃的玫貴人，令咸豐帝誤以為玫貴人在慈禧的點心中下毒，咸豐帝一怒之下將她降為常在，再降為宮女。可咸豐帝對她意猶未盡，幾天後再見她時，她楚楚動人的淚眼讓他憐香惜玉的柔情傾瀉得一塌糊塗，他對她的寵愛有增無減。這讓慈禧感覺失敗透頂，可百折不撓正是她可貴的特質，她很快收拾心情，等待再次伺機而動。

麗貴人一直是個聰明的女人，慈禧的所有伎倆在她面前都不管

用，咸豐帝太愛她了，慈禧還需要經驗和等待機會；慈禧用蠱惑罪陷害雲嬪，雲嬪被打入冷宮，又氣又急，不久後懸樑成了一抹芳魂。

後宮裡的佳麗都不是善與之輩，此時的慈禧雖漸漸略佔上風，但真正的轉折還是到了咸豐四年（1854）。麗貴人懷上龍種，這事很快傳遍宮廷內外，咸豐帝為了保住龍脈，讓麗貴人安心養胎，將目光投向了後宮中那群急不可耐地等待臨幸的嬪妃們。可此時的咸豐帝被政事擾得心神不寧，他需要一朵解語花。慈禧風韻十足，閒時一盞古燈、一卷青書，已經把她薰陶得一舉手一投足都有知性女人的魅力。美貌的女人如果聰明而知性，便像磁場一樣具有強大的吸引力，本是後宮寵妃的慈禧成了皇宮中新的妒忌中心。在這個小小的皇宮裡，暗影是如此深厚，而皇帝是唯一的光源。她很享受這個過程，多年後她炫耀道：「我進宮以後，先帝很寵愛我，對其他人幾乎都不看一眼。」咸豐四年（1854），慈禧被晉封為懿嬪，在榮華富貴的道路上邁進了一大步。

自從受到帝寵後，籠罩心頭的烏雲終於散去，突然間她像是鮮花盛開、通宵怒放，猶如久旱的樹苗忽逢甘霖。她這種快樂感染了皇帝，雖然他在女人身上的興趣廣泛，但他覺得慈禧別有風味，他像一隻殷勤的蜜蜂一樣圍繞她歡快地起舞。

每天晚膳過後，敬事房的太監會端來「膳牌」，牌頭漆成綠色，牌正面書寫后妃姓名及簡單履歷，皇帝對誰中意即翻下誰的綠頭牌。慈禧每晚都會焚香沐浴，精心地梳洗一番，等待皇帝的召幸。自咸豐四年（1854）以後，大多數時候她都不會失望，敬事房的太

監會來傳話。慈禧脫光衣物，躺進太監備好的大氅裡準備妥當，太監領旨進來，把她扛往皇帝的寢宮。據說這種裸體入宮侍寢的制度是雍正帝以後形成的。傳說雍正帝之所以駕崩，是被一俠女所刺，所以後來皇帝每次召幸嬪妃都要裸體入宮，以免懷挾利器。太監把慈禧背入皇帝寢宮後，卸去氅衣。慈禧從皇帝的腳端鑽入被中，不免一番雲雨。近侍太監照例在寢宮外候兩個小時後，高呼時間到，皇帝必須回答，如此反覆三遍，按例應把慈禧送到隔壁暖閣入睡，以保持咸豐帝的體力。隨侍太監還會問留不留，皇帝如果說「留住」，記檔太監便詳細記錄時日，以便作日後備胎的證據；如果皇帝說「不留」，則立即對該嬪妃施行避孕。咸豐帝的妃嬪都不會採取避孕措施，因為咸豐帝急於獲得子嗣。咸豐帝總是會把慈禧整晚留侍身邊，枕香臥軟而眠，直到日上三竿。

　　皇后鈕祜祿氏，即慈安，比慈禧年輕兩歲，但嚴守禮法宮規，即使到了酷夏也將自己包裹得嚴嚴實實，洗浴時不許旁人侍候，人前人後對皇帝都是禮敬有加，咸豐帝對她也十分敬重，然而夫妻生活方面卻對她「敬而遠之」。慈禧的狡點多謀、工於心計令她十分不安，曾勸咸豐帝不要選她入宮，但咸豐帝置若罔聞。慈禧專寵後，咸豐帝「春宵苦短日高起，從此君王不早期」，皇后雖然歷來不受寵愛，但妒忌幾乎是女人的天性。皇后畢竟是六宮之主，有規勸皇帝勤政的義務，也有督促妃子守規矩的權力。皇后見幾次勸說無效，決定以祖宗法制來威儡咸豐帝，先是派了心腹太監摸清底細，次日清晨，便叫太監在慈禧的儲秀宮外誦祖訓，咸豐帝一聽祖訓便

披衣起而跪聽。時間久了，咸豐帝便不再夜夜專寵，但皇后一放鬆，又故技重演，皇后又如法炮製，這下惹惱了咸豐帝，對著太監一頓訓斥，滿腹委屈的太監一傾訴，讓皇后顏面掃地，皇后決定親自出馬。咸豐五年（1855）的一日清晨，皇后親自到儲秀宮外跪誦祖訓，嚇得咸豐帝立刻起身上朝。皇后起駕回坤寧宮，傳慈禧同往。慈禧嚇得六神無主，身邊少了護身符，不得不任憑處置，皇后在宮中對她進行了一頓嚴厲的訓斥，並下令拉出去杖責。咸豐帝上朝後，回想皇后的怒不可遏，根本無心朝政，退朝後急往坤寧宮救美，慈禧這才免了一頓杖責之苦。受了委屈的慈禧回宮後梨花帶雨地一陣撒嬌，令咸豐帝更加寵愛備至。

此事之後，慈禧自知自己名位不濟，收斂了許多，也懂得了要時常逢迎皇帝之餘對皇后也曲意奉承。咸豐帝賞賜了名貴物品，她不時拿來孝敬皇后；她變得謙卑有禮，會用甜言蜜語討好和哄騙皇后；她不再日上三竿還和咸豐帝偎在溫柔鄉裡，不但督促咸豐帝及時處理朝政，她還經常從旁協助。這些轉變讓皇后的心情由雨轉陰，也為她的獨寵減少了許多阻力。

慈禧雖然以美貌獲得了咸豐帝的格外垂愛，但環視後宮，處處都是婀娜多姿的身影，慈禧知道，在眾芳吐豔的後宮想要固寵，不善於審時度勢，妖媚惑主，很可能就是後宮角逐的犧牲品。冷靜睿智的慈禧決定主動出擊，擊敗群芳，獨佔鰲頭。

厚愛智多星

　　咸豐帝時已是清朝晚期，由於承平日久，帝王們早已失去了先祖們的勵精圖治和雄才偉略。日漸腐朽的政局、日漸萎靡和懶惰的皇帝，給皇權旁落提供了滋養的土壤。懦弱而無能的咸豐帝面對破敗的祖宗基業，一味寄情聲色，最終挖空了自己，狡黠多智的慈禧成了他身邊的智多星。

　　咸豐帝即位之初，從道光帝手上接過來的江山已經是風雨飄搖的封建末世，積弱不振的政治局面，加上內憂外患不斷，國家每況愈下。咸豐帝即位的第八個月，洪秀全在廣西金田宣佈起義。太平軍自出金田後連戰連捷，咸豐三年（1853）太平軍攻入南京，改南京為天京，定為國都。太平軍起義歷時十四年，遍及十八個省，東南半壁江山淪入敵手。清兵屢戰屢敗，戰事快報雨片般飛往北京。長江太平軍未靖，捻軍之亂更是乘勢而起，北方十多個省點燃星火，燎原之勢很快就危及京城。內亂未平，外患又起。咸豐帝即位三年後，英法聯軍又生事端，發動第二次鴉片戰爭。英法聯軍佔廣州，趨天津，突破京城，將百年皇家園林圓明園焚於一炬。

　　面對如此艱難而複雜的局勢，咸豐帝感到力不從心，捉襟見肘。太平軍沿長江而下時，清軍一潰千里，咸豐帝寢食難安，曾國藩的湘軍成了對付太平軍的唯一勁旅，但咸豐帝又顧慮重重，一籌莫展，他害怕漢族勢力坐大，於清廷不利，對湘軍有功不賞，有罪必罰，征戰各地卻不給人事、財政大權，致使湘軍一再貽誤軍機。

面對英法聯軍的肆意挑釁，咸豐帝既沒有政治家的韜略，也沒有軍事家的遠謀；既沒有抗戰到底的決心，也沒有講和的勇氣，在和戰之間舉棋不定。戰爭爆發前夕，他還在圓明園大肆慶祝他的三十壽辰。當英法聯軍突破大沽口、攻佔天津後，他卻束手無策，與嬪妃們在圓明園抱頭痛哭，並率領群臣嬪妃「北狩」熱河。自咸豐三年（1853）開始，咸豐帝知道大勢已去，難以挽回，於是萬念俱灰，即位之初的那股勵精圖治、銳意進取的勁頭早已煙消雲散。軍情奏報總是堆積如山，咸豐帝剛通宵達旦地閱完，第二天又一批奏章堆積案頭，大臣們還不時來催問，這讓原來瘦弱的咸豐帝心力交瘁。

咸豐帝批覽奏章時，時常會攜帶寵愛的妃嬪同往，以解寂寞和疲乏。但皇后賢德忠厚，不善言詞，對政事從來不贊一詞；雲嬪、麗貴人、玫常在等不過是豔麗的花瓶，忙於爭風吃醋，對政事提不出什麼建議；唯有慈禧，她是後宮中唯一一位懂滿漢兩種語言，並熟知上下近五千年歷史的妃嬪。她胸懷丘壑，雖然深居後宮，但不少建議都能切正時弊，獲得咸豐帝的認同，還不時有精闢分析、紓困良策，有時讓咸豐帝都自愧不如。慈禧善於察言觀色，洞悉人性，清朝皇帝一向不許後宮干政，咸豐帝也不例外，所以雖然常常侍立在側，她只是默默地替他攤開奏章，端茶研墨，如果咸豐帝不主動提問，她絕不建一言，不多一事。所以咸豐帝對這個善解人意的美人更加寵愛和信任，御覽奏章時不時攜她同往。耳濡目染，慈禧對奏章處理也看出了些門道，所有的奏章軍機處都會按類分好，並提供處理建議，一般奏報皇帝只需批「知道了」之類的語言，重要的

軍情奏報皇帝可以選擇其中某種建議，也可以批上自己的意見。自咸豐四年（1854），慈禧成了咸豐帝的心頭最愛，情投意合時，兩人不免打情罵俏。咸豐帝知道她書法端正，便讓她在奏章上代寫一些簡易字詞，如「知道了」、「再奏」等等。慢慢地，咸豐帝會在疲憊時犯懶，把簡易奏章挑選出來，要慈禧代寫，自己從旁指點，慈禧總也能做得讓他滿意。再後來，他對她的信任與日俱增，連指點也免去，自己乾脆在一旁閉目養神。咸豐帝的懶惰和日益繁重的行政任務給了慈禧越來越多的契機。慈禧在行政上本有天分，家庭教育和後天興趣又讓她如虎添翼。

慈禧從四歲開始，父親就為她請了家庭教師進行教導，學習滿文也學習漢文。慈禧自己對文史、詩經、繪畫都很喜歡，到六歲就能用滿漢兩種語言流利地背誦三字經、百家姓、千字文，與唐詩宋詞了，八歲時開始練習書法，還頗有些心得。不過滿族女子學琴棋書畫，全不為功名利祿，不過點綴應景，修養性情。慈禧雖然聰明且讀書用功，於天分卻不高，習字多年，字總是歪七豎八，不成模樣。有一次，父親甚至動怒，拿起戒尺打她的手，把她的手打得腫了好些天，連吃飯都困難。但這頓打沒有白挨，慈禧於讀書習字上更加努力，這為她此後為咸豐帝協理朝政提供了契機。

慈禧的決斷能力在少女時期就有表現。慈禧十二歲時，祖父因為一樁戶部虧空案牽連入獄。飛來橫禍讓慈禧一家驚恐萬狀，父親頓時措手無策。慈禧建議父親變賣家產，向親友借貸，想方設法籌款，先救祖父出獄。年幼的慈禧隨父親拜訪親友，上下打點，因為

她聰明伶俐，能言善道，總能說服親友接濟她們，最終花了一年多時間，湊足了資金，贖出了祖父。父親倍感欣慰，逢人便說：這個女兒，可以當兒子使。親友也直誇她能幹，能當大任。

慈禧入宮後仍然天天以讀書、畫畫自娛。她的草書和蘭竹後來在宮中受到追捧。慈禧尤其愛看些歷史典籍，自入宮開始，即使是酷夏，一懷涼茶，一把摺扇，她獨立窗前，堅持不輟閱覽前朝典故、近朝人物，漸漸對為政得失有了一些感慨和認知。這在「女子無才便是德」的晚清，在忙著塗唇描紅的後宮，慈禧的行為絕對算是驚人之舉。

術業有專攻，慈禧雖然機敏善變，學習刻苦，但事實上文化修養仍是不高。保存至今的唯一一份慈禧手書，是一份罷免恭親王職務的上諭，全篇二百二十四個字，錯別字達十一個，且語句也不是很通順。當然她的楷書是臨過帖的。

咸豐六年（1856）之前，慈禧雖能批閱一些簡單的奏章，但都不過是代筆，咸豐帝雖無能卻不昏聵，他只會允許慈禧在自己的眼皮底下做一些無關緊要的瑣事。望著日漸破碎的山河，日漸繁重的政務，為了逃避現實，他漸漸沉溺酒色，朝政大事也逐漸被耽誤。奏章漸漸堆積如山，他既不願交給后妃，也不願交給權臣，最終還得自己親自出馬。如此反覆，讓他煩不勝煩。

圓明園本是皇家夏宮，皇帝一般三四月才入園，然後八月往熱河木蘭秋狩。咸豐帝托言因疾頤養，一般正月便入園，終年留在園中，連朝政處理也搬到了圓明園，慈禧也隨皇帝入園居住。在圓明

慈禧太后
和她身邊的男人們

園少了宮中的祖法約束，咸豐帝恣意縱情，玩得不亦樂乎。滿漢不聯姻，這是清宮祖制。據載，孝莊太后曾在宮門外豎了塊鐵牌，上書：「敢以小腳女子入此門者斬。」但在順治、康熙、乾隆等朝，後宮中都有漢族女子的倩影。咸豐帝玩膩了滿蒙女子，不免生厭。一個奸佞大臣便阿諛奉迎，暗中挑選了十多名年輕貌美的漢女充盈宮室。咸豐帝把她們安置在圓明園各處的樓臺亭館中，備受寵幸的有「四春娘娘」：牡丹春、海棠春、武陵春、杏花春。她們個個丰姿綽約、豔麗超群。咸豐帝終日擁嬌愛翠，鶯歌燕舞，把圓明園當作了銷魂之所，忙得樂不思蜀。咸豐帝還鍾情於一位寡婦曹氏，山西人，長得秀美嬌豔，嫵媚動人，一雙纖纖細足，配上明珠鞋履，行動處搖曳多姿，咸豐帝對她寵愛備至。

他隨身攜帶春藥，或宮內隨處都放置春藥以備不時之需，尤其是圓明園內，處處是他春風一度的如意場。翰林丁文誠有一次被召到圓明園觀見，因為提早到達，小太監將他引至一個偏殿中等候。丁文誠見茶几上白玉盤中有幾顆葡萄紫綠碩大，忍不住嘗了幾顆。幾分鐘後陽物暴長，他情急生智，臥地喊痛，這才躲過一窘。咸豐帝日日春宵，只恨時日太短，奏章處理總是一再拖延，大臣們叫苦不迭。圓明園裡到處是渴望恩寵的青春女子，咸豐帝只恨分身乏術，這時慈禧的重要性更加凸顯出來了，咸豐帝乾脆把不甚重要的奏章全部交給慈禧處理，盡可能地節省時間去遊園玩樂，但重要奏章不是大臣們三催四請，總是批不下來。慈禧總能在關鍵時刻成為咸豐帝的「救命稻草」。

040

　　一次，太平軍兵臨武漢，湖北巡撫幾次向朝廷告急，要求增派援兵。武漢是九省通衢之地，扼南北，通東西，地理位置十分重要，當時太平軍步步緊逼，清軍節節敗退，隨時有城破的可能，奏章幾天都沒有批下來，大臣們急得如熱鍋上的螞蟻，可咸豐帝與他的嬪妃們還在笙歌燕舞。大學士潘祖蔭等乾脆跪在圓明園請旨，咸豐帝這才不情願地審閱奏章，可這時太平軍早已將武漢收入囊中，準備沿長江而下，正威逼江西九江。當時八旗、綠營等正規軍在太平軍面前一觸即潰，根本不堪任用，軍機處提供的建議都欠妥，咸豐帝也一時沒了主意。

　　慈禧早已聽說了此事，便到咸豐帝的御書房來，照例磨墨不語。咸豐帝心中煩悶，愁眉不展，坐立不安，慈禧輕輕走過去，捶肩揉背，溫言寬慰，咸豐帝心中舒展了不少，當然免不了一番抱怨。慈禧靜靜地聽完事情原委，建議咸豐帝，大敵當前，暫時拋棄滿漢觀念，大膽任用曾國藩的湘軍，先躲過這一劫，以後再來剪除曾國藩的羽翼不遲。咸豐帝一聽如醍醐灌頂，幡然醒悟過來，下旨命湘軍前往收復失地。

　　咸豐帝是個典型的戲迷，愛看戲，愛唱戲，有時甚至自己也粉墨登場。皇宮內有御用戲班，有時一天三場大戲，咸豐帝看得意猶未盡，還要求嬪妃太監替他演戲，他自己做導演，在一旁看得樂不可支。英法聯軍突破天津大沽口時，僧格林沁的部隊節節敗退，圓明園卻在張燈結綵，鑼鼓喧天，大臣們與皇室在一起賞戲三日。軍機處的大臣們如坐針氈，不時敲敲咸豐帝的邊鼓，咸豐帝迫於無

奈，急匆匆地作出大致處理意見，便叫慈禧在奏章上酌量施朱。

咸豐帝愛酒貪杯，一飲即醉，一醉便鬧，大耍酒風，每次喝醉必然遷怒於內侍宮女，甚至寵妃。如果能倖免於死，咸豐帝醒後悔悟，對妃嬪則必定寵愛有加，對宮女太監則大加賞賜，可是不久又醉，故態復萌，弄得後宮人人自危。尤其是英法聯軍入侵後，他還能一連醉幾天，只是寵幸妃嬪，毒打內侍宮女，不理朝政。慈禧倒經常能倖免於難，因為她聰穎過人，會避鋒芒，再則咸豐帝還賴她處理「麻煩事」呢。咸豐帝酒醒之後，見慈禧的處理得體妥當，下次便放心再醉。

雖然不可過分誇大慈禧在咸豐朝政中的作用，但不可否認的是，慈禧是咸豐所有的妃嬪中唯一通滿漢兩種語言的，也是唯一有具體行政經驗的，她是後宮中當之無愧的智多星。是鳳凰總會棲上枝頭，慈禧缺乏的只是機會。

最後的嫡子

封建皇位繼承制的原則是父死子繼，立嫡以長，這種原則輕易不可更改。因此，歷朝歷代皇帝都把生育當成政治大事來看，盡可能地充實後宮妃嬪，盡可能地生育更多的男性子嗣。對於沒有子嗣又想固寵固位的后妃而言，生子也成了她們的最高理想。

子嗣的多少往往與王朝的興衰緊密相連。以清朝為例，皇太極

十一個兒子、順治帝八個兒子、康熙帝三十五個兒子、雍正帝十個兒子、道光帝也有九個兒子，而咸豐帝只有一根獨苗，同治帝、光緒帝、宣統帝都沒有子嗣，光緒帝、宣統帝都是王族子弟入繼大統，同治帝成為皇宮禁院裡最後一個長到成年的男孩。

直到咸豐四年（1854），二十三歲的咸豐帝雖然春秋年富，但大婚已經七年，後宮眾女卻還沒有子嗣的跡象，當時宮廷內外「皇上沒有生育能力」的流言不脛而走，各股政治勢力蠢蠢欲動，咸豐帝更加焦躁不安，求子的強烈慾望充斥宮廷。直到咸豐四年（1854）年底，聖眷正隆的麗嬪懷上身孕，流言才不攻自破，咸豐帝也因此欣喜若狂。可後宮妃嬪各懷鬼胎，麗嬪也是妒忌的高明主兒，懷上龍種後自然處處小心，終於咸豐五年（1855），皇長女榮安固倫公主呱呱墜地。麗貴人生的只是個公主，眾妃嬪懸著的心這才放下，大家都還有希望。咸豐帝對這位女兒的寵愛非同一般，第二天即宣佈晉封麗嬪為麗妃，並於當年十二月舉行了隆重的冊妃典禮。因為皇位傳男不傳女，皇位至今無人繼承，咸豐帝和眾宮妃一樣心急如焚，煞費苦心。誰再拔得生子嗣的頭籌，誰就能像再造社稷的功臣一樣，功勳卓著，永享富貴。

慈禧清楚，要在這後宮中固寵，唯有母憑子貴，可慈禧入宮好幾年，寵眷不衰，也未能受孕。慈禧一直有比較嚴重的痛經，一到經期那幾天便苦痛不堪。痛經有可能引起不孕，可慈禧地位低微，不敢隨意召太醫，而且一旦痛經的毛病外洩，必然會留下把柄，慈禧為此心急如焚。一次，慈禧與咸豐帝正在郎情妾意時，慈禧撒嬌

說自己常常腸胃不適，有時疼得難以忍受。咸豐帝愛妻心切，很快傳來太醫診斷，太醫給她開了一副養血調經、行氣活血、止痛散瘀的藥方，慈禧堅持不斷服藥達一年有餘，痛經的症狀慢慢消減。

咸豐五年（1855）六月，慈禧喜獲龍種，其激動的心情難以言表，但她偷偷地不敢聲張，只是私下告訴了咸豐帝。咸豐帝得知這個消息，恨不得詔告天下，可慈禧請求他，等她胎兒三個月成形後再公佈，咸豐帝為了避免後宮相殘，一直偷偷地召御醫為慈禧保胎。直到慈禧胎相明顯，大家才人盡皆知。慈禧自己也格外小心，一定要保證順利產下龍子。一方面她利用懷龍種的優勢，撒嬌任性，牢牢將咸豐帝的心拴在自己身上；另一方面，後宮中母憑子貴，也會子憑母顯。皇后是咸豐帝的嫡妻，皇后一旦生子，將來奪儲的機會便會很渺茫。慈禧在咸豐帝面前不著痕跡地中傷皇后，致使咸豐帝對皇后更加疏遠；慈禧懷孕期間，暗中四處活動，將兩位最有競爭實力的妃子拉下了馬，雲嬪被她陷以蠱惑罪，自殺而亡；寵幸正隆的麗妃誕下公主後，慈禧便偷偷地在保養品中下毒，致使麗妃花容失色，咸豐帝見後大倒胃口。

咸豐帝現在所有的重心都在這個即將出生的龍種上，每天他都要數次守在慈禧跟前，聆聽孩子的胎動。隨著胎兒漸漸長大，到第七個月時，他破例召慈禧的母親帶兩名僕婦提前一月到宮中細心照料慈禧。咸豐六年（1856）正月伊始，大腹便便的慈禧就成了宮中的重頭戲。盼子心切的咸豐帝早早地便讓太監們籌備慈禧分娩事宜。正月初九，咸豐帝命欽天監博士張熙選「刨喜坑」的「吉位」，

即滿族人用來掩埋胎盤和臍帶的吉地。張熙經過一番考察，選定了儲秀宮後殿東邊門為吉地，隨後三名太監刨好「喜坑」，兩名姥姥在喜坑前念喜歌，撒放一些筷子、紅綢子和金銀八寶，取意「快生吉祥」。

正月十八，內務府送來精奇媽媽、燈火媽媽、水上媽媽各十名，慈禧挑了兩名名份最高、生過男孩的婦女備用，另有兩名經驗豐富的接生婆，從二月初三起，在儲秀宮「上夜守喜」，太醫院也有六名御醫輪流值班，以備不時之需。這種輪值直到分娩後的十二天才止。隨著預產期的臨近，新生兒的一切備用物品全部準備妥當。三月，慈禧臨近分娩時，各種接生工具、新生兒吉祥物等陸續運進儲秀宮，各班人員嚴陣以待。

咸豐六年（1856）三月二十三日午時，太監總管韓來玉向咸豐帝奏報：慈禧巳時就已經坐臥不安。咸豐帝大喜，停擺一切朝政，專門在宮中等待真龍誕生。十幾分鐘後，韓來玉再奏，接生姥姥說慈禧即將臨產。下午二時，韓來玉再報：慈禧產下阿哥，母子平安。宮廷外烽火連天，宮廷內卻在張燈結綵，滿朝文武額手相慶。咸豐帝更是欣喜若狂，慎重地為新出生的阿哥取名為載淳，即後來的同治皇帝。咸豐帝即日宣佈：慈禧加封為懿妃，於當年十二月舉行冊封典禮。各路接生姥姥、太醫、宮女、太監論功行賞。不幾日後，咸豐帝又宣佈大赦天下，普天同慶達三天之久。

按照清朝祖制，皇子生下來後，無論嫡庶，都有保姆抱出，由宮內專門的乳母哺乳，而生子的嬪妃安心休養生息。慈禧產後腸胃

乾燥,御醫給她開了回乳生化湯慢慢調養,不久脈息沉緩,身體漸漸康復。載淳一周歲的時候,宮內大肆慶祝,咸豐帝再下諭旨,懿妃晉封為懿貴妃。

但有人懷疑載淳並非慈禧親生,而是後宮他人所生,或是以女換男。有人說,載淳為咸豐帝後宮一個地位低下的宮女所生,當時慈禧無子,於是偷偷收養,暗中毒死其母親,咸豐帝得知消息時,慈禧已生子一月有餘。咸豐帝信以為真,大喜,為阿哥取名載淳,封懿嬪為懿妃;也有人說慈禧本生了個女兒,寵監安德海勾結老太監汪昌,買通了穩婆劉姥姥,從宮外偷換了個男孩,即載淳。這一計畫是安德海一手導演,連慈禧都蒙在鼓裡——當然這兩種說法都不足為信。慈禧生子的過程備受關注,每一步都興師動眾,並在宮廷資料中留下了詳細的記載,要在眾目睽睽之下作假,恐怕比登天還難。

載淳的出生再一次鞏固了慈禧在後宮的地位,因為沒有皇貴妃,慈禧在後宮位居第二,但皇后沒有兒子,母憑子貴,慈禧母子成了後宮最閃亮的「明星」。在妃嬪眾多的後宮也並非有子萬事足,慈禧雖然是咸豐帝的最寵,可咸豐帝未過而立之年,宮內有十多位妃嬪都有受孕的機會,慈禧還不能掉以輕心。曾經有一個宮女得到咸豐帝的一次垂青後,意外受孕,慈禧立刻得到了消息,便暗中設計將其毒害。可百密必有一疏,還是會有漏網之魚。咸豐八年(1858)二月,玫貴人為咸豐帝生下了皇次子。心花怒放的咸豐帝立即將她晉封為玫嬪,並打算進一步封妃。面對這個潛在的最大敵

手，慈禧毫不手軟，買通玫嬪身邊宮女，在新生兒的食物中摻進了一點毒藥粉末，皇次子很快夭折。玫嬪出身低微，即使有冤也無處可訴，漸漸心生怨恨，脾氣越來越暴躁，咸豐帝覺得她不可理喻，很快寵愛全失。

咸豐帝最終子嗣單薄，後來皇宮再也沒出生過男孩，載淳成了皇宮裡最後的嫡子。皇帝的生育能力如同他們的王朝一樣，氣數已盡，儘管最終苟延殘喘了幾十年，但畢竟回天乏術，難逃終結的命運。

臨終托孤

帝國雖然已經千瘡百孔，剛過三十歲的帝王卻還春秋方富，朝廷內外各方勢力更迭轉換，依然可以在強有力的中央集權範圍內得到解決，所有人都在享受這種短暫和平帶來的快樂，殊不知一場權力爭奪的政治大風暴正在悄悄臨近。

咸豐十年（1860）七月，英法聯軍屢敗清軍，兵逼通州。咸豐帝又氣又急，揚言要御駕親征，但隨即又同意英使入京換約，但要求使臣遞國書時需行跪拜禮。試想英國使臣馬戛爾尼觀見乾隆帝尚且不肯屈膝，如今勝券在握，又豈肯稱臣？談判中止，雙方再次兵戎相見，北京防線一潰千里，仍在圓明園醉生夢死的咸豐帝聽到噩耗，驚慌失措，恨不得立刻拔腳便逃，這引起了一些大臣的強烈反

對。大學士周培祖冒死質問：「國君應與社稷同在，你逃往哪兒？！」惇親王奕誴、恭親王奕訢、醇郡王奕譞等宗室抱足苦諫，但恐懼還是戰勝了江山社稷，咸豐帝走意已決。正當他又羞又惱時，肅順、端華等大臣支持了他外逃的計畫，咸豐帝如久旱遇雲霓，找到了依靠。

　　肅順成了外逃熱河直到咸豐帝去世期間咸豐帝的肱股大臣。肅順以剛毅果斷著稱，果斷地處理過「戊午科場案」、「戶部鑄錢局案」、「戶部銀庫貪盜案」，致使大小數百名官員人頭落地，官場風氣為之一肅，三起大案也使他名震天下。肅順藉這三案巧妙地達到了排除異己、培植力量、把持朝政的目的。肅順十分鄙夷滿人，說「咱們旗人混蛋多，懂得什麼」，但對漢人十分尊重，說「漢人是得罪不得的，他們那枝筆厲害得很」，因而他的身邊籠絡了一批有才幹的漢臣。

　　英法聯軍突破通州防線時，咸豐帝已能聽到遠處傳來的隆隆炮聲，歷來深居皇宮的咸豐帝何曾見過這陣勢，嚇得驚慌失措，下令「北狩熱河」。因為事出突然，一些嬪妃無車可坐，咸豐帝也顧不得往日溫情了，下令將她們滯留圓明園，英法聯軍入園時，她們全部投水自盡。逃難的過程中，因為條件艱苦，主管大臣肅順成了眾矢之的。咸豐帝向熱河逃難的第一天，晚飯只吃到到了燒餅、老米膳、粳米粥等粗糧，到第二天早上，才喝到一點豬肉片湯。連平常吃慣山珍海味的皇帝都吃不到好東西，別人可想而知，大家只能喝豆漿。不當家自然不知柴米油鹽貴，一向嬌生慣養的嬪妃們眼見條件

艱苦，便一味遷怒於肅順。嬪妃們紛紛猜測，肅順本人花天酒地，卻只給皇后供應素菜。慈禧入宮近十年，早已習慣了錦衣玉食，何曾受過這種顛沛流離的苦，因為坐著的車太不舒服，要求換輛好點的，肅順騎在馬上冷嘲熱諷地說，現在兵荒馬亂，是什麼時候了，有一輛車就不容易了。

好不容易到了熱河承德避暑山莊，咸豐帝還是又驚又怕，宿夜憂歎，難以入眠，更加沉湎聲色，加上體質屢弱，漸漸病入膏肓。北京城的戰事已經塵埃落定，上百年皇家園林毀於一旦，祖宗基業在他手中變得支離破碎，咸豐帝肝膽俱裂卻無計可施，他不願回轉京城面對滿目瘡痍，寧願背負罵名，繼續留在熱河縱情聲樂，在天昏地暗中享受他人生最後的瘋狂。庸主在位，必出權臣。咸豐帝無心政事，熱河的大權把持在以肅順為首的權臣手中。

戰事剛定，熱河物資缺乏，這些嬌生慣養的妃嬪每日清湯淡水，必然日久生厭，後宮妃嬪把所有積怨全部發洩到肅順身上。為了維持皇家禮儀，咸豐帝的膳食依然維持二十多個菜的宏大場面，皇后曾建議咸豐帝削減，咸豐帝本不情願，最終勉強答應，肅順等人卻將其駁回，這引起了皇后的不滿。咸豐帝還令肅順等大舉修葺熱河，搜羅娼優，每日聲色歌舞，身體自然每況愈下。後宮嬪妃把這一切罪責歸於肅順，指責他是為了蒙蔽聖聽，好把持熱河朝政。三人成虎，流言累積，肅順成為後宮的矛頭所向。

肅順弄權攬政也引來了許多衝突，同樣野心勃勃的慈禧成為了他的重要對手。英法聯軍侵華時，肅順等力主逃往熱河，慈禧表示

反對；《北京條約》簽訂後，慈禧勸說咸豐帝早返京城，而肅順堅持繼續留在熱河療養；咸豐帝重病在榻時，慈禧又力勸咸豐帝召肅順的宿敵恭親王至熱河。肅順早將她視為眼中釘，常在咸豐帝跟前離間他們的夫妻情分。

　　肅順和慈禧究竟誰是誰非，無論是只為慈禧辯解的清宮檔案，還是心向肅順的某些民間野史，都沒有十足證據在這些細節上明辨是非。但無可辯駁的是，一向弄權攬政的肅順遇到了嗜權如命的慈禧，一場殊死搏鬥是在所難免的。

　　一個陽光明媚的春日，咸豐帝與眾妃嬪泛舟湖上。慈禧見咸豐帝興致很高，想到自來熱河以後咸豐帝對自己的種種猜疑和冷落，決計在皇帝面前表現一下自己，希望能彌補嫌隙。慈禧稱自己曾生活於南方，有過駕船經驗，一定要親自操槳划船，咸豐帝玩興正濃，立刻答應。不料，慈禧撐篙不穩，船隻發生側翻，咸豐帝不慎跌落水中，湖上頓時一片慌亂。慈禧弄巧成拙，一時也慌了心神，不知如何應對。幸虧侍衛眼疾手快，很快將其救起，但咸豐帝不僅跌傷了腳，還弄得狼狽不堪，在眾大臣妃嬪面前丟了面子，難免遷怒於慈禧。自熱河開始，咸豐帝便不再讓她處理奏章；自落水事件後，連慈禧提出的參政建議，咸豐帝也懷疑是別有用心。咸豐帝曾私下裡對皇后說過，慈禧有想操政的跡象，野心勃勃，不得不防。見咸豐帝起了嫌疑，肅順覺得有機可乘，趁機地落井下石，提醒咸豐帝努爾哈赤時期那個葉赫滅清的預言，目的是想借咸豐帝之手剷除這個潛在的最大政敵。

　　慈禧本姓葉赫那拉，那拉即太陽，葉赫即河邊。明初，「河邊的太陽」葉赫部打敗了自稱是「大地上最尊貴的金子」——愛新覺羅家族，成為東北四大部落之一。明萬曆年間，建州女真的愛新覺羅家族與海西女真的葉赫部在稱霸中兩強相遇，智勇雙全的努爾哈赤所向披靡，將葉赫城殺得血流成河，葉赫部首領金台石臨死前厲聲呼喊：「我的子孫，即使僅存一個女子，也必將顛覆滿洲！」從此，清朝祖制，後宮不選葉赫氏，可時日一久，這條規定也成了一紙空文。

　　有一次，咸豐帝臥病在榻，肅順侍立一旁。咸豐帝談到對慈禧最近作為的種種不滿時，肅順勸咸豐帝效仿「鉤弋夫人故事」，將慈禧殺害。鉤弋夫人是漢武帝晚年的寵姬，漢武帝準備立鉤弋夫人之子弗陵為帝，然而害怕將來主少母壯，母后干預朝政，重蹈呂后掌權的覆轍，因而藉故將她幽禁。無罪受罰，鉤戈夫人在雲陽宮抑鬱而終。咸豐帝不是沒有考慮過這個問題，但縱觀局勢，一直猶疑不決。

　　為了達到整垮對方的目的，肅順和慈禧彼此中傷，鬥爭已到了你死我活的激烈程度，在後宮中逐漸失寵的慈禧在政治上已漸顯頹勢，甚至一度有了性命之憂，她必須反將一擊，爭取主動。

　　慈禧得知咸豐帝有仿效「鉤弋夫人故事」的念頭，嚇得整日憂懼難安。皇后生性善良，不忍其母子分離，主動回避，讓慈禧日夜抱著兒子在咸豐帝病榻前哭泣，以求得咸豐帝的同情。咸豐帝看了看昔日的寵妃，回想起往日的種種柔情，想到她為皇室誕下唯一的子嗣；他又看了看年幼的兒子，小載淳一副淚眼婆娑的樣子，咸豐

帝忍不住一陣心痛，不忍心兒子失去生母，當然他也擔心，慈禧一死，剛愎自用的肅順會像清初的鰲拜那樣專權擅政，他需要富有謀略的慈禧來制衡肅順等權臣。

到咸豐十一年（1861），咸豐帝大多時間都纏綿病榻，但只要偶有好轉，他便飲酒、寵幸妃嬪、大肆賞戲。他總是要玩得盡興而眠，想到國事糜爛，時日不多，身後事難以預測，他內心狂躁，無法寧靜，只能用酒精、鴉片來麻醉自己。七月十四日，病情剛有起色，他便傳熱河官員一同到煙波殿賞戲，戲到深夜，他仍然意猶未盡，可此時他早已多日未曾進食，身體虛弱得如風中枯葉。兩天後，咸豐帝終於油盡燈枯。午飯剛過，咸豐帝便暈厥過去，直到深夜才悠悠醒轉，神智雖然還算清晰，但力氣全無，他知道自己大限將近，身後事必須做出安排，可他連提筆的力氣都沒有了。當日深夜，他召見了自己最信任的八大臣，面授遺旨，將獨子載淳立為皇太子，任命八大臣為顧命大臣。八位顧命大臣的領袖人物是肅順，另七人為怡親王載垣、鄭親王端華、駙馬景壽、兵部尚書穆蔭、戶部左侍郎軍機大臣匡源、帝師杜受田之子工部侍郎杜翰、太僕寺少卿代草御詔焦佑瀛。八位顧命大臣中四人為宗室貴族、軍功貴族，四人為軍機大臣。載垣等請咸豐帝用朱筆親自謄寫，以示鄭重，但咸豐帝此時已經進入彌留，不能握筆，只能口授，命廷臣代寫。八大臣離開時，已是次日子時。咸豐帝喘上一口氣來，覺得疲憊不堪，御醫示意讓他休息一下，所有人退到殿外等候。這是一個不眠夜，行宮內整夜燈火通明，后妃們不敢驚擾聖駕，在自己寢宮內焦急地等待

召見，大臣們侍立在外殿，一步也不敢離開。

次日清晨，咸豐帝喝了些流食，狀態稍有好轉，立刻召見了皇后。此刻，他才真正感覺到自己最信任的人是誰，他有些後悔往日對皇后的冷落，他真希望唯一的子嗣能是皇后親生。皇后生性善良穩重，慈禧足智多謀，將來難免母以子貴，咸豐帝擔心慈禧會對皇后不利，對江山社稷不利，將來說不定像呂后跟武后一樣女主臨朝，大權獨攬，他鄭重地將一份手諭交給淚痕滿面的皇后，再三叮囑皇后：「此後她如能安分守己，則罷；否則妳可出示此詔，命廷臣傳朕的遺命除掉她。」慈禧攬權不幸被咸豐帝言中，只是這份密詔最終沒能成為慈安太后的護身符，反成了她的催命符。狡詐多變的慈禧在慈安生病時，割肉作藥引，感動得老實的慈安當面將遺詔燒掉。陰險毒辣的慈禧表面上對慈安感泣不已，實際上已起殺機，遂藉向慈安進獻點心之機，暗下毒藥，加以謀殺。他一樣不信任肅順等八大臣，肅順剛愎自用，容不得異己勢力，將來大權獨攬，難免隻手遮天，像鰲拜一樣存有異心。為了防止權臣擅權，咸豐帝另外還交了一枚「御賞」印章給慈安。隨後，咸豐帝召見了一直等在宮門外的慈禧。慈禧抱著兒子小心翼翼地走到咸豐帝的病榻前，兒子載淳還不能理解眼前的一切，但他被行宮內悲戚的氛圍感染了，閃著眼淚摟住父親，用他的童言稚語安慰父親。咸豐帝更加傷感，瘦弱的臉不時流下兩行清淚。慈禧只是在一旁默默地流淚，咸豐帝將「同道堂」印章交給兒子載淳，暫時由生母慈禧保管，又很隱晦地叮囑她不得效仿武則天，應安分守己，輔助幼帝。慈禧對咸豐帝

的警告幾乎充耳不聞,她明白授予「同道堂」印章等於賦予她大權,她表面悲戚,內心狂喜,她要利用這枚印章為自己母子贏得更大的生存空間。咸豐帝規定,顧命大臣擬旨後要請兩位太后蓋上「御賞」和「同道堂」印章方能生效,但他沒有明確彼此權力的大小。咸豐帝希望顧命大臣與兩宮太后彼此制約,權力權衡,既避免權臣隻手遮天,又防止後宮專政,年幼的皇帝平安長大後能順利地接管政權。

安排妥當後已到了次日午時,咸豐帝不免感到饑餓,想喝冰糖燕窩,卻劇咳不止,又想喝些鹿血,太監飛奔出去取;咸豐帝有些無奈,他等的鹿血還在路上,但他自己已能感覺到身體的各個部分正在抽絲般逝去,最後一口長長的吸氣再也沒有呼出。年僅三十歲的咸豐帝奕詝在煙波致爽殿駕鶴西去,殿內哭聲震天。當時載淳年僅六歲,皇后二十五歲,慈禧二十七歲,熱河行宮的行政大權落入了八位顧命大臣之手。

這位庸碌無為的皇帝從始至終都沒有精明過,連他的臨終托孤都漏洞百出:一是沒有充分認識到慈禧的政治能力;二是忽略了最為重要的一股勢力——以恭親王為首的帝胤勢力;三是完全漠視了一個重要事實,慈禧擁有挾天子以令諸侯的天然權力。在強手如雲的皇權鬥爭中,往往生死成敗就只需一招,何況是如此重要的絕式。咸豐帝的臨終托孤註定了失敗的結局。

歷史上著名的辛酉政變即將登場,它將咸豐帝臨終前的安排徹底顛覆,慈禧將在今後的中國政治舞臺上縱橫捭闔達四十八年之久,歷史將掀起它風雲變幻的另一頁,慈禧的時代即將拉開序幕。

第二章

慈禧最疼愛的男人
——兒子同治

他是至尊皇權的法定代表人，她是無上權力的實際操縱者，她賦予了他皇帝身，他成就了她權力夢，雖然他是她的獨子，他是她唯一想去愛的人，但他們彼此心存芥蒂，她的母愛嚴厲而專橫，他的孝心疏遠而叛逆。

同治帝畫像

同治帝載淳上臺後似乎只做了一件事：重修圓明園。他其實自始至終沒有掌握過皇權。

龍椅上的童年歲月

他是幸運的，出生帝王之家，享受著齊天之福，過著錦衣玉食、鐘鳴鼎食的生活，沒有兄弟相爭，順利坐上龍椅；他也是不幸的，六歲喪父，母親嚴厲，龍椅上的童年無聊乏味。

同治帝是在萬眾期盼中降生的，又是在萬千寵愛中成長的。除了愛吃醋的妃嬪們，上至咸豐帝、懿貴妃，下至宮女太監無不對這個小皇子盡心盡力。和母親懿貴妃雖然不能常見面，但那種母性的溫柔和寵愛是同治帝從小依戀的港灣。對於這個活潑好動的兒子，咸豐帝更是視如掌上珍寶。他抱兒子上馬到皇家園林圍獵，在大臣們面前炫耀兒子的聰明乖巧；他把他抱上紫禁城的大石獅，滿足他登高遠眺的好奇心；他在圓明園帶他賞戲，允許他在戲臺前擾亂視聽。除了逢年過節、生日祝壽等日子對小載淳例行賞賜外，咸豐帝平時只要吃到新鮮的美味，總免不了吩咐御廚送一份給小載淳。但好日子總是太短，六歲時的一場動亂，同治帝眼見父親從生龍活虎變得纏綿病榻，好脾氣的生母也變得嚴厲而生疏，這讓年幼的同治有些無所適從。父親咸豐帝過世，生母再也沒有給過他好臉色，幸虧嫡母慈安走進了他的生活，給了他一個溫暖、可靠的臂彎。

咸豐帝駕崩後，六歲的兒子載淳即位，年號祺祥。兩宮太后聯合恭親王奕訢發動政變，捕殺肅順、端華和載垣，斥革其他五人，兩宮太后垂簾聽政，改年號為同治，即兩宮太后共同治理之意，然而同治帝的童年只是一個虛坐龍椅的傀儡皇帝。

　　從六歲登基之後到十八歲親政之前，同治皇帝必須清晨五點左右就起床，六點左右上朝聽政，雖然他什麼事都不用做，可他必須正顏端坐，不能隨意發言、嬉鬧，睏了就默默地走到簾子背後，躺在慈安的懷裡打個盹。對一個年幼的孩子而言，這是一種煎熬，可他卻能做得很好。因為他害怕簾子背後母親慈禧的呵斥，她是唯一一個讓他感到懼怕的人。

　　慈禧一生爭強好勝，對親生兒子更是寄予厚望，期盼他像康熙帝、乾隆帝等先祖一樣建功立業，揚名千古，也期盼自己像孝莊一樣受萬人景仰，將大清朝治理得萬邦來朝，自己也博得個青史美名。按清朝制度，皇帝六歲開始要在上書房讀書，到八歲前上學半天，八歲後便要全天上學了。上書房一般在乾清宮附近，乾清宮為兩宮太后召集群臣議事及閱覽奏章的地方，這樣便於太后們隨時督促小皇帝的上課情況。

　　慈禧每天都會定時到上書房檢查同治帝的上課情況。每天上午六點至十二點，下午二點至四點為課讀時間，除節假日，上書房每日照常。皇帝主要學習滿、蒙、漢三種語言、儒家經典及弓箭騎射，帝師都是精選出的當代名儒及曠世武將。慈禧為同治帝精心挑選了祁寯藻、李鴻藻、翁心存和倭仁四位碩學鴻儒，個個才華出眾，德高望重且能獨當一面。祁寯藻是嘉慶朝的進士，官至體仁閣大學士、首席軍機大臣，是同治帝父祖的帝師，一生忠清亮直，舉賢薦能，可謂德高望重；李鴻藻，出生名宦世家，累代仕進通顯，他本人學富五車，咸豐帝在世時即便被選為載淳的老師；翁心存，道光

朝的進士,曾任內閣學士、兵部尚書等職(在他去世後,其子翁同
龢繼續為帝師);倭仁,道光朝的進士,當時學統最純正的理學名
臣。這四位帝師的學問都十分淵博,而且各有所長。為了將培養計
畫更好地落實,慈禧特別委派惠親王綿愉專門負責小皇帝的學習事
宜,綿愉是嘉慶帝的兒子,為皇族中輩份最高的親王,為人品行端
正,另外選了綿愉的兩個兒子奕詳和奕詢為同治帝的伴讀,起到督
促作用。

　　雖然高手雲集,渴望將他打造為扛鼎之才,可萬事俱備,唯欠
東風。慈禧第一次召開四位帝師的會議,便要求帝師們必須高規
格,嚴要求。帝師們謹遵懿旨,同治帝的第一課便是晦澀難懂的古
文精髓。天性活潑的同治帝第一天便如墮雲霧,連續幾天如此,學
習興趣便喪失殆盡。慈禧經常要檢查他背書和作文的情況,幾乎每
次他都會受到訓斥,他的苦悶日積月累,便以反抗來回報母親的關
心。每到上書房,他睏的時候就在那兒打盹,有了精神就嬉鬧。有
次師傅叫同治帝背一段文章,同治帝故意不背,師傅不敢對皇帝動
粗,一氣之下便把兩個伴讀打了一頓,希望起到殺雞儆猴的作用,
結果頑皮的同治帝只是在一旁幸災樂禍;小皇帝精神好時,還會想
著法子捉弄老師,翁同龢有次上課時講到《論語‧為政》中的「君
子不器」,同治帝用手遮住「器」下兩個「口」,招手請師傅過來:
「師傅,你看這句怎麼解釋?」翁同龢一看,「君子不器」變成了「君
子不哭」,一時啼笑皆非;倭仁性格耿直,連慈禧也忌憚他三分,
可面對這個特殊的學生一樣頭疼不已。同治帝讀書經常偷懶耍賴,

由於倭仁的課最艱澀難懂，於是同治帝偷懶技巧更是花樣翻新，讓倭仁難於應付。倭仁實在拿他沒辦法了，便拿出殺手鐧，故意氣衝衝地往外走，說去告知慈禧。同治帝這時候便緊張了，撲過去拉住師傅的衣袖，大哭道：「師傅饒過我這次吧，以後我再也不敢了！」倭仁見他害怕了，便放他一馬，可下次還是外甥打燈籠——照舊。同治帝上課疊個紙玩具、畫個小人兒是常有的事，只要能想到的任何耍賴的事他都敢做。有一次，同治帝將一隻小松鼠藏在衣服裡帶進了書房，倭仁在教魏征《諫太宗十思疏》時，松鼠居然從懷裡「嗖」地鑽出來，一溜煙跑得沒影，同治帝率著眾陪讀準備追出去，看著倭仁那張悲戚的臉嚇得停了下來。倭仁也愣了一下，一時悲從心起，老淚縱橫地跪在同治帝面前，勸諫同治帝不要玩物喪志。同治帝有錯在先，一時尷尬，連連向師傅認錯，從此那隻松鼠再也沒有進過書房；所有的師傅中，他只喜歡年輕的翁同龢，他的課淺顯易懂，生動有趣，常常逗得他們哈哈大笑，可一旦讓他自己思考的時候，他同樣會耍賴偷懶。

其實同治帝並不想做一個被母親斥責、被老師批評的學生，只是那種違背天性的教育方式引起了他的本能反抗而已，他也希望討得母親的歡心，成為一個有學問的人。同治帝聽人說沒學問就是「胸無點墨」，有學問就是肚子裡墨水多。某天，他心血來潮，捧起硯臺上的墨水就往嘴裡倒。小太監見了嚇得三魂六魄都沒了，生怕有個三長兩短，忙向太后稟報，並傳來太醫診治。同治帝剛開始還蠻不在乎地說：「朕的肚子裡現在墨水可多了。」慈禧聽後哭笑

不得。過了一會兒，同治帝才感覺噁心，開始作嘔，連服了五天藥後，噁心症狀才逐漸消除。

錯誤的教育方式導致了失敗的教育結果。同治帝入學好幾年了，慈禧查他的課，但總是不盡人意，一向好強的慈禧見兒子不長進，覺得顏面無光，心急如焚。同治帝極其頑劣，無論怎樣嚴厲責備，效果總是不明顯，慈禧只得將氣出在師傅們身上，不斷責備他們督責不嚴，一味搪塞，氣到急了，便丟上一句狠話來：「讓你們這麼放鬆教育，倒不如我自己來親自教！」當然，以慈禧的品學素養，親自教肯定不可能，她還得依賴著師傅們，盡可能地配合他們的教育。

事實上，同治帝的教育確實是以失敗結局。直到同治帝十六歲了，帝師翁同龢給了他一個即興命題作文：「重農貴粟」。苦苦思索了一個小時，同治帝只留下了一張白卷，可他一臉的嬉笑，毫無愧色。翁同龢萬般無奈，對於這個萬乘之尊的小皇帝，打不得，罵不得，話重不得，他只得和言細語地逐字拆開，細細講解，他還是小動作不斷，急著下課。翁同龢也不屈不撓，叫同治帝再寫。同治帝無奈，他也不敢過分地忤逆師傅，怕招來母親的責罵，硬著頭皮在白紙上寥寥寫了幾個不成文的句子，到了正午，還文不成句，句不成篇，下課時間一到，他一溜煙便跑得沒影了。下午翁同龢讓他做首詩，他同樣交了白卷。

兩宮太后畢竟知識水準都不高，也沒有育子的經驗，雖然在學業上督責很嚴，但在日常行為上往往放縱他，這樣在小皇帝的人格

塑造上便出現了嚴重的問題。兩宮太后愛看戲，同治帝小時候一直就在一旁玩樂，耳濡目染，也有了興致。有一次，倭仁見太監鬼鬼祟祟地扛了一個箱子進宮來，便問裡面是什麼東西。太監見是帝師，只得如實回答說是同治帝要的梨園戲具。倭仁素來看不慣梨園優伶，便責罵道：「皇上尚未成年，你們這群膽大包天的奴才，竟敢以這些淫物引誘他！」倭仁罵完氣衝衝地入宮見兩宮太后，言詞激烈，直擊兩宮的痛處，兩宮太后聽後十分難堪，只得命同治帝立刻將那些戲具銷毀。可風波一過，同治帝又我行我素，兩宮太后自己是戲迷，明知同治帝與優伶們常常鬼混也視而不見。玩物喪志，同治帝學習的興趣就更加淡薄了。

　　同治帝愛玩，可按清朝制度，同治帝從出生就離開生母，交由宮女太監服侍。後宮只有兩個小孩，他和姐姐榮安公主，但兩人地位懸殊，女孩又相對文靜，大多數時候，就他一個小孩，於是，他沒事就在宮裡組織宮女太監們玩蹴鞠，蹴鞠是古代的足球運動，玩得不好就要受到責罰，害得宮女太監們以玩為苦。慈禧認為這是不務正業，幾次責罵，同治帝總是左耳進右耳出，最多換換場地，算是馬虎應付，慈禧後來也不再管束。同治帝又發明一種新玩法——擯交，讓小太監身體往後弓成一個圈，然後往後滾動，有點像連空翻。小太監沒有經過專業訓練，身板不夠靈活，同治帝就上前強按，好多小太監都被弄得骨頭脫節，叫苦連天。這種遊戲，同治帝玩得不亦樂乎。慈禧有時瞧見，又好氣又好笑，總是任由著他。

　　宮裡玩膩了，同治帝便要小太監帶他往宮外去瞧瞧，宮外新鮮

熱鬧，總讓他樂不思蜀。地安門外有個涼粉攤，生意興隆，同治帝嚐了一次後，以後每次出門都要嚐上一碗。小皇帝生長在內宮，對銀子沒有概念，老闆見他穿得貴氣，知道是非大富即大貴，也不敢隨意張口，同治帝每次都是白吃白喝。有次，同治帝無意間見有人付賬，這才知道吃粉付賬的道理。他大筆一揮，批了一張五百兩銀子的御條，要他往宮中領錢。小販大著膽子入了宮，出示了憑條，內務府總管崔玉貴見到條大吃一驚，立刻稟明兩宮太后。慈安見同治帝認了，便吩咐廣儲司照單發銀兩。慈禧更不以為然，只是囑咐同治帝，以後少出宮，正是該用功讀書的時候，被御史們抓住了上諫，可失了皇家體統。

還有一次，小太監拿著同治帝御筆批的字條到內務府要五百兩銀子買木瓜吃。管內務府的榮祿到宮門口奏道：「各宮要的木瓜已由管理部門供奉，即使須另添加，怎麼要這麼多銀子呢？」同治帝聽後，大發脾氣，此事後來不了了之。

慈母多敗兒，兩宮太后育子無方，一味寵溺，成長中的同治帝無規矩可循，其行為變得越來越脫序，慈禧當初想培養一代聖君的願望也變成了鏡月水花、空中樓閣。

至高無上的地位註定了他高處不勝寒的孤獨，可慈禧不瞭解兒子這種心境，她在學業上對他的一味嚴苛無疑扼殺了他的學習興趣；她在他個人行為上的不斷放縱，無疑造就了他的頑劣品性。

兩位母親的愛

雖然童年無趣，但同治帝仍然是幸福的，他有兩位疼愛他的母親，一個是嫡母慈安，一個是生母慈禧；他的兩位母親也是幸福的，他是皇權的法定代表人，誰擁有他的撫養權，誰就擁有至高無上的皇權。是愛戰勝了權欲，還是權欲超過了愛，關於皇權的鬥爭永遠暗湧潛流。

慈安寵愛同治帝這是眾所周知的事，但這種愛並非與生俱來。按照清宮規定，後宮妃嬪所生子女一出生便要離開生母，交給指定的奶媽養育，與生母只在規定時間短暫見面，並認皇后為母。雖然慈安是載淳的嫡母，載淳初降人世時，她嫉妒得近乎發狂，這是天性，她貴為皇后十多年了，沒有為皇室留下半點血脈，她關上宮門詛咒他們母子，但她母儀天下的尊榮又不允許她暴露這種病態的忌妒，一旦被咸豐帝洞察，一定會勃然大怒。載淳周歲時，舉國同慶，宮中自然是熱鬧非凡，生為嫡母的慈安卻沒有去探望載淳母子，她為自己編造了一個堂而皇之的理由——屬相相剋，唯恐給小皇子帶來不利，這個理由瞞過了幾乎所有的人，當然聰明的慈禧明白真相。

慈禧把所有的情感都投入到載淳身上，起初也許是一種母親的天性，但不可否認的是他也是她在後宮穩操勝券的砝碼，是她的護身符。皇后的妒忌和後宮諸妃的不懷好意，讓慈禧對這個脆弱的生命憂心忡忡。慈禧給載淳佩上一條綴有銀鎖的銀項鏈，根據習俗，這樣就可以把載淳的魂魄鎖住，避免死神把他帶走。雖然慈禧並不

喜歡慈安，但富有遠見的慈禧在關鍵時刻還是表現出了極度的容忍和退讓。她明白，一旦身體孱弱的咸豐帝駕崩，身為皇后的慈安便成了皇族的首領，慈安才真正擁有兒子的撫養權。即使皇后無子，如果咸豐帝的其他後宮妃嬪有了兒子，被皇后收為養子，她的兒子便失去了皇位繼承的機會。這是有關她和兒子前途命運的重大事情，她必須緩和與慈安的關係。

剛坐完月子，慈禧便急切地前往拜訪皇后。剛成為後宮「明星」的慈禧放下架子，屈節拜訪，讓後宮所有的人大吃一驚，連皇后都有點受寵若驚了。後宮裡沒有弱者，慈安也迅速分析了自己的處境，多年無子，已經求子無望，要穩保後宮地位必須依靠後宮妃嬪的子嗣，慈禧已有子嗣，將來母憑子貴，是後宮一股不可小覷的力量，既然主動示好，將來兩強聯手，永保富貴和後宮安寧，有何不可？慈禧開門見山地請求慈安給予援手，確保她的兒子載淳順利坐上龍椅。慈安對慈禧的直言不諱嚇了一大跳，她只是沉默著似笑非笑，她不想開罪慈禧，後宮是「你方唱罷我登場」的風水輪，她不敢大意，但她還是放不下內心的妒忌。慈禧搶前一步，緊緊地握住了慈安的手，再一次懇切地請求，慈安仍然是笑，沒有接受也沒有拒絕。此後，慈禧經常帶著同治帝去拜見皇后，她對慈安溫順，禮節備至，她們的親密關係讓咸豐帝十分滿意，但細心的宮女還是注意到了一個細節——皇后的眼睛左顧右盼，她對強褓中的小皇子載淳從來不正眼相看。

隨著咸豐帝的身體一日不如一日，皇后育子的希望越來越渺

茫，雖然她對慈禧仍是不以為然，但時間已磨滅皇后那顆堅硬的心，對牙牙學語的小皇子載淳越來越有了感情，她也希望這孩子能成為她今後的依靠。

自從咸豐帝率眾北逃熱河後，肅順的專權跋扈和慈禧日漸膨脹的權欲擦出了濃濃的火藥味。慈禧利用距離優勢，成功地做了策反工作，使後宮中兩位實權女人真正意義達成一致對外的協定，而名義依然是維護小皇子載淳的皇權不致旁落。

咸豐十一年（1861），咸豐帝在承德避暑山莊駕崩，唯一的皇子載淳被立為皇帝，時年六歲。皇后被尊封「慈安皇太后」；生母被尊封為「慈禧皇太后」，兩個深宮中的女人因為皇帝年幼被推上了政治的前臺，她們的合作和鬥爭都圍繞小皇帝、皇權而展開。

肅順顯然不像慈禧那麼有遠見，皇帝年幼，皇太后的權勢向來不能小覷。肅順的剛愎自用，對慈安的種種排斥，顯然引起了對方的不滿，除了慈安建議節儉行事的衝突外，一次肅順的擅坐御位也讓慈安感到了不安。有回宮裡看戲，咸豐帝看到一半就提前走了，肅順平時驕縱慣了，敬畏之心沒了，戒備之心也沒了，見戲臺前排有個座位，不明就裡，毫不客氣地坐到了咸豐帝的座位上接著看，慈禧不敢回明咸豐帝，到慈安處哭訴肅順的「不臣之心」，稱他大有以天命自居的意思，請求慈安不要被他蒙蔽。慈安一聽，心下一驚，想到肅順平日對自己的不敬和防範，在這場權力的博弈中，她重新權衡了利弊：肅順雖然在熱河可以隻手遮天，但在北京，以恭親王為首的政治勢力已然形成，肅順一夥能橫行到何時尚難確定；

慈禧雖然目前勢單力薄，但有載淳在手，便是一塊不倒的皇牌，慈安明白自己的個性，掌控全局，她沒有把握，但以她的中宮地位，掌握小皇子載淳，便是掌握了核心，她必須主動出擊。

按照宮中規矩，幼帝同治帝雖為慈禧所生，名分上卻是正宮慈安的兒子，慈安為嫡母，應由慈安親自撫養。咸豐帝駕崩後，慈安自知身單力孤，於是邀請慈禧一起到養心殿居住，共同撫養幼帝。慈安拉著慈禧的手誠懇地說：「我和妹妹共同撫養一子，如果有奸人造謠生事，離間我們，則不利於天下安定。現在我們同處一室，朝夕相處，彼此坦誠相見，謗由何起？」慈禧喜出望外，這是她求之不得的事情。慈禧雖為生母，但按清朝制度，是沒有撫養權的，何況慈安還是東宮太后，名分是無論如何也繞不過去的。

慈安沒有子女，對同治帝幾近溺愛，母子倆相處融洽。慈禧同樣視子如命，但她專心政事，天性要強，對兒子要求嚴格。有一次，倭仁告狀，稱同治帝頑皮不肯讀書，慈禧恨鐵不成鋼，情急之下對同治帝便是一頓斥責。慈安聞訊趕來，一面抱起淚流滿面的同治帝，一面向慈禧求情。慈禧本就捨不得責罰兒子，又見慈安求情，便也不了了之。另一次，同治帝和小太監玩攢交時折傷了太監的腰，慈禧怕他玩物喪志，免不了一頓劈頭蓋臉的訓斥。慈安得知消息，急忙趕來救駕。同治帝一見慈安便如同見了救星，便哭著撲到了慈安的懷裡。慢慢地小皇帝也學乖了，一犯了事便躲在慈安身後尋求庇護。咸豐帝喪葬期間，董元醇上奏請兩宮太后垂簾聽政，慈禧「留中不發」，肅順等八大臣大鬧宮廷，同治帝被嚇得躲在慈

安懷裡，毫不遲疑地將一泡龍尿拉在了慈安的身上，母子關係可見一斑。年幼的同治帝上早朝，倦了便會躺在慈安的懷裡睡覺。慈安對朝政一般不發表過多意見，朝政大事由慈禧全盤打理，而且慈禧對同治帝要求嚴格，同治帝感情的天秤很快傾向了慈安。

慈禧曾為兒子「胳膊肘往外拐」的這種行為惱怒過，可當她成為一個風雨飄搖中的沒落帝國當家人時，她已經沒有過多的精力去計較母子感情了。這位教子無方的失敗母親，卻是一位頗有手腕的女政客。肅順等八位輔政大臣落敗之後，朝廷依然是危機四伏，朝廷的「糧倉」——東南半壁江山還在太平天國手中，北方捻軍之亂愈演愈烈，法國對清廷西南的邊陲虎視眈眈，俄國對清國的東北垂涎三尺，日本在擴軍備戰，目標直指大清⋯⋯更重要的是，大臣們對剛掌權的兩宮太后依然抱著拭目以待的心情，朝廷人心不齊。慈安在政事上不願多言，這正中了慈禧的意，她是弄權的天才，也確實有指點江山、運籌帷幄的磅礴氣勢。她一上臺便撤換了一批庸碌無為的大臣，如內閣學士巴彥春、光祿寺少卿範錄典等人，任命才華出眾的潘祖蔭等為御史，內政重用恭親王奕訢，軍事上信賴曾國藩及其湘軍，還重用李鴻章及淮軍。她支持興辦洋務，開辦新式學堂，編練新式海軍，第一次向外派遣留學生⋯⋯大臣們很快認可她的權威，君臣同心。在她的治理下，太平軍餘黨被掃清，捻軍全軍覆沒，中國到處一派欣欣向榮的景象，歷史學家把這段時期稱為「同治中興」。

一個幼年皇帝的教育主導權爭奪戰中摻雜了過多的功利心理，

一個母親忙著擅權攬政，一味嚴厲，不知溫情為何物；一個母親一味討好，萬般寵溺，不知如何塑造他的品性。失敗的教育方式註定了失敗的結局，成年後的同治帝是一個「連奏章都不會批」的無能皇帝。

選后風波

　　按照清朝的慣例，順治帝十三歲大婚，康熙帝十四歲大婚，咸豐帝十六歲結婚，同治帝已經十六歲了，早到了大婚的年齡，卻遲遲不見動靜。大婚即意味著皇帝開始親政，太后必須撤簾歸政，回後宮頤養天年了。一向懶於政事的慈安提及這事多年，習慣在風雲際會的複雜政局中縱橫捭闔已近十年的慈禧卻一再猶豫。

　　自十二、三歲開始，同治帝就已意識到自己是一國之君，只有自己親政才能擺脫母親的嚴厲管教，幾次有意無意的試探都石沉大海，慈禧還是時常查他背書和作文，一向不愛讀書的同治帝每次都受到慈禧的斥責。漸漸地，他也心灰意冷，十六歲了，仍然像一個孩子，完全沒有皇帝的冷靜和睿智，他照樣一進上書房就打盹，成天跟著小太監玩樂。慈安不時提醒慈禧，同治帝已經長大，大臣們也多次上奏請太后撤簾歸政，慈禧都以同治帝年幼、不堪重任為由加以拒絕，慈禧貪權戀政的風言風語傳遍宮廷內外，隨著年齡的增長，同治帝的內心更加焦躁不安，他要掌權的慾望也更加強烈。

十六歲的同治帝早已到了青春期，小太監投其所好，早已將一些春宮圖之類的淫物帶入宮中。兩宮太后好戲，同治帝便常和一些優伶鬼混，有時還偷偷溜出宮去，到八大胡同裡的一些小妓院裡尋歡，宮裡一些美豔的宮女自然也成了同治帝臨幸的對象。宮女地位低微，一旦得到皇帝寵愛，也有可能攀上枝頭成鳳凰，但這同時也是一種有損皇家顏面的事情，慈禧不會縱容這種事情發生。凡是被同治帝寵幸過的宮女，不是莫名地死去便是離奇失蹤。慈禧也擔心總這樣做不是辦法，遲早會出事。

同治十年（1871），同治帝躲在長春宮附近的角落裡看春宮圖，恰巧一個豐乳肥臀的美豔宮女經過。同治帝一時興起，抱過宮女就在附近的偏殿中共赴巫山雲雨。皇帝是這後宮中唯一的真正男性，也是宮女們改變命運的唯一途徑。見是皇帝，這宮女自然羞中帶喜，盡力討好。同治帝見這宮女頗有幾分姿色，又見這醉人羞色，一番軟語溫存，便約了再次相見。

這時慈禧早得了線報，便命貼身太監早日動手，免得生米煮成熟飯。這宮女入宮多年，對宮中的爾虞我詐早已看透，聽聞被皇帝臨幸的女子都不得善終，早嚇得不輕，連忙向長春宮的主子——太皇太妃求救。這太皇太妃是道光帝的妃子，是宮中輩分最高的，一向不聞窗外事，只管頤養天年，因為自己也是宮女出身，不免生出同情。慈禧聽說太皇太妃把人藏起來了，一時也是怒火中燒，心想太皇太妃為了一個宮女居然跟自己過不去，未免也太不把自己放在眼中了，便親自出馬。清朝以孝治天下，太皇太妃見慈禧如此目無

尊長，也不由得怒從心頭起，堅決不放人。慈禧更絕，下令太監入
宮搶人，搜出來便是一頓杖責，太皇太妃藉口此女已懷龍種，極力
阻止。慈禧更怒，下令重杖，可憐這宮女不幾分鐘就一命嗚呼了。
太皇太妃見狀，羞忿異常，扭頭撞柱而死。慈禧知道闖了大禍，一
時不知如何是好。這時慈安、同治帝聞訊趕來，大吃一驚。同治帝
見心愛的人被杖責而死，又哭又鬧，對慈禧不免心生怨恨。慈安顧
全大局，怕因此引出更多事端，立即下令厚葬太妃，對外宣稱太妃
壽終正寢，力勸慈禧母子回宮休息。

　　太妃事件後，慈禧自知理虧，收斂了不少。慈安藉此事再次提
及撤簾歸政的事。同治帝到了已婚年齡，如果再不大婚，說不定會
鬧出什麼更大的事情來，慈禧也不再以同治帝不諳世事為由推拖，
而和慈安一起籌備兒子的大婚。

　　皇帝大婚，也選立正宮皇后。皇后在後宮中是統領，是眾妃之
主，也是天下女子的表率。在中國封建社會，妻妾地位判若雲泥，
從《紅樓夢》中王夫人和趙姨娘的地位懸殊即可窺見一斑。慈禧再
攬權，東宮太后的意見還是不容小覷的。兩宮太后在皇帝的大婚一
事上十分重視，對戶部遴選上來的秀女，她們一一審查家世背景。

　　同治帝十一年，「二月二，龍抬頭」的日子，通過層層選拔的
秀女們會在這一天接受皇帝及兩宮太后的定奪。在所有的秀女中，
有兩個特別出眾。一個是刑部員外郎鳳秀的女兒富察氏，富察氏
十四歲，豐姿卓約，婉麗秀美，非常討人喜歡；另一位是同治三年
（1864）的狀元崇綺之女阿魯特氏，阿魯特氏十七歲，屬蒙古八旗，

雍容華貴，端莊嫻靜，氣質非凡。慈安一眼便看中了阿魯特氏，認為她聰慧賢德，適合母儀天下，但慈禧見富察氏聰明伶俐，長相甜美，認為適當調教，肯定能當大任。同治帝也認為阿魯特氏有德有量，是做皇后的不二人選。兩宮太后為此爭執起來，誰也說服不了誰，同治帝只是默默地侍立一旁，不贊一詞。慈安提議，皇后是兒子的妻子，應由兒子來決定。同治帝一向與慈愛溫和的嫡母親近，生母總對自己居高臨下地訓斥，他對生母除了畏懼，更多的是怨恨。同治帝聽說民間有「娶妻娶德，娶妾娶色」的說法，清朝歷代皇后都以德行天下，他毫不猶豫地選了阿魯特氏為皇后。

慈禧很生氣，她認為兒子偏向慈安，是故意給她這個生母難堪，覺得顏面盡失。另有一個原因使天性要強自戀的慈禧非常不快，那就是她與阿魯特氏的屬相相剋。生於咸豐四年（1854）的阿魯特氏屬虎，慈禧屬羊，民間有「羊入虎口」之說，屬相就處於下風，怎會讓她暢快。既然是慈安和同治帝選定了，她也不好再多言，但要求至少要封富察氏為妃。隨後，阿魯特氏被冊封為皇后，富察氏被封為慧妃，另有知府崇齡之女赫利里氏被封為瑜嬪，前任都統賽尚阿的女兒、崇綺的幼妹阿魯特氏被封為珣嬪。

九月十五日，兩宮太后為同治帝舉行大婚典禮。皇后入宮就相當於民間娶妻一樣繁瑣隆重，三聘九禮，舉國同慶，舉朝同賀。阿魯特氏被宮中派出的十六人抬的鳳輦從家中接出，沿路人山人海，鑼鼓喧天，花團錦簇，經大清門入了宮，在乾清門下轎，跨蘋果和馬鞍，求平平安安；三跪九叩後在坤寧宮行合巹禮，吃「子孫餑餑」

的餃子，接下來將雙鳳髻梳成燕尾髻……這場奢華鋪張的婚禮用去一千多萬兩白銀，相當於當時清朝全年財政收入的一半。其他妃嬪也同日入宮，只是悄悄地從側門入宮，既無朝賀也無典禮。

　　新婚當晚，同治帝聽說阿魯特氏是狀元之女，又見新娘子坐在床邊端莊典雅，故意背了幾首唐詩，阿魯特氏總能輕鬆接句，並流暢自如。同治帝心中有了幾分敬重，夫唱婦隨，其樂融融，夫婦關係便也甜蜜親近。

　　兩宮太后此時卻各懷心思，慈安自然是歡歡喜喜，同治帝大婚即意味著離親政之日為期不遠，當年咸豐帝交給自己的重托即將達成。慈禧此時心中卻是五味雜陳，喜的是兒子長大成人，將來開枝散葉，自己便可飴兒弄孫；可她也不免落寞，這十多年來，大清朝的政務，事無鉅細都由她任意裁決，如今自己春秋繁盛，卻不得不收起帷幔退居幕後，漫長的寂寞歲月何時才結束，她心有不甘啊！兒子同治帝像自己一樣稟性剛強，輕易不肯屈服，在選后問題上又站在慈安一邊，公然忤逆自己；皇后木訥，不通權變，是在慈安支持下入的宮，將來說不定站在慈安一邊對抗自己。想到這兒，慈禧此刻有些焦躁不安。

　　同治帝雖然同時娶了一后三妃，但與皇后新婚燕爾，情意綿綿，一時難捨難分，其他三妃無暇顧及。慈禧一直以自己未能貴為皇后為憾事，對自己不看好的皇后有一種抵觸情緒。皇后每次給慈禧請安都不寒而慄，她覺得這位婆婆矜持有餘，親切不足，有太后的架子，沒有親人之間的關切。慈禧愛看「粉戲」，即言情戲，每

次都要大批的女眷相陪，皇后自然在陪客之列。皇后出自書香門
第，飽讀經典，對那些「淫語淫行」，常常嚇得目不敢視，耳不敢
聞，在戲場如坐針氈，有時便藉故不去。慈禧認定皇后是諷刺自己
不守婦德，更加惱羞成怒。皇后淑德賢慧，見婆婆不滿，愈加小心
謹慎，常勸同治帝留心政事，學會擔當，多親近後宮各妃，尤其是
慧妃。同治帝知道皇后用心良苦，但一想到自己貴為天子，居然連
喜歡哪個女人都要被人指手劃腳，更加意興闌珊。他除了偶爾去去
瑜妃處，對慧妃無端生出幾分厭惡和排斥來。

　　母子在大婚之後互不相讓，一個以天子之尊，難以忍受脅迫之
苦；一個以太后之尊，難以忍受兒子忤逆之罪，彼此較勁，如同仇
讎。為了給慧妃撐腰，在皇上大婚的當天，慈禧便召見了慧妃，儘
管按照禮制，這是不允許的。同治帝大婚不久，慈禧便以母后的身
份去干涉同治帝婚後的生活，一會兒說同治帝不要太冷落慧妃，要
雨露均沾；一會兒又說別老和皇后膩在一起，不要因結婚荒廢政
務。她甚至無端地指責皇后因過於安逸而發胖，藉故指使皇后多處
奔走，折磨得皇后心神俱疲；她還責備皇后不懂宮中禮節，對母后
不尊。最讓同治帝難以忍受的是，慈禧讓太監偷偷地監視自己和皇
后的私生活，經常警告同治帝要節欲，要以國事為重，不可重欲貪
歡。慈禧的粗暴干涉引起了同治帝的逆反之心，他一氣之下獨宿乾
清宮。慈禧見兒子與自己賭氣，又誤以為是皇后在背後出的主意，
因而更加討厭皇后。

　　同治帝獨宿乾清宮後，寂寞難耐，常常偷出宮禁，遊戲於風月

場所，或被男風所惑。皇后心疼不已，無奈同治帝情緒低落，難以勸解。慈禧一味地怪罪於皇后，對同治帝的行為也是嚴加斥責，母子關係勢同水火。

　　無上的權力帶來無上的尊榮，也會帶來無盡的煩惱。一個羽翼漸豐的皇帝在尋求大鵬展翅的機會，一隻百鳥朝賀的鳳凰已享慣了人間至福，看似不相關的婆媳之爭，實質是母子之爭。在皇家重地，緣起緣落，皆因一個權字。

短暫親政

　　一個野心勃勃的女人一旦操持權柄，便像中了鴉片的毒一樣，深入骨髓，權欲能戰勝一切道德和親情。從同治帝十三歲時大臣們第一次歸政的呼聲開始，又拖延了整整四年，同治帝也渴盼了四年。同治帝大婚後，朝堂內歸政的呼聲一浪高過一浪，慈禧已經沒有理由再拖了。

　　同治十二年（1873）初，慈禧發佈了兩道諭旨：第一道諭旨宣佈皇帝於正月二十六日舉行親政大典，這是舉國期盼的大事；第二道諭旨是皇帝親政後，上書房照常，課業不斷。這道諭旨傳達了一個很重要的消息：皇帝學業未成，還需皇太后盡心輔助。為了證明自己不是別有用心，慈禧煞有其事地請了恭親王和皇帝的四位帝師，隨手拿起一份奏摺請皇帝念給大家聽。同治帝如受了奇恥大

辱，在眾目睽睽之下，不得不硬著頭皮照做，結果令恭親王和四位帝師大失所望，同治帝結結巴巴地念了幾個詞，不會斷句，甚至會念錯字。慈禧在一旁假裝惱怒，對兒子一頓披頭蓋腦的訓斥，怒氣衝衝對四位帝師吼道：「這就是你們教出來的好學生！」恭親王和四帝師立即誠惶誠恐地恭請皇太后暫理朝政，怒氣未消的慈禧在他們的再三請求下勉強答應，但一再表示一旦皇帝典學有成，她一定會及時讓皇帝親政。

同治十二年（1873）正月二十六日，十八歲的同治帝在太和殿舉行了親政大典。皇宮內鐘樂齊鳴，爐香繚繞，躊躇滿志的同治帝身著杏黃色團龍朝袍，頭戴綴有紅色朝珠的皇冠，先率領三部六院的大臣們在慈寧門舉行慶賀大禮。然後，同治帝臨御太和殿，接受百官朝賀。龍椅背後的帷幔早已撤去，同治帝這次聽到山呼海嘯一樣朝拜聲時，內心激動澎湃，自己將要獨掌朝政了，母后再也不能隨意指手畫腳了。大清王朝第十代皇帝在經歷了十二年的蹉跎之後，終於隆重出場，開始了他親政的人生歲月。與此同時，在屬於男人的權力中心苦心經營了十多年的慈禧此時卻雙眉微皺，這是兒子、慈安和朝臣們期盼已久的時刻，卻是她不情願面臨的時刻。她極度落寞，可她不想犯眾怒，不得不收起那象徵她無所不在的黃色紗幔，悄然回歸幕後。權欲這個潘朵拉的魔盒一旦打開，就像洩堤的洪水難以阻遏，冷靜睿智的慈禧需要以退為進。

事實上，性情急躁的同治帝不過是個應景點綴，根本無緣政務，名義上他是親政了，實際上，用人、行政、軍事等大事，依然

是由慈禧做主。年輕的皇帝急於擺脫母親的控制，想到了一條妙計。慈禧喜好遊樂，講究享受，她的宿願就是大修圓明園，供她養老用。早在同治七年（1868），慈禧就準備修復圓明園，此議一出，幾乎遭到一致反對，大臣們認為，國勢剛剛穩定，東南戰局剛有起色，國庫空虛，不宜在這時開侈奢之端，以免後患無窮。同治帝大婚時，慈禧再次提出修葺圓明園，大臣們又一次群起反對，慈禧只好再次作罷。同治帝親政後，一心想母親早一點離開皇宮，早一點獨攬朝政，決定大修圓明園，供兩宮太后遊樂休養。他這一決定，大臣們一如既往地反對，但得到了兩位太后和近侍大臣們的支持。同治帝和他的父母一樣性格剛烈，但他缺乏韌性和耐性，用簡單粗暴的方式表達了自己的反感，對大臣們遞上來的反對奏摺他瞧都不瞧一眼。

自從英法聯軍洗劫了這座百年皇家園林，如今這煙波浩渺的御園已是狼藉一片，大興土木自然支出浩繁。管理內務府的戶部侍郎桂清上書，力陳國難，請皇帝停止修園的計畫。同治帝大怒，對桂清嚴詞苛責，並當即將他免職。慈禧以一種讚賞的態度支持著兒子的行動，母子倆在這件事上達到了前所未有的默契。國帑不足，同治帝便發佈上諭：明令王公以下京內外大小官員量力捐銀。恭親王不好拒絕，率先捐了兩萬兩白銀，並批示戶部撥銀兩萬兩。慈禧也有自己的考慮，兒子稟性剛強，歸政後會極力阻止自己染指政事，叱吒政壇十餘年的慈禧習慣了對臣下頤指氣使，習慣了周圍人的俯首貼耳，習慣了權力帶來的絢爛和奢華，一想到往後的平淡和

寂寞，慈禧的內心像百足之蟲在蠕動，那是一種極度煎熬。重修圓明園，讓歸政後的晚年享受人間至福，也算是一種退而求其次的無奈之舉吧。

圓明圓是世上無與倫比的園林建築奇珍，園內建築恢宏，陳設豪華。同治帝召集大臣們詳細地擬定圓明園的修復計畫，慈禧對修復的樣圖反覆提出建議以資修改。大臣們反對的奏摺如紙片般飛來，同治帝對措辭嚴厲的大臣一一進行斥責，修園計畫依然按部就班地進行著。

在一片反對聲中，同治帝的重修工程倉促上馬。在內務府安排拆除園內一千餘間殘破殿宇的同時，同治帝任命廣東的李光昭為圓明園工程監督，前往各省採辦木材，為重修做準備。同治帝經常親自監督工程進展，有時在園中一盤桓就是數日。大臣們很快發現了隱藏在工程背後的問題。

首先被大臣抓住的把柄是李光昭事件。被同治帝委以重任的李光昭，在採辦木材時浮報銀兩，侵吞工程款項。經恭親王的親信李鴻章查明，李光昭從英法商人處花了洋銀五萬四千餘元買的木材運費就達三十萬兩之多。事發後，李光昭又面求美國領事代瞞價格，再次被李鴻章大白於天下。李光昭事件無疑使同治帝自摑耳光，可他依然我行我素。

慈禧在歸政前要求上書房照舊授課，而大臣們卻發現，同治帝頻繁出現在圓明園施工現場，甚至藉視察工地之名，在外留宿。帝師李鴻藻奏報慈禧，同治帝每個月僅到上書房幾次，而且來去匆

忙，對政事也是敷衍塞責，每次召見大臣都不過是寥寥數語，馬虎了事。恭親王奕訢對此憂心忡忡，他感覺事態嚴重，如果不及時阻止將不可收拾。

恭親王聯合十多位朝廷重臣聯名上奏，請同治帝「禁遊玩」、「停圓明園工程」，最讓同治帝惱火的是，大臣們居然對他夜遊妓院的事瞭若指掌，這讓他又羞又怒，決定給重臣們及在他們身後撐腰的兩宮太后一點顏色瞧瞧。他將這十多位元重臣全部免職，朝堂之上一片吵鬧之聲。兩宮太后覺得事態嚴重，急忙趕至弘德殿，面見皇帝及群臣，當場宣佈：皇上少不更事，諭旨立即撤銷，恢復所罷各官職務，並停修圓明園。同治帝如同受了奇恥大辱，當場咆哮，慈禧安靜地看著兒子，大聲宣佈：皇帝病了，帶入宮中休息。兩個強壯的太監便將他拖出了弘德殿，所有大臣們看得目瞪口呆，他們不得不承認這樣一個現實：即使皇帝親政了，大清皇朝真正的當家人依然是兩宮太后！

在人們的印象中，這位親政僅一年的皇帝只做了兩件事：那是重修圓明園和罷免重臣職務。一切都無果而終，他只有掌權的慾望卻沒有運籌國脈的能力，他在政治舞臺上的拙劣表現跟他命運一樣以悲劇收場。很快他便病倒了，皇權再度回到慈禧手中。

宮外獵奇

同治帝是幸運的，在政治上無所作為，卻博得了「同治中興」的雅譽；他又是不幸的，他不過是母親縱橫權場的一塊招牌，空有皇帝的頭銜，儘管還「讀不通一個奏摺」，可上百年的祖宗基業是他的，他也曾胸懷抱負，想一展雄才，可母親不允許，於是他開始自暴自棄，遊戲人生，在高貴的宮廷中找不到的東西，他卻在花街柳巷中找到了⋯⋯

慈安的愛是柔軟的，這讓同治帝的童年找到了安全感，可同治帝長大了，他更需要的是仰視的物件。無論宮廷內外，母親就是至高無上的權威，同治帝也曾仰視過她。可母親總是指責他、批評他，在她面前，他就是一無是處的頑童，他的自尊心被她傷得遍體鱗傷。他渴望引起她的注意，可她總是來去匆匆。只有在他犯錯時，她才正眼瞧他，真正像一個母親一樣俯下身來跟他說話。於是他像一個普通的孩子一樣，不斷地製造麻煩，試圖引起母親的關注。這無疑是一個錯誤的資訊，可慈禧的行為無疑支援了這種資訊的存在和蔓延。

同治三年（1864），管理同治帝讀書事宜的惠親王綿愉過世，同治帝的伴讀也換成了奕訢的兒子載澄。載澄是一個對妓院無所不精的紈絝子弟，表面陽光、活潑，其實滿腦子男盜女娼，「伴讀」很快成了「伴遊」。載澄把從宮外搜羅到的春宮圖偷偷地帶給同治帝，剛滿十歲的同治帝年紀雖小，對男女之事已有了朦朧嚮往，

一經誘惑便動了春心。載澄對同治帝說：「攢交有什麼好玩的，宮外有好多新鮮刺激的事你都沒有經歷過呢！」載澄比同治帝大十多歲，早已是花街柳巷的常客、風月場上的老手，歷數這男女之間的妙事是又黃又淫，引得同治帝恨不能立刻飛出宮去。

　　同治帝和載澄常常夜間出宮，穿六街過三市，到京城最繁華熱鬧、娼寮聚集的八大胡同。可他微服出遊，最怕見到王公大臣。做了兒皇帝近四年，雖不理政事，可金鑾殿上天天如泥塑木雕，底下的群臣早已將自己看得爛熟，自己以國君之尊，又未到大婚年齡，君臣在這種場合相見豈不顏面喪盡。凡是金牌的青樓妓院他都避而遠之，專撿冷僻街道的暗娼茶館。窯姐個個妖豔，眉挑目語，極盡風騷。窯姐見這爺還是個小雛，穿著打扮處處透著一股的貴氣，知道是一棵搖錢的大樹，也不問出處，只管極盡賣弄的能事。同治帝原在宮中也對一些有姿色的宮女下過手，可宮女們都是初出茅廬，顯得有些笨拙和不安，同治帝哪見過這陣勢，幾下就頭骨鬆軟，四肢無力。初嘗這秦樓楚館的滋味，同治帝只恨春宵苦短，只恨自己錯生在帝王家，他天未亮就得回宮，照例早朝，退朝後到兩宮太后處請安。時間久了，窯姐們漸漸知道了他的身份，只是不點破，深恐這出手闊綽的大爺會飛了去，各盡各的本事，把他服侍得十分的舒坦服貼。時光荏苒，一晃幾個月，大臣和太后們竟毫不知覺。

　　當然，時日一久，便沒有不透風的牆，同治帝微服出遊的事，大臣們都心裡有底，只瞞著兩宮太后。有些苦尋門徑的投機大臣正愁找不著機會，聽說同治帝夜晚常在八大胡同的小巷裡，便常前往

守候，等待不期而遇。一天，同治帝在街市閒逛，見一個二十出頭的少婦，薄衣單紗，眼含秋波，正在不遠處搔首弄姿。同治帝在這風月場逛多了，一看便知道是暗娼，便眉開眼笑地搭訕了過去。少婦假裝羞赧，也不答話，只是媚笑著朝旁邊的房子走去，同治帝見了這少婦的媚態，早已失了魂魄，便跟了進去，少不了一陣風流，可等溫柔過後準備打道回宮時，在門口竟碰了一個大臣——翰林院侍讀王慶祺，原來王慶祺早在安排這場「偶遇」。君臣相見，先是一陣錯愕，王慶祺準備下跪，同治帝連忙示意免禮。這王慶祺本是個趨炎附勢之輩，專為投同治帝所好，早在這之前，王慶祺曾偷偷地進貢過一些春藥、春宮圖之類的淫物，君臣早已不用言傳就可意會。彼此揭了面紗，便不再有什麼顧忌，此後，同治帝來這八大胡同便多了一個伴。王慶祺沒有同治帝那麼多忌諱，在這煙花地中早已駕輕就熟，為討好主子，便公然替同治帝當起了捐客，在北京城搜羅絕色雛妓供同治帝消遣，同治帝也更加流連忘返，沉醉其中。

　　皇后早得了風聲，想溫言婉勸，可自從同治帝獨宿乾清宮，基本上不來宮中走動，婆婆對自己動輒得咎，皇后也不敢主動親近同治帝，常常在宮中獨自垂泣。慈安向來不管事，對兒子更是萬般寵溺，也被蒙在鼓裡。慈禧一心享受獨斷乾坤的至上殊榮，對兒子更是無暇顧及。恭親王奕訢以親王之尊，擔當議政王重任，得知同治帝微服出遊的事，痛心疾首。他認為是自己兒子惹了禍，一氣之下把載澂打得半死，請求兩宮太后撤了他伴讀的資格，從此關在房內不准出門。載澂與同治帝在連尋常妓女都瞧不起的暗娼聚集地廝

混，竟早已染上了梅毒，恭親王又氣又恨，更加嫌棄，兒子病入膏肓，他寧願獨自關上房門流淚，對載澄連瞧都不瞧一眼，還下令家人不得靠近。

恭親王和大臣們實在忍無可忍，上摺勸同治帝收心國政，「禁玩好」。同治帝又羞又怒，對他們嚴詞斥責，指責他們目無君上，朋比為奸。更讓他惱怒的是，大臣們竟然對他尋歡作樂的行蹤瞭若指掌，他當場咆哮起來，嚇得大學士文祥暈倒在地，這次召見草草收場。

兩宮太后得知消息先是驚詫，繼而竟不以為意。慈安一慣做好人，只是勸同治帝愛惜龍體，一向嚴厲的慈禧只當耳旁風，心中卻是暗喜，荒嬉政事的同治帝失去民心之時，她便可以「眾望所歸」地重掌朝政了。終於，禍事來了，年僅十八歲的同治帝居然走到了生命的盡頭。年近不惑的慈禧丟了兒子，得了權柄，慈禧的心中卻是喜多於痛。

死亡之旅

雖然是萬乘之尊，可命運還是公平地懲治了他的放浪行為，他死時幾乎全身潰爛，惡臭遠播，人人敬而遠之，他空洞而絕望的眼中滿含眼淚。他是中國歷史上唯一一個死於性病的皇帝，他的死是大清皇朝一段羞於啟齒的瘡疤，也是他荒淫生活的一個總結，卻是

慈禧重掌朝政的一個契機。

同治帝的放浪形骸很快受到懲處，他有輕微的淋巴結腫大和下體紅腫現象，可他不以為意，也羞於啟齒，照樣行為詭異地周旋於皇宮和花街柳巷，大約三周左右，病毒已經侵入他的五臟六腑。直到同治十三年（1874）十月二十一日，同治帝駕幸西苑時受涼，剛開始只是身體有些不適，一兩天後病情加重，臥床不起，太醫們全體出動，集體會診，可大家各執一詞，難有定論，由於病情惡化較快，御醫們必須輪流值守，以備不時之需。十天后的一個午後，同治帝的病情突然加重，四肢無力，渾身酸軟，頭暈發燒，皮膚上出現沒有凸起的疹形紅點。慈禧大驚失色，難道是天花？順治帝因天花而英年早逝，康熙帝因得過天花而被選為皇嗣，大清朝對天花已經產生了強烈的恐慌心理。太醫不敢言明，其實他們早已明白，這是比天花更可怕的病──梅毒。這種通過性傳播的疾病根本沒有治癒的可能，而且死相淒慘。慈禧下令施以治天花的藥物，氣急敗壞的同治帝對著母親吼道：「朕根本沒得天花，妳存心置朕於死地！」御醫們滿腹狐疑，卻不敢多言，只是照慈禧之命行事。

皇宮不會把這種讓大清國蒙羞的事公諸於眾，兩宮太后對外宣稱同治帝得了天花，皇宮忙著送痘神娘娘。慈禧命令將痘神娘娘迎到養心殿，宮內鋪上紅地毯、貼上紅對聯，營造出一片喜氣。兩宮太后整日叩拜祈福，期望痘神娘娘早點將撒下的天花收回，供奉三天後，又舉行了隆重的送別儀式，恭送痘神娘娘於大清門外，用紙紮的龍船、金銀玉帛舉火焚燒，使痘神娘娘在飛騰的烈焰中升天而

去，由此帶走同治帝滿身的水痘，祈求平安度過劫難。但同治帝並未得到痘神娘娘的神佑，同治帝身上的疹形紅點開始化膿，朝廷內外心急如焚。幾日後，兩宮太后一起到景山壽皇殿祈求祖先神靈賜福，保佑兒子平安無事。

此時的同治帝已經無力再處置朝政，可放眼百官臣僚，個個以太后馬首是瞻，值得信賴和託付的人幾乎沒有，他權衡再三，將閱摺權和批摺權完全交給了帝師李鴻藻和親王奕訢。皇權下移必然引來風波，李鴻藻和奕訢自知深處險境，有意謙退，以免惹火燒身，一時出現了權力真空。退居幕後達一年之久的慈禧早已按捺不住內心的狂喜，她不能坐視大權旁落，她要到權力中心，二度垂簾聽政，怎樣才能不著痕跡，讓大臣們心服口服地請她到前臺主持朝政？這需要一番精心準備才行。不久，由她導演的一場好戲即將上演。

十一月初八上午，兩宮太后在同治帝御榻前召見了軍機大臣和御前大臣，慈禧持燭讓大臣們瞻仰聖顏：同治帝容顏憔悴，目光微露，身上佈滿紅色斑點。所有大臣都明白了一個事實：同治帝的病是短期內治癒不了的。從同治帝寢宮出來，兩宮太后請大臣們就政事裁決拿個妥當主意。大臣們立即心領神會，一齊請求太后以天下事為重，再度垂簾聽政。慈禧暗喜，一切如她所願，可她覺得這還不夠，她要讓大臣們覺得非她不行。當天下午，太后再度在同治帝御榻前召集群臣。同治帝氣色稍有好轉，聲音飽滿有力，可臉上紅疹迭起，個別處還有膿汁溢出。大臣們再度面請太后代閱一切奏摺，慈禧稍示推託，大臣們再請。同治帝此時已焦躁不安，親政一

年，還未享受到唯我獨尊的滋味，大限之期就要到了，他心有不甘，卻萬般無奈，此時他如萬箭穿心，只求大臣們快快退出，他將佈滿紅疹的手高高舉起，讓大臣們看個清楚。大臣們雖不願再次女主臨朝，可事已至此，他們不得不再提垂簾聽政的請求，慈禧再次扭捏作態，假意勉為其難地接受了大臣的請求。跟兒子爭了一年多的至高皇權再次回到她的手中，慈禧的心中只有掩飾不住的得意。

十一月二十日，同治帝的病情似乎得到了緩解，紅疹逐漸消失，潰爛處也開始結痂脫落，但太醫稱「餘毒未盡」，其中的暗語不言自明。同治帝依然動彈不得，全身劇痛，腰腹部紅腫，不久病情來得更加兇猛，腫處潰爛，潰爛處越來越多，膿血流出體外，惡臭漸漸散佈整個宮殿。太醫們用「外用拔毒膏」反覆擦拭，膿腫處不斷增多，不斷擴大，從腰腹到四肢，到頭部……毒性蔓延全身，膿腫也隨著蔓延全身。太醫們還在用天花的藥物，當然這是慈禧吩咐的。慈禧依然對外宣稱同治帝得的是天花，只是病情漸重的消息，她都會直言不諱地通報群臣。同治帝漸漸精神不濟，連坐起來都困難了，大臣們也漸漸失去了信心。

自從同治帝病倒以來，失去了保護傘的皇后處境更加兇險，慈禧指責皇后不賢德，將皇帝的病和荒廢政務全歸罪於她，宣佈未經她的允許不准皇后靠近皇帝一步。皇后委屈，但無處可訴。聽說平日相敬如賓的同治帝病毒已侵佔五臟六腑，因餘毒的蔓延，同治帝連牙齦都呈黑褐色，皇后擔心同治帝熬不過這場劫難，可咫尺之遙卻無緣見面。皇后費了千辛萬苦，買通了太監，終於得到一次偷偷

探望的機會。皇后走向同治帝的寢宮,當她見到病榻上的丈夫時,雖然已有心理準備,可她還是嚇了一跳,同治帝就像一隻爛透了的桃子,滿目瘡痍。夫妻四目相望,淚濕雙頰,雙手相握卻一時相對無言。同治帝怨恨母親已不是一天兩天的事了,這次生病,母親的態度更讓他傷心透頂,他還期盼自己有康復的那一天。他試圖拭去皇后臉上的淚珠,可他舉手無力,只是用力握住皇后的手,勸慰皇后:「妳暫時忍耐,總有出頭的日子!」說者無心,聽者有意,這短短的一句話卻被慈禧的耳目聽到了。

慈禧正處理完朝政回宮,聽到宮人的報告早已怒不可遏,衝到皇帝的寢宮,揪住皇后的頭髮,迎面就是一個耳光。同治帝氣得癱倒在床上,雙手握拳,滿面紫紅,卻喊不出來。皇后一向小心翼翼,不敢忤逆慈禧,一時受了這樣的責罰,也不知如何應對,情急之下說了一句:「哀家是從大清門進來的,請給媳婦留一點面子。」慈禧自己是偏妃出身,一直引以為憾,皇后的話無疑揭了她的傷疤。大清門進來的就要高人一等?慈禧要給這個不知天高地厚的媳婦一點顏色瞧瞧。慈禧叫人立即杖責皇后。刑不上大夫,何況是母儀天下的皇后,杖責在宮中是只對出身低賤的宮女和太監才會用的刑,現在卻要用到皇后身上。皇后哭喊開來,同治帝聞訊卻無力阻止,氣得一時暈厥過去,御榻前一陣慌亂,慈禧這才下令免了皇后的刑罰。到了這份上,母子關係早已蕩然無存,兒子的病已回天乏術,慈禧也不再憐惜他,她不會讓他再折騰,她必須把皇權牢牢掌握自己手中。

　　同治帝的病已經到了秋末葉落的時候了，經過這番驚嚇愈發衰弱，已經是朝不保夕了，他必須保全皇后。同治帝設法支開所有的侍從，偷偷傳來皇后和師傅李鴻藻。同治帝擔心自己死後，母親會從皇族中擁立一個年幼的孩子，繼續執掌朝政，便命李鴻藻擬遺詔立已經成年的多羅貝勒載澍為皇太子。洋洋數千言的遺詔草稿擬好後，同治帝命李鴻藻回去潤飾內容，第二天拿出正式文本來見自己。

　　臨終受遺命，李鴻藻明白這其中的份量，他也想念及師徒情深。他一宿未眠，反覆思量，權衡利弊，第二天一早還是將遺詔送到了慈禧手上。慈禧看完遺詔後，鐵青著臉，立刻把遺詔扔到了火盆裡，遺詔在火光中灰飛煙滅。李鴻藻的一去不回，也讓同治帝感到了事態不妙。慈禧對兒子只剩下恨，她下令斷了同治的一切醫藥飲食，命令所有宮女太監撤出乾清宮，沒有她的允許不得出入。慈安也想干涉，只是早已有心無力，既然慈禧連自己的親兒子都下了狠手，自己何必去淌這渾水。同治帝恨自己生在帝王家，他不敢想像慈禧會對皇后下什麼狠手，可他只熬了一天，便懷著對皇后的無限擔心駕崩了，時間為同治十三年（1874）十二月初五，離他過二十歲生日還有將近半年。

　　慈禧給了他生命，卻又無情地摧殘了他的生命。同治帝一死，慈禧就成了太皇太后，再也沒有理由垂簾聽政了，掌權的應該是阿魯特氏。可如今的慈禧已不是十幾年前的懿貴妃了，翻手為雲、覆手為雨的技倆，慈禧已練到了爐火純青的地步，她不會允許皇權就這樣離自己而去。

同治帝一死，慈禧把這麼多年來母子間的、婆媳間的積怨全部發洩到阿魯特氏的身上。阿魯特氏得知同治帝駕崩後哭得死去活來，終日以淚洗面，可慈禧不讓她到靈前拜祭，不讓她出宮中半步，她在大臣們面前就像憑空消失了一樣。崇綺痛心疾首，卻對女兒的處境愛莫能助。阿魯特氏私下派人去詢問父親的意見，他送給女兒一個空食盒，暗示要女兒絕食而死。

阿魯特氏明白，自己是婆婆掌權的一個絆腳石，慈禧不會給她活著的機會……連父親都來催她上路了。阿魯特氏並不怕死，可她發現自己已經懷上了同治帝的遺腹子。萬一是個阿哥，同治帝不就有後了？一個母親的護子天性讓阿魯特氏變得堅毅而決斷，她盡力吃下所有能得到的食物，盡力掩飾自己懷孕的事實。可皇宮實在太小，任何微小的變動都逃不過慈禧的法眼，很快慈禧也得知了她嘔吐的跡象，這是一個危險的信號，慈禧已經被權欲沖昏了頭腦，哪怕自己唯一的孫子也不行，只要是阻擋她攬權的障礙，她一個不留。慈禧乾脆斷了阿魯特氏的飲食，兩個月後，阿魯特氏才吐出了胸中的最後一口怨氣，帶著未出世的孩子離開了人世。

既然她已經不能對慈禧的垂簾聽政構成任何威脅了，慈禧也賞賜她一點點哀榮來顯示自己的寬宏大量和不計前嫌，她封她為「嘉順皇后」，下諭旨表彰她為夫殉節的壯烈之舉。慈安是在咸豐帝駕崩的當天封為太后的，慈禧是在咸豐死後第二天封為太后的，而同治帝已經死了七十五天，這位從大清門進來的皇后卻連一個太后的封號都沒有。慈禧專門為已故的同治帝皇后下了兩道懿旨，來表彰

她的嘉德懿行，還將她與同治帝合葬在惠陵地宮，他們終於可以不受太后的干擾同穴而眠了。

同治帝和皇后的死不過是皇宮裡的一個插曲，很快波平浪靜。當一切煙消雲散，當夜深人靜時，慈禧還是會懷念兒子，會心痛兒子的英年早逝，時常跟慈安聊起兒子的頑皮和可愛，不過那都是他童年的故事。

第三章

慈禧身邊最鬱悶的男人
——繼子光緒

他名義上是她的繼子，實際上卻不過是她繼續縱橫政壇的一個必要擺設，垂簾聽政、訓政、歸政，再回到垂簾聽政，她的目的萬變不離其宗：獨掌皇權。他本可是一個富貴多福的王爺，他的一生卻因她變得悲苦淒慘：幼失母愛，壯失情愛，英年早逝，他生得偉大，活得委屈，死得鬱悶。

光緒帝畫像

光緒帝只是慈禧手中的一顆棋子，他的反抗引來的也只是一連串悲劇性的命運。

意外的皇位

他原本是醇親王府裡一個無憂無慮的小王子，因機緣巧合成了慈禧的繼子，成了她繼續擅權的一顆棋子。從進入皇宮的那一刻，他開始了命途多舛的帝王生涯。這到底是福是禍？

同治十年（1871）六月二十八日夜，北京城酷熱的空氣早已散去，古老的城市陷入一片祥和寧靜中，太平湖附近的醇親王府內卻燈光通明，熱鬧非凡，因為醇親王福晉剛誕下一個小男孩，醇親王奕譞自然是喜不自禁。這是他的第二個孩子，第一個孩子早已夭折，可算命先生的話卻讓他有些不安。

上午，醇親王做了個夢，夢見眼前燭光慢慢擴大，成了一片火海，突然火海中一聲巨響，火光中黑色的煙灰四散開來。家僕請來兩位算命先生，他們都是城中數一數二的神算。兩位神算子掐指一算，齊齊跪下，不敢說話，醇親王急著追問才得知，他們預知自己兒子將是一位多磨難的皇帝。這可是大逆不道的話，同治帝還是血氣方剛的少年呢。醇親王迅速地打發了算命先生，可晚上兒子出世時又出現了異象，醇王府裡一棵老槐樹突然火光沖天，大家趕去救火時，大火卻自動熄滅；但耀眼的火光卻已叫一向小心謹慎的醇親王更加不安。醇親王是道光皇帝第七子，道光帝逝世時他還年幼，他不像他六哥恭親王奕訢那樣有抱負，他只想做一個閒適安逸的「逍遙王」，可他與福晉的結合還是把他推上了政治舞台。

醇王福晉是慈禧太后的胞妹葉赫那拉·婉貞，當年選秀未中

後，婉貞便待字閨中。醇親王當年已到了該婚配的年齡，父親過世，長兄為父，咸豐帝一心想為弟弟物色一門好親事，這幾年在最後一關落選的秀女都有機會。咸豐帝思來想去，不是門第不夠就是姿色不行，一直沒拿定主意。載淳剛過週歲不久，咸豐帝對慈禧寵幸正隆，慈禧在耳鬢廝磨時推薦了自己的妹妹，咸豐帝對這門親上加親的婚事很滿意，醇親王也因為娶了葉赫那拉氏，成了所有親王中地位最顯赫的。醇親王懾於慈禧的威權，一直不敢娶偏室，在辛酉政變中，二十出頭的醇親王親領衛兵夜襲肅順，取得肅順的項上人頭，立了大功，慈禧特意賞了一個偏室給他以示恩寵。醇親王因而有一妻一妾，妾在一次難產中失去生育能力，婉貞的長子又因病夭折，年過三十的醇親王如今終於又迎來一個兒子。第二天，醇親王上朝報喜，並向慈禧請了一個名字——「載湉」。

醇親王雖然年輕卻老成持重，面對紛繁複雜的權力之爭，雖然他沒有急流勇退，卻選擇了明哲保身。十多年的冷眼旁觀，奕譞已經領教到了這位僅大他六歲的寡嫂的厲害，縱使妻榮子貴，他也時時戒懼，處處小心。醇王府的正堂他取名「思謙堂」，兩邊條幅為「福祿重重增福祿；恩光輩輩受恩光」，以此告誡子孫永懷感恩、謙卑之心，才能求得長富久貴。此外，他還特意命人仿製了一隻周代欹器，這個欹器放入一半水則可保持平衡，注滿水則向一邊傾倒。他在欹器上親筆寫下「謙受益，滿招損」的銘文，時刻提醒自己及家人小心行得萬年船。小載湉就在這種祥和安樂的環境中漸漸長大，父母細心呵護，乳母、太監溫和恭順，穿著綾羅綢緞，吃著

山珍海味，沒有陰謀，沒有呵斥，他是整個醇王府裡至尊至貴的王孫貴冑。

當然，醇親王照例得入宮上朝，只是他不擔任什麼要職，對重要事件也不發表政見。侄兒同治帝病危時，立儲之議已傳遍朝廷內外，哪位皇族之子將來入繼大統呢？大多數大臣傾向於立年長者，溥字輩的有道光帝的長孫溥倫已經十七歲，是比較合適的人選，載字輩的有載澂和載潢，可合不合適還得大清朝真正的當家人慈禧說了算。

兒子的叛逆讓慈禧更深刻地感受了權勢比親情更可靠，她不想再給這個逆子喘息的機會，同治帝遺詔裡那個被嗣立的載澍原在宮中當差，如今也被逐出宮去。慈禧要跟慈安商量一下立嗣君的事情，與其說是商量，不如說是通知。慈安在朝政大事上的一貫沉默，無疑是在權力中心的自我淡化，大臣們習慣了唯慈禧之命是從，權柄自然地逐漸下移至慈禧。慈禧提出立醇親王府家的載湉，慈安問：「是不是太年幼了？」慈禧不悅，冷冷地反問：「難道還找個年長的，將咱姐妹逼入冷宮？」慈安不再辯駁，只是悻悻地說：「那就按妹妹說的辦吧。」慈禧無疑是想：載湉與自己的血緣關係如此親近，只要能夠善加撫養，嚴以母儀，擇以良師，教以孝道，未必比不上自己親生的兒子同治帝。

同治帝臨終的前幾天，慈禧派了一個近侍太監到醇親王府，既不宣旨奉詔，也沒有跟醇親王密商什麼大事，只是來看看機靈可愛的小王子載湉，醇親王夫妻隱隱有些不安，卻說不清道不明。

幾天後，同治帝駕崩。當晚，軍機大臣及皇族近親二十多人被緊急召集到養心殿西暖閣，討論立嗣問題。此時的西暖閣安靜得連針掉在地上都聽得見，權臣們雖然各懷私欲，但都不敢擅自開口，這時窗外隱約有御林軍來回奔走的腳步聲，錯綜複雜，難辨方向，這種肅殺的安靜讓所有大臣不寒而慄。最終還是慈禧打破了寧靜，她先不提立嗣的問題，只問新君繼立後，太后如何垂簾聽政。所有親王大臣都聽出了話外之音，卻心有不甘，氣氛沉悶得有些令人窒息，一陣長久的僵持後，大學士文祥首先忍不住了：「請太后立溥字輩近支作為皇上繼子！」慈禧眼中含刀，凜冽凌厲，只是不置可否，關鍵時刻大臣們還是不惜冒險一試，不少大臣提出了溥倫的名字，慈禧既不搖頭也不點頭，只是冷冷地掃視群臣。大臣們在熱烈討論之際，一直沉默不言的還有兩個人——恭親王奕訢和醇親王奕譞。他們是皇室近親，子嗣都有入繼大統的希望，他們怕招嫌疑，只是靜靜地站立一旁洗耳恭聽。恭親王一度有賢王之稱，雖然如今在頻遭打擊後，已少了往日的銳氣，但朝臣中追隨他左右的不在少數。慈禧把目光鎖定奕訢，奕訢欲言又止，內心惶恐不安，於是假裝生病，扶住壁柱，回避了慈禧的目光。慈禧害怕大臣們提奕訢的兩個兒子，決定速戰速決：「同治無子，遭此巨變，舉國悲痛。如果年長者入繼大統，實在不是兩宮太后所願意，必須選年幼的孩子入宮，親自教育，才能不負所望。醇親王之子載湉已有四歲，又是皇室近親，是最合適的人選。」慈禧此言一出，立即語驚四座，大臣們只是四下張望，欲言又止，一直沉默的醇親王反應最為激烈，

他不敢相信自己的耳朵，先是驚愕，張大茫然的雙眼，緊接著全身痛苦地抽搐，倒地昏迷過去。慈禧心下狠狠地罵了一句「不識好歹的傢伙」，便命人扶醇親王到偏殿休息。大臣們見慈禧主意已定，便拱手稱諾，紛紛退出。

醇親王還沒回府，消息早已傳到了醇親王福晉耳中，福晉急得哭暈了過去。兒子入繼大統本是件喜事，可福晉何嘗不明白姐姐慈禧的手腕，慈禧一心只想保住自己的權位，連自己的親生兒子都不憐惜，載湉僅四歲出頭，身體原本瘦弱，入宮後無人真心愛護，成年後又將成為慈禧掌權的阻礙，將來一定命運坎坷，一想到這兒，福晉哭得更厲害。醇親王失魂落魄地回到府中，對著熟睡的兒子長吁短歎，即使一千個一萬個不情願，慈禧的決定誰敢違抗。

緊隨醇親王入府的還有負責迎嗣君入宮的御前大臣和孚郡王、一群御前侍衛、幾個禮部官員和一座龍輦，看來一切早有準備。睡夢中的小載湉被喚醒，身邊卻圍著一群忙亂的陌生人，他又哭又鬧，四處尋找額娘和奶媽，可他必須參加一系列忙亂的儀式，儀式一結束便被抱進一乘八人抬的黃轎，所有的太監奶媽不得跟隨，載湉被夾在一群陌生人中間肆意地哭喊嚎叫。御前大臣和孚郡王不敢耽誤片刻，率領衛隊，護送小載湉疾行回宮。

次日黎明，哭鬧了一晚的載湉按照清朝慣例，到同治皇帝靈前跪拜，在遺體面前放聲痛哭。他的哭聲響徹紫禁城，哭得悲戚宛轉，當然不是為同治帝，只是因為找不到熟悉的面孔。這一夜，紫禁城的王公大臣們大多一夜未眠。第二天，一道詔書隨即發往全國各

地，把新皇帝即位和皇太后垂簾聽政的消息也帶到了全國各個角落。

哭哭鬧鬧又是一個月，光緒元年正月二十日（1875 年 2 月 25 日），這是欽天監選定的上吉之日，在紫禁城的太和殿舉行了新皇帝登基大典。在山呼海嘯的朝拜聲和小光緒的哭鬧聲中，大清朝的第八代第九位皇帝正式登基了。這位只有三歲多的小皇帝以一種悲苦的聲腔開場，就像皇朝和他本人命運的某種暗示一樣，令人心痛不已。

慈禧再度大權獨攬了，她的臉上滿是興奮，似乎她不曾失去一個兒子，而是又生了一個兒子，無論是御前聽奏還是御案前閱覽奏章，事無鉅細，她都一一親力親為，仿佛永遠毫無倦意。

寂寞的童年

他是這個皇宮裡唯一的孩子，擁有皇帝的頭銜，卻仍然是一個沒有自我保護能力的孱弱孩子。在這個爾虞我詐的宮廷，人們的所作所為只為討好一個人──大權在握的慈禧，慈禧對他的態度成了他能否獲取安定生活的決定性因素。

光緒帝入宮之初，慈禧對他無疑是比較關心的，她試圖與他建立特殊的親緣關係。她首先切斷了小光緒與親生父母的一切日常聯繫，醇親王和福晉自兒子入宮那晚再也沒有見到過兒子，整日以淚洗面，醇親王為了避嫌，非慈禧召喚從不主動入宮，即使入宮也不

敢主動親近孩子。小光緒對父親的依戀卻表現得直接而果斷，他拼命掙脫太監的懷抱，向父親奔去，父親留給他的卻是匆忙而決絕的背影。執拗的小光緒哭得肝腸寸斷，直到哭累了，睡倒在太監或奶媽的懷裡才甘休。醇親王憂心忡忡，為此，他還上了一個《豫杜妄論》的密摺，請求兩宮太后免去他的一切職務，都統、領侍內大臣，御前領侍衛內大臣等。醇親王以嘉靖帝為例，請求避嫌。明朝正德皇帝身後無子，讓堂弟朱厚熜繼承皇位，即嘉靖帝。嘉靖帝在禮儀上與大臣們發生了衝突，他稱生父為「本生父」，先皇為「皇伯父」。大臣們覺得於禮不合，嘉靖帝也很執拗，最後衝突升級，一百多個大臣跪到金水橋大哭，聲震廟堂，嘉靖帝火了，下令全部拉到午門前廷杖，打傷無數，打死十七人，這便是轟動朝野的大禮儀案。為了防止重蹈歷史覆轍，醇親王請慈禧一定要答應他的請求。慈禧為了收買人心，起初極力挽留；醇親王再申請，慈禧便順水推舟免了他一切職務，只是保留親王雙俸，負責在毓慶宮照顧小光緒讀書。自此，醇親王稍有安全感，他在他的治家格言裡這樣寫道：「財也大，產也大，後來子孫禍也大，若問此理是如何，子孫錢多膽也大，天樣大事都不怕，不喪身家不肯罷。」醇親王明白這正是慈禧想要他做到卻說不出口的事，正所謂禍福相依，他此時只想保全身家。

　　為了建立她與小光緒之間的親緣關係，一開始就把他培養成言聽計從式的傀儡式君主，慈禧要光緒帝稱自己為「親爸爸」（即慈禧。是光緒帝對慈禧太后一種獨特的敬稱），喊慈安為「皇額娘」，企圖用孝道倫理將他牢牢捆住。慈禧要求服侍小光緒的奶媽、太監

像灌輸軍國教育一樣天天跟他強調，他已經不是醇親王和福晉的兒子了，慈禧才是他的母親，除了這個母親外，他便沒有其他的母親了。一開始，慈禧還試圖用溫情來靠近他。慈禧曾對大臣說：「皇帝本是我親侄兒，又是我妹妹的兒子，我怎麼可能不憐愛他？皇帝剛入宮時，才四歲，血氣不足，肚臍眼常年不乾，我每天親自給他塗拭藥膏，晚上我經常親自抱他入睡，平時噓寒問暖，加添衣服，日用飲食我都一一過問。皇帝怕打雷，常嚇得尖聲大叫，我都親自抱住他，安慰他。我還親自教他讀書識字，我愛憐他尚且來不及，怎會有其他想法？」也許這是小光緒剛入宮時慈禧的肺腑之言，但她從來不是一個有耐心和愛心的母親，這次也不例外。大多數時候，慈禧只是將他託付給宮女太監。小光緒秉性誠實，性格倔強，從不會主動討慈禧歡心，時日一長，為了培養自己的威信，她的態度很快變得嚴厲，小光緒對她的感情除了畏懼就是怨恨。

光緒帝本是慈禧擅權的一個擺設，光緒帝一入宮，便要上早朝。光緒帝不像同治帝那麼頑皮，太監把他抱上龍椅後，他會一直板著張小臉，自始至終像個木頭人似的，裝出一副莊嚴肅穆的樣子，直到慈禧說退朝，他才會長長地呼一口氣。慈禧太嚴厲，慈安卻溫和慈愛，光緒帝很自然地便親近慈安。慈禧經過同治帝的教訓，認為慈安又想籠絡皇帝，藉以牽制她，對此十分不滿。光緒七年（1881），慈安太后暴斃宮中，慈禧懸著的心才算落地。

隨著小光緒逐漸長大懂事，皇宮內繁雜的規矩逐漸加諸其身。小光緒必須每天晨起就到慈禧處問安，風雨無阻；給慈禧磕頭時，

沒有命令不能起身，遇到慈禧不高興就只有長跪不起了。小光緒對慈禧幾乎有一種病態的畏懼，每次見她都戰戰兢兢，慈禧一發怒，小光緒便嚇得虛汗直冒，說不出話來。甚至慈禧乘輿外出的時候，光緒帝也要隨扈左右，無論烈日當頭還是暴風疾雨從不間斷。因慈禧不重視，太監也開始怠慢小皇帝。皇帝每日三餐，每餐有數十種菜餚，擺滿整個桌子，可離皇帝稍遠的食物，接連幾天不換，大多已經腐臭。連皇帝較近的食物雖然並未發臭，可是經過多次加熱以後，飯菜已經不可口。小光緒本來就身體孱弱，特別挑食，吃得很少，偶爾還會不吃。有時候小光緒也會壯著膽子叫太監們換一換，可這些可惡的太監便會馬上請示慈禧，在慈禧面前閃爍其詞地暗示小皇帝挑三揀四。這樣，小光緒的飯菜不但換不了，反而要遭到慈禧的訓斥。性格軟弱的光緒帝總是忍氣吞聲，不敢辯解，太監們的膽子也越來越大。宮中吃飯都有嚴格的時間規定，小光緒有時候餓了，實在沒有辦法，便忍不住到太監房裡去翻吃的。皇宮的萬事萬物都是講規矩的，飲食的等級制度尤其嚴格。有一次偷吃了一個小太監的饅饅，小太監正好瞧見了，嚇得跪地求饒，可這饅饅已經吃掉一大半了。

由於飲食沒有規律，小光緒一直體弱多病。小光緒膽小怕雷，雷聲一起便嚇得躲在角落裡尖聲大叫，即使如此，也無人近前撫慰，幼失母愛使他沒有安全感，變得過分自卑和脆弱。

在這偌大的皇宮裡，真正讓小光緒找到安全感和親情的只有一個人——師傅翁同龢。所有的清朝皇帝都必須接受系統的文治武功

訓練。小光緒虛歲六歲，實際是四歲半開始，上書房便開課了。上書房裡一切都是陌生的，環境生、師傅生、伴讀生，小光緒又哭又鬧，把書本摔到地上踩。小光緒性子拗，翁同龢、夏同善等帝師怎麼勸都不聽。帝師們便彙報給慈禧，孩子太小，威逼不管用，慈禧無奈便傳來醇親王到毓慶宮照顧小光緒讀書。小光緒一見父親，便變得很乖，讀書也勤奮起來，漸漸步上了軌道。醇親王為了避嫌便不敢再來，小光緒起初還哭鬧，慢慢也習慣了。

　　翁同龢是兩朝帝師，廣才博學，教學方法靈活多變，講解深入淺出，小光緒最愛聽他的課。慈禧不重視他，太監有時也怠慢他。小光緒長期飲食照顧不周，早上常常不吃早餐便到了上書房，有時會覺得暈眩，讀書沒有精力。太監既不向太后奏報，也不向師傅說明，在翁師傅的再三責問下，還推說不知道。有的太監藉書房中的一些小事，到慈禧面前告發光緒帝，弄得光緒帝時常挨慈禧的罵。翁師傅總是仔細詢問光緒帝的情況，答應一定為他做主。翁同龢心疼小光緒，便向慈禧請求增加他的點心，這讓小皇帝很開心。太監有時讓他自己疊被子，有一次不小心還刺傷了手，翁同龢便帶著小光緒跟太監理論；有時小太監還讓小光緒自己倒水喝，光緒不小心燙傷了手，翁同龢氣得破口大罵太監昏庸，不識事體。後來慈禧乾脆下令，凡是光緒帝身邊對皇帝不敬的人，翁師傅隨時可以指名參奏。小光緒漸漸對師傅產生了依賴感，只要是翁師傅的課，他便格外認真，他一天也捨不得離開翁師傅。光緒三年（1877），翁同龢請假兩個月回原籍修墓，小光緒得知消息後傷心不已，傳口諭「明

日書房照舊」，可他的口諭毫無作用，翁師傅還是走了。翁同龢走後，小光緒一直憂快快的，不肯好好讀書，讓慈禧和帝師們都頭疼不已。翁同龢歸來那日，小光緒欣喜異常，撲到翁同龢的懷中嗔怪道：「怎麼現在才回來，我想你好久了！」翁同龢抱著小光緒，感動得熱淚縱橫。那一天，小光緒用響亮的讀書聲來表達自己的快樂，小光緒的快樂感染了所有的人，上書房的太監偷偷告訴翁同龢：「上書房已經好久沒有這樣的讀書聲了。」

在翁同龢等師傅的耐心教導下，光緒帝讀書很有長進，各方面遠遠超過了當年的同治帝。他每天黎明前就進書房讀書寫字，非常勤奮；下書房後，行立坐臥都有一卷在手，隨時誦讀。即使節慶假日，書房停課，他仍然讀書不輟。到他親政前，光緒帝閱讀過的書籍不下八九十種之多，這些為他日後的親政奠定了基礎。一個仁善和智慧的君王讓百官臣僚隱約看到了王朝未來的希望，但慈禧對光緒帝的努力卻心情複雜，她的嚴厲一以貫之，她很少表揚他，只是不斷地指出他的不足之處，讓光緒帝無所適從。光緒帝雖不像同治帝那樣魯莽和頂撞，但他表面順從，心中卻泛著波濤洶湧般的不滿和反抗，這讓慈禧隱隱有些不安。隨著光緒帝年齡的增長，慈禧的要求變得越來越嚴苛，有些簡直不近人情。慈禧進膳時，光緒帝會在一旁侍候，有時慈禧進膳時間長，光緒帝便只能饑腸轆轆地在一旁待上好幾個小時。光緒帝有件禦寒的袍子已經相當破舊了，翁師傅看不過眼，便問光緒帝怎麼不向太后奏請再縫製一件，光緒帝說已經問過了，太后說袍子還可以穿，先將就著。普通富貴人家尚且

不在乎更換一件袍子，何況是皇帝。慈禧對光緒帝的防範和不滿可見一斑。

光緒帝童年不幸，他僅僅是慈禧的一顆棋子，在偌大的宮廷中，雖貴為皇帝，卻像水中浮萍一樣無依無靠，任憑風吹雨打，找不到慈愛和溫情；光緒帝也是幸運的，遇到一位真心疼他、愛他的師傅，讀書便成了他生命中的最愛。

任人擺佈的大婚

光緒十四年（1888），光緒帝十八歲了，轉眼已長成了一個鳳眼、月眉、瓜子臉的翩翩美少年，由於學業有成，處理政務方面也有一定能力，按照清朝皇室的慣例，皇帝大婚的事不能再拖了。

慈禧夙夜憂歎，也為皇帝大婚的事傷透了腦筋。自光緒帝十三歲開始，朝中大臣便為光緒帝大婚的事上奏摺，慈禧總以皇帝年幼為由反覆推託，這兩年朝臣們的呼聲頗具規模，她也感覺拖不下去了，她總不能不稍稍顧及一下旁人的議論，她也不好意思過分地忽視老祖宗所定下來的規矩，可慈禧壓根就沒想過真正讓皇帝親政，她只是在考慮如何讓成年後的光緒帝依然對自己言聽計從。

光緒十四年（1888）六月，慈禧發佈懿旨，光緒帝將於明年正月舉行大婚。光緒帝自然是興奮不已，也不像以往那樣反覆辭謝了，他等候多年，準備隨時大展身手，慈禧怎麼都高興不起來，太

后歸政像泰山壓頂一樣讓她寢食難安。皇帝的后、妃，尤其是皇后，與皇帝關係最密切，對皇帝的思想及其政務活動都有特別重要的影響力。慈禧在同治帝選后問題上的重大失敗讓慈禧記憶猶新，這一次她不會重蹈覆轍。

皇帝的后妃都來自八旗秀女，選后得先選秀。自七月份禮部進行完全國選秀後，經過再三挑選，直到九月份，有三十一位秀女進入太后和皇帝的遴選範圍。選秀過程都是慈禧做主，光緒帝只是在一旁站立，也不發表任何意見，這次慈禧也不客氣，一律自己做主，很少詢問光緒帝的意見，仿佛只是為慈禧找兒媳，不是為光緒帝選后妃。慈禧經過兩次閱看，還剩下八名秀女：慈禧的內侄女、弟弟桂祥的女兒葉赫那拉氏；江西巡撫德馨的兩個女兒；侍郎長敘的兩個女兒；還有鳳秀之女等。八位秀女照例得先住在宮中一段時間，以便考察其德行。其他七位秀女分住各宮，慈禧的侄女葉赫那拉氏身份特殊，便住在慈禧宮中，尊卑長序在沒有展開競爭之前便已一目了然，慈禧的意見不言而喻。考察期間又淘汰了三名，只剩下葉赫那拉氏、巡撫德馨的兩個女兒和侍郎長敘的兩個女兒。

十月初五日，后妃決選在體和殿舉行。慈禧喜氣洋洋，光緒帝卻有些情緒低落。五位佳麗一字排開，緊張中帶著幾分嬌羞。慈禧端坐殿中，威嚴肅穆，仿佛一切胸有成竹，表情凝重的光緒帝手持如意，在五位佳麗面前來回走動，德馨家的兩位女兒真是國色天香，尤其是大女兒有沉魚落雁之貌，光緒帝站在她面前猶豫了一下，慈禧咳嗽了一聲，光緒帝一愣，抬眼看了一下慈禧，一束凶光

射來，光緒帝哆嗦了一下，一種羞辱感油然而生，恨恨地把如意塞到了葉赫那拉氏手中，憤然回到座位。葉赫那拉氏是慈禧弟弟桂祥的女兒，馬臉高額，並微有駝背，光緒帝對這位年長自己三歲的表姐實在難以產生興趣。慈禧這次也不再客氣，見光緒帝中意德馨家的兩個女兒，害怕她倆入選之後有專房之寵，示意榮壽公主將荷包授給侍郎長敘的兩個女兒。儀式結束，慈禧斷喝了一聲「回宮」。一場喜事，以這樣的尷尬局面收場。當日發佈兩道懿旨，一道宣佈葉赫那拉氏立為皇后；另一道宣佈侍郎長敘的兩個女兒分別立為瑾嬪和珍嬪。一切塵埃落定，光緒帝的心沉到了谷底。

在清朝，帝王婚姻中一直保留了一些獨特的婚俗，諸如姑表親婚、婚姻不拘行輩等。比如父子分娶同輩人為妻妾，努爾哈赤在稱汗前即與十二子阿濟格分別娶科爾沁貝勒孔果爾之女為妻，再如皇太極分別納娶了已故林丹汗的幾位福晉，將自己的嫡出次女下嫁林丹汗之子額哲，數年後又把撫養於宮中的林丹汗之女嫁給了十四弟多爾袞。還有不論行輩的情況，如皇太極的孝端皇后哲哲、宸妃海蘭珠、莊妃大玉兒是姑姪三人；順治帝福臨的廢后、悼妃和孝惠皇后便是姑姪三人；同治帝的阿魯特氏皇后和珣妃就是姑姪關係。

慈禧把隆裕嫁給光緒皇帝，主要是效仿前朝的孝莊皇后。當年孝莊皇后生了順治皇帝，於是她把她娘家哥哥的女兒指婚給了順治帝。這樣，皇后既是自己的姪女，同時也是自己的兒媳婦，因為在孝莊皇后的眼裡，只有這樣才能更好地為穩定大清江山做一些事情。所以在這件事情上，慈禧也就效仿當年的孝莊，把自己弟弟

的女兒嫁給光緒帝。按照當時的情況，親上加親是非常正常的。而光緒帝是慈禧的妹妹所生，隆裕是她的弟弟所生，妹妹的兒子娶了弟弟的女兒，這在當時來說應該是非常不錯的一段婚姻。

　　可這只是慈禧一廂情願的想法，光緒帝對此卻十分厭惡。隆裕比光緒帝大三歲，是光緒帝的表姐。光緒帝和隆裕從小就在一起玩，隆裕作為姐姐，對光緒帝特別照顧，就像對待自己的親弟弟一樣。當年光緒帝剛剛進宮的時候，每次隆裕到宮裡也都去看他。光緒帝也對這個表姐有著說不完的話，兩人經常一聊就是好長時間，氣氛也非常融洽。可是這兩個人誰都沒想到最後慈禧將隆裕指給光緒帝。在光緒帝看來，隆裕本來是自己的表姐，忽然間就變成自己的皇后，非常接受不了；作為姐姐，隆裕長什麼樣光緒都不會嫌棄，可是作為自己的皇后，誰都想找一個漂亮點的。可是既然慈禧已經說定了這件事情，想改變過來是非常困難的，偏偏隆裕皇后是一個舊時代的女人，學的是賢淑之道，欠缺的是政治遠見，比起珍妃來就差得更多了，她逆來順受，光緒帝的悲苦憂愁她根本無法理解，更遑論設身處地為他著想了。

　　后、妃既然已經擇定，隨後一系列的典禮相繼展開，較大規模的便是「納采」和「大征」。葉赫那拉氏一家飛出了兩個鳳凰，門楣生光。懿旨下達的當日，賀喜的文武百官共二百餘大員便群集於桂公府外，向府內遙拜，行三拜九叩的大禮，桂祥也擺宴三天，宴請百官。

　　按照皇室祖制，正式奉迎皇后之日的前兩天，從桂祥家裡向宮

中發出皇后的嫁妝、妝奩總計兩百抬，連發兩天，從方家胡同桂公府出門，經過史家胡同、東單大街，再轉入東江米巷、兵部街，由大清門抬入紫禁城，規模空前，引得北京人萬人空巷地來看熱鬧，桂公府也名噪京城，從此留下了「大清朝的國運，要看方家園的風水」的說法。

慈禧為光緒帝舉行了一個空前奢華的婚禮，戶部撥銀就達五百一十萬兩，其中還不包括諸臣賀禮。光緒十五年（1889）正月二十六日為奉迎皇后的黃道吉日。全國上下都在為皇帝大婚作慶賀準備，一場意外發生了。光緒十四年（1888）十二月十五日深夜，一個大雪紛飛的數九寒冬夜，紫禁城突起大火，火勢借風蔓延，燒毀了不少宮殿，其中包括太和殿前的太和門。民間紛紛流傳「牝雞司晨，天降火警」，朝堂內外也是人心惶惶，流言四起。天降警示，是國之失道的表現，連慈禧也不敢大意，下懿旨宣佈自己將深宮修省，勉勵大小臣工齊心協力。可燃眉之急是，按大清的祖制，皇后入宮時必須乘轎經過大清門、太和門，才能進入內宮。皇后沒有第二道朝門可進，是大不吉利。慈禧降旨：婚禮如期舉行，紮彩工匠連夜搭蓋太和門彩棚。內務府效率驚人，新年剛過，一座可以以假亂真的太和門便矗立在太和殿前。可這畢竟是竹紮紙糊的假門，很快在風雨的侵襲下變得千瘡百孔。

正月二十六日午時三刻，光緒帝珠冠龍袍在太和殿升座，王公大臣行三跪九叩之禮，由禮部宣讀冊封皇后的詔書。禮畢後，武英殿大學士額勒和布和副使禮部尚書奎潤護送皇后金冊玉寶及一柄御

筆「龍」字金如意鳳輿，率領浩浩蕩蕩的迎親隊伍前往桂祥家。桂祥經過一系列的送親禮儀，身著龍鳳同合袍的皇后被扶上了鳳輿，鑾儀衛校尉抬起鳳輿，提爐侍衛手持鳳頭提爐引導，太監左右扶輿，內大臣侍衛在後乘騎護從，聲勢浩大地向皇宮進發。待皇后進入大清門已是清晨，光緒帝早已身著龍袍在乾清宮西暖閣等候，將皇后迎出鳳輿後，經交泰殿前往坤寧宮的洞房。皇后在坤寧宮前跨馬鞍、入洞房，儀式才告結束。與此同時，瑾、珍二嬪也由神武門迎入翊坤宮。

婚禮的當晚，光緒帝與皇后隆裕相對無言，光緒帝表情悲戚，隆裕原來喜悅的心情也蕩然無餘。兩人僵持到將近凌晨，光緒帝終於忍不住爆發了，他撲到隆裕的懷裡號啕大哭，邊哭邊說：「姊姊，朕永遠敬重你，可是你看，朕多為難啊！」那一夜他們相敬如賓。可隆裕沒法體諒光緒帝的無奈，出嫁從夫，他們已不再是單純的表姐弟關係，他們是夫妻，他們的隔閡彌隙難縫。慈禧選自己侄女為皇后，為的是將朝政交給光緒帝后，還能利用皇后來控制和操縱皇帝，起碼可以通過皇后監視和掌握皇帝的一舉一動。然而強制的結果卻又適得其反，慈禧再次重蹈同治帝大婚的覆轍。

大婚後半年，光緒帝一直心灰意冷，對一后兩嬪都冷眼斜視。慈禧雖明白光緒帝不喜歡隆裕，心下想喜歡與否都是乾脆無由的事，感情可以慢慢培養，對於皇帝與后妃的尷尬關係起初也不在意，時日一長，也覺得不是辦法，後來見珍嬪聰明伶俐，處事有章法，頗有自己當年的影子，便轉而想利用珍嬪去掌控光緒帝，達到

母子政治上的一致。此後,慈禧不再一味強制光緒帝與皇后在一起,而是不斷地製造機會讓光緒帝和珍嬪單獨相處,結果光緒帝見珍嬪貌美俏麗,性格開朗,活潑機敏,頗有見地,又對自己體貼、同情,這讓光緒帝感受到了前所未有的激情和活力。他們很快擦出了愛情的火光,郎情妾意,情意綿綿,她常常女扮男裝隨侍光緒帝左右,幾乎夜夜專寵,在任何場合毫不掩飾自己的幸福,皇后卻只能孤燈獨守。按清宮規矩,皇后是皇帝正妻,主管後宮,所有嬪妃必須無條件聽命於皇后。珍嬪可不理這套,我行我素,大膽妄為,這在禮法森嚴的皇宮可是個另類。光緒帝歷來膽小懦弱,珍嬪的另類無疑是他內心渴望而現實中不敢表現的一面,他倆相識恨晚。

慈禧不會支持一個不受控制的後宮妃嬪,珍嬪和慈禧的「蜜月期」結束了,皇后與珍嬪,宮闈之內,也漸起微波。皇后為此在慈禧面前多次哭訴,連累珍嬪屢屢受罰,受訓斥,光緒帝為此十分惱火,對皇后連起碼的尊重也不願給,連正眼看她都難。這更加惹惱了皇后,皇后奈何不了皇帝,卻處處與珍嬪作對。珍嬪興趣廣泛,喜歡照相,托人買了個照相機,不拘姿勢、任意裝束地在皇宮拍照。可當時中國人普遍認為相機是邪魔之物,照相機閃光的那一刻會取人魂魄,致人損壽。珍嬪不以為意,還樂此不疲,教會了身邊太監、宮女們照相的技術。她暗中指使一個姓戴的太監在東華門外開了一個照相館,對外開門營業。皇后得知此事後,秘密上報慈禧,慈禧勃然大怒,認為此事有失體統,照相館被查封,戴姓太監也被打死,當然珍嬪受到一番訓斥,所有的照片統統被銷毀。

按宮中規矩，妃子在宮中不能乘八人轎，只能坐四人轎。光緒帝卻特意賞一乘八人轎給珍嬪。皇后得知後又將此事密告了慈禧，慈禧大怒，命人將轎摔得稀爛，光緒帝和珍嬪罰跪半天。

婚後不久的一個仲夏，皇后試圖親近光緒帝，主動獻殷勤，以試圖修復他們感情的嫌隙，光緒帝當眾拒絕了她，又羞又氣的隆裕跑到慈禧面前哭訴。慈禧大怒，對身邊的人說：「皇上是我立的，應該有感恩之心，明知隆裕是我的親侄女，卻當眾辱罵皇后，這實在是對我最大的不敬，令人難以忍受！」接連數日，光緒帝入宮請安，慈禧都一言不發。每次光緒帝悻悻地退出去後，對皇后的厭惡便更加深了一層。

慈禧自以為立他為帝，光緒帝就應該對她感恩戴德、惟命是從，可慈禧忘了，光緒帝不是物品，他是一個活生生的人。她只是把他作為自己把玩政治的一個必要擺設，呼之則來，揮之則去，可他也有情感和慾望。慈禧給的這頂皇冠成為買斷他幸福的籌碼。買賣還有公平在，他卻不過是她政治上的一個奴隸。

還政風波

自辛酉政變後，她已經在政壇獨領風騷將近三十年了，尤其是慈安死後，她已經可以為所欲為，無所顧忌了，權勢帶著的尊榮已經滲入她的血脈，讓她難以割捨。光緒帝入繼大統時，慈禧「典學

有成，即刻歸政」的承諾言猶在耳，光緒帝親政卻經過了一波三折。

　　早在光緒十二年（1886），十六歲的光緒帝已經是一個學業有成、政壇上初露鋒芒的優秀少年了，年僅五十二歲的慈禧不想冒天下之不韙繼續執掌朝政，當然這不是她的初衷，只是她已想好了撤簾之後堂而皇之繼續掌權的藉口罷了。

　　光緒十二年（1886）七月，慈禧發佈懿旨，宣佈讓欽天監選擇吉日為光緒帝舉行親政大典。懿旨一出，光緒帝毫不辭讓，數日內保持沉默，渴望早日親政的意圖路人皆知。慈禧如此乾脆俐落地宣佈歸政，似乎在情理之外，善觀風向的大臣們很快摸到了慈禧的底牌，萬變不離其宗，形式可變，大權在握的實質內容不能變。一群急於巴結的大臣們紛紛上摺，請慈禧收回成命，軍機領班禮親王世鐸為首的一些大臣主張，即使皇上親政後，太后應該每天召見臣工，批覽奏章，以便皇上隨時隨事親承指導。這個建議中正慈禧下懷。可此事有違祖制，慈禧不好開先例。醇親王奕譞何嘗不想兒子早日執掌大權，可眼見朝堂之上這一來一往的太極陣，奕譞對慈禧的心意早已了然於胸，深恐慈禧會以此來考驗他們父子的忠心，為了避嫌疑，便及時上了一道奏摺，請慈禧進行訓政直到光緒帝二十歲再作決斷。大臣們和父親的表現讓光緒帝一度非常惱怒，認為此舉有礙他親政。翁同龢為光緒帝的急切心理憂心忡忡，唯恐因此開罪慈禧，令親政之路更加舉步維艱。翁同龢在光緒帝面前幾次三番力陳時事艱難，羽翼不豐，難當大任，請光緒帝一定要在慈禧面前表明謙讓的態度。光緒帝自然不肯，翁同龢接連幾天為他分析利

弊，說到動情處痛哭流涕。光緒帝顯然被說服，在請早安時，多次向慈禧懇求收回成命。

經過一番半推半就的表演，朝野上下形成一片懇請太后訓政的呼聲，這為慈禧訓政找到了「不得已而為之」的理由，她順水推舟，宣詔天下：皇帝親政，但仍由太后訓政。慈禧還責成禮親王世鐸起草了一份《訓政細則》：皇帝召見外臣時，太后仍舊和往常一樣設紗屏聽政；處理政事時仍須請示太后方能決定；凡一切科舉考試題目，須請太后同意後才能下發；批示奏章、下發諭旨仍需太后看過同意後才能下發。其實光緒帝只需對一些無關痛癢的小事斟酌處理，人事、行政大權依然在太后手中。由垂簾聽政到訓政，只是換了個名稱，並無實質性的變化。這一偷樑換柱的政治遊戲自然不合常規，可除了光緒帝反應激烈外，朝野內外似乎風平浪靜。

光緒十三年（1887）正月十五日，清廷為光緒帝舉行親政大典。光緒帝頭戴金冠，身著龍袍，腳踏龍靴，到太和殿接受大臣們的朝賀，從此，龍椅上的紗幔時有時無，光緒帝偶爾也能獨斷乾坤，但他的心並未因此變得輕鬆，他對慈禧遲遲不歸政心懷不滿，對大臣們一邊倒的諂媚態度惱怒異常，他經常深居獨處，沉默寡言，寧願在書房讀書不輟，也不願聽師傅講課了。

訓政一晃又是兩年，大婚後，已經英氣勃發的光緒帝不再是一個孩子，而是一個真正能夠指點江山的帝王了，慈禧即使要掌權也不能靠改換形式了，她準備從此永遠撤去紗幔，由訓政改為歸政，自己去頤和園開始頤養天年。光緒十五年（1889）二月初三日，皇

帝大婚後的第六天，舉行了親政大典，當時，慈禧在慈寧宮接受光緒帝率群臣的三跪九叩禮後還宮，光緒帝再親臨太和殿，接受王公百官行禮，並宣詔頒行天下，皇帝即日親政。自此，慈禧的兩年訓政期結束，光緒帝正式開始親政了，可令光緒帝十分沮喪的是，這不過是他「親爸爸」玩的一種換湯不換藥的新遊戲。

自訓政時期開始，慈禧便開始間斷性地進駐頤和園了。在光緒帝大婚典禮前夕的光緒十四年（1888）十二月，禮親王世鐸等就擬定了歸政後的辦事條目：一、一切朝政大事請懿旨後舉行；二、一切奏摺應皇上、皇太后處各遞一份；三、各部門人員升遷應請示皇太后方可任命……自此，光緒帝有了接受中外臣工奏摺的權力，其他一切遵旨辦理，慈禧太后仍然牢牢地控制清廷大權。為了防止光緒帝輕舉妄動，次年正月，慈禧再下懿旨，數年內，所有大臣原職不動，她的全部親信大臣必須原封不動地位居要津。

慈禧的假仁假義引起了不少朝中大臣的不滿，但懾於她的威權，大多敢怒不敢言，唯有御史屠仁守冒著生命危險上了一個諷刺奏摺：歸政在即，何不如同治帝事一樣，所有廷封奏摺上都書明「皇太后聖鑒」字樣？屠仁守素有鐵面御史的耿直之名，慈禧見他言帶諷刺，怒不可遏，次日即擬了一個懿旨進行批判，給屠仁守安了個「逞臆妄言亂紊成法」的罪名，立即革去他的烏紗頂戴，將其交刑部議處。

光緒帝親政後，慈禧為了表示對光緒帝的關照，特地派了一位姓王的太監隨侍左右。王太監是慈禧的心腹，善於窺探機密，是位

偵察高手，光緒帝的一言一行都在他的視線之內，即使王太監不隨
侍左右，其他的大小太監幾乎都以慈禧馬首是瞻。光緒帝親政後十
分器重長麟和汪鳴鑾，遇事即找他們商量，有時一天召見兩三次。
消息很快傳到了慈禧耳中，慈禧害怕光緒帝培養羽翼，將來對自己
不利，她要將危險泯滅在萌芽狀態中。一次光緒帝到頤和園請安，
慈禧直截了當地通知光緒帝，長麟和汪鳴鑾行為不軌，企圖離間他
們母子的關係，應該革職，永不敘用。光緒帝無奈，第二次便下發
了諭旨。一計殺雞儆猴，令朝中許多大臣不敢與光緒帝過分親近。
慈禧的殘暴干涉實在是人神共怒，讓人難以接受，慈禧派去監視光
緒帝的太監寇連材因對此不滿，竟引來了殺身之禍。寇連材原是慈
禧的梳頭太監，頗得慈禧的喜愛。他曾冒死向慈禧請願，懇請慈禧
將實權歸還光緒帝，使之成為一個真正的皇帝。慈禧聽後怒氣衝
衝，身邊的心腹太監居然對自己反咬一口，這讓她一度痛心疾首。
按清朝成例，太監干政者斬，光緒二十二年（1896）二月十六日，
這位胸懷天下的太監在菜市口身首異處。那日寒風呼嘯，為這位勇
者奏響了一首氣勢磅礴的生命輓歌。長麟、汪鳴鑾、寇連材的下場
就像大海裡的一圈漣漪，很快消散無影，相反，大臣們再次真真切
切地感受到了慈禧無所不在的權威，他們對這種形式上的歸政大唱
讚歌。

　　從垂簾聽政，到訓政，再到歸政，慈禧表面上把最高權力逐步
移交給了光緒帝，實際上不曾一日離權。在親政後，只要慈禧在宮
中，光緒帝就必須每天前去請安，將政事一一稟告；如果慈禧在頤

和園，光緒帝也必須要隔上兩三天去問安，甚至將上書房遷到了頤和園附近，以便隨時監督。朝政大事實際上一直由慈禧做主，光緒帝只能謙恭自抑，把握好分寸，小心謹慎地處理好一切無關大局的政務，形成了實際上人前慈禧歸政光緒帝，人後光緒帝歸政慈禧，歸政不過是一種政治騙局。這種局面連外國人都看出了端倪，西方的駐華使節報告本國說，慈禧「表面上雖不預聞國政，實際上則未嘗一日離去大權。身雖在頤和園，而精神實貫注於紫禁城」。光緒帝心情煩悶，對此卻也是有心無力。

光緒帝表面上君臨天下，實際上，慈禧多年來一直變換著形式掌握權力。隨著時間的推移，帝后之間形成了兩個日漸清晰的政治派別——帝黨和后黨。政出多門的形式讓晚清政局波瀾起伏，但整體走向仍然掌握在慈禧為首的后黨一派手中。

甲午紛爭

光緒帝自懂事以來，便知國事糜爛，危機四伏，他拼命攻讀，廣泛汲取，只為做一個像康熙、乾隆一樣聰明睿智的有為君主。這位胸懷報國之志的年輕天子，卻只是一個處處受阻的傀儡皇帝，他長期伺伏，只因相信「長風破浪會有時，直掛雲帆濟滄海」。

慈禧是一位「精於治術而昧於世界大勢」的政治強人，大小臣工對她俯首貼耳，太平天國之亂、捻軍之亂因她用人大膽得當，將

危險消彌於無形。曾國藩自解湘軍，恭親王奕訢銳氣全消，光緒帝如同林中困獸，在男人當權的社會中，她把全大清的男人玩弄於股掌之間，仍然有閒情在頤和園賞戲看湖水，怡然自得。可她卻全然不知，螳螂捕蟬，黃雀在後，她的帝國已在不知不覺中成為新興帝國主義國家的囊中之物，尤其是近鄰的日本。日本自明治維新開始，瘋狂擴軍備戰，明治天皇號召全國人民每天只吃一餐，並親為表率，捐皇室經費造艦艇，以擴充海軍力量──一位中國留學生帶回了日本天皇靠從牙縫裡摳肉養海軍的見聞，在京城被傳為一時笑談──反觀大清，一向好奢、好玩的慈禧反其道而行之。因為鴉片輸入白銀外流，加上戰事頻頻，清政府早已國庫空虛，但為了讓自己的六十壽辰慶典更加熱鬧，慈禧太后不擇手段大肆搜括，所有大臣，包括宮女太監都要「孝敬」，甚至光緒帝進頤和園請安，也要索要宮門費五十兩，皇后、妃子、皇親國戚、大臣眷屬也各有定價。內務府借慶典之名到戶部任意提款，戶部尚書翁同龢覺得任意撥給，傷了朝廷大義；不給又傷了太后感情，大筆款項隨意消耗，數目驚人，根本無法查對。曾號稱亞洲第一海軍的北洋海軍已經十年沒有更換艦艇了，慈禧寧可海軍無炮彈也要修園，國庫無錢，先挪用海軍經費，海軍再重要，豈能跟慈禧大壽相提並論。

慈禧不顧大局只求私利的行為強化了帝后矛盾，也招來了一片譴責之聲。御史高燮曾、李文田等先後上書，請停止慶壽裝飾工程，謹遵節儉的祖宗家法。光緒帝心憂大局，曾向慈禧面請：「停止頤和園工程，以充軍費。」慈禧表面上同意「一切裝飾暫停辦理」，

實際上對光緒帝恨之入骨，在此後的近一年內，她幾乎不與光緒帝說話，光緒帝每次請安，一跪就是一兩個小時。

光緒帝此時已成長為一位心懷天下的皇帝，在師傅翁同龢的引導下，興趣廣泛，尤其是對西洋事物興趣濃厚。他令臣工選購介紹西洋文化、政治類的書籍，尤其是日本的自強運動對他影響極大，他決定仿效日本，在中國開展一場日本式的強國運動。可這對於一個手無實權的君主而言，每一步改變都舉步維艱。

光緒帝和慈禧在政治上的巨大分歧，在朝野儼然形成了兩派政治勢力——帝黨和后黨。帝黨主要以翁同龢為核心，成員有文廷式、志銳、汪鳴鑾、長麟、張謇等。他們要求慈禧還政於光緒帝，贊同革新，但他們大多是詞館清顯、台諫要角，雖自視清高，卻無權無勢。后黨集團以榮祿、奕劻、剛毅、世鐸為中心，在京的王公大臣、文武百官和京外的督撫藩臬，都以慈禧為核心，他們實權在握，陣營整齊，勢力強大。雙方實力不可相提並論，但即使是以卵擊石，帝黨也不甘心被完全排除在政事之外，帝后兩黨的第一次激烈衝突便發生在甲午戰爭中。

日本強大以後，急於擴展勢力範圍，鄰近的清國首當其衝，日本在伺機而動。機會終於來了，光緒二十年（1894）五月，朝鮮爆發東學黨起義，清廷駐朝委員袁世凱派兵鎮壓，很快風平浪靜，但雙方就撤兵問題遲遲未達成一致意見。日本豈肯放過機會，以保護僑民為由，不斷增兵。戰事結束，雙方協議撤軍，日軍卻不撤反增，雙方戰爭如箭在弦上，不得不發。

　　慈禧主和，光緒帝主戰。深謀遠慮的慈禧早已洞悉雙方實力懸殊，貿然一戰必然會損失慘重，暗中支持李鴻章游走於各國之間，寄希望於外交解決；光緒帝年輕氣盛，是可忍孰不可忍，不信泱泱大國對付不了日本這個「蕞爾小邦」。光緒帝一反往日對慈禧太后的言聽計從，每次上朝大談抗戰，並諭令李鴻章為淮軍統帥，增兵朝鮮。帝黨紛紛上書言戰，推波助瀾，造成了強大的輿論攻勢。慈禧不得不妥協，同意宣戰。

　　光緒帝責令李鴻章積極備戰，無奈李鴻章是個見風使舵之輩，唯慈禧之命是從，見慈禧一心籌備自己的六十大壽，對戰事主和不主戰，李鴻章對光緒帝的諭旨只是敷衍塞責，寄希望於外交干涉，積極奔走於英、俄、美、德之間。世界上沒有永恆的盟友，只有永恆的利益，俄國局勢不穩，無力東顧；英、美、德等不希望俄國獨佔清國東北，對日本出兵也是聽之任之，李鴻章的如意算盤全部落了空。

　　李鴻章的妥協思想貫穿淮軍上下，淮軍在戰場上一潰千里。八月，日本在豐島海面偷襲清軍運兵船，點燃戰火，中日雙方正式宣戰。戰爭爆發後，中國軍隊敗績頻傳，牙山失守，平壤失城，主帥葉志超嚇得狂奔五百里，一路逃至鴨綠江，日軍一路攻城掠地，戰火燒過鴨綠江，鳳凰、旅順、海城的清國軍隊接連敗北。帝黨見勢對后黨又發起了猛烈的攻勢，要求撤換李鴻章，啟用被慈禧趕下臺的恭親王奕訢，並將同情帝黨的李鴻藻送進了軍機處，打破了后黨獨霸軍機處的局面。光緒帝奮發圖強，試圖力挽狂瀾。他每天天未

明就起床批覽奏章，頻繁召見臣僚討論戰事，希望集思廣益拿出克
敵制勝的方法。無奈朝中大臣稟承慈禧懿旨，對戰事不敢用心，光
緒帝漸感獨木難支，身心疲憊。

　　面對帝黨的咄咄逼人，慈禧開始反擊，翦除光緒帝的羽翼。珍
嬪一直是光緒帝主戰的一個強大精神後盾，珍嬪鼓勵他衝破重重羅
網，維護主權領土完整，也趁機奪回大權。珍嬪的胞兄志銳是帝黨
中堅，極力聯絡朝中主戰派，壯大勢力。主戰派的摺子常被軍機處
的大臣們扣押，志銳便利用裙帶關係，常讓主戰派的奏摺通過珍嬪
直達聖聽。有位品級較低的主戰官僚想上奏摺言戰事，可惜屢次上
摺都被阻，於是想通過李蓮英遞交皇帝，可李蓮英要價太高，這位
官僚轉而投靠珍嬪，這才一償宿願。李蓮英得知消息後，懷恨在心，
狀告慈禧。珍嬪此舉無疑犯了慈禧的大忌。慈禧六十大壽，照例要
晉封一批妃嬪，所以當年正月初一日，慈禧便發佈懿旨晉封珍、瑾
二嬪為妃。十月份，冊妃的典禮都擇好了吉日，十月二十九日光緒
帝在給慈禧請安時，慈禧鐵青著臉，不理睬他，光緒帝在地上一跪
就是兩個多小時。最後，慈禧惡狠狠地說：「珍妃的事，你不管，
我來管。不能讓她破壞家法，干預朝政。下去吧！」光緒帝不知原
委，聽得一頭霧水，心想壞了，一定是珍妃有什麼把柄在她手中，
這下凶多吉少，卻不敢多問。光緒帝回到宮中依然坐立不安，預感
有不祥之事將要發生，於是派太監出去探知消息，不久太監來報：
清晨，慈禧命令太監李蓮英當眾杖責珍妃。刑不上大夫，何況是皇
帝的寵妃，宮中基本上是不對妃嬪動刑的，可憐珍妃嬌軀弱體，被

打得遍體鱗傷，奄奄一息，抬入宮後，御醫診治了半個月方才能夠下床活動。次日，慈禧再降下一道懿旨：珍、瑾二妃降為貴人。慈禧借題發揮，對珍妃干預朝政的事嚴加追究，一批帝黨人員紛紛落馬，珍妃宮中太監高萬枝被就地正法，同時受到牽連的還有珍妃的胞兄志銳，志銳參劾慈禧親信孫毓汶等，激怒慈禧，被貶往烏裡雅蘇台，帝黨御史安維峻藉攻擊李蓮英影射慈禧，被充軍張家口，另一帝黨中堅、珍妃的老師文廷式因託病出京，這才倖免於難。帝黨勢力折損大半，主和派聲音一時塵囂日上。光緒帝坐臥不寧，卻束手無策。

十月初九日，慈禧六十壽辰，紫禁城弦歌悠揚，鼓樂喧天，光緒帝及王公大臣賞戲三日，諸事延置不辦，北京城張燈結綵，沉浸在一片歡樂之中。日本卻在這一天給慈禧送來了一份重禮：攻佔旅順，直逼大連。光緒帝為此惱怒不已，慈禧泰然自若，對前方戰事全然不放在心上。

北京城歌舞昇平時，遼東戰火燒得正旺，威海衛又狼煙四起，十二月開始，半個月之內，北洋大臣李鴻章經營了半輩子的海軍全軍覆沒。清廷被迫簽下城下之盟——《馬關條約》，承認朝鮮自主、割地、賠款、開放商埠。

一貫被中國人瞧不起的小國「倭寇」竟能全殲大清北洋水師，索得鉅款，割走國土，這種喪權辱國的條約令光緒帝五內俱焚，他時而仰天長歎，時而悲憤落淚，他不僅未能解民於倒懸，反而內憂外患日甚一日。年輕的皇帝心有不甘，他要奪權，重振河山。

甲午一敗讓帝后兩黨感受到了奇恥大辱，神州上下也如天雷震響，炎黃子孫奔走呼號，救亡圖存迫在眉睫。知恥而後勇，一場聲勢浩大的改革運動在五湖四海掀起自救風雲。

戊戌政變

戊戌變法是光緒帝政治生涯中最重要的一次活動，它是光緒帝政治理想的一次實踐，也是帝后較量最為激烈的一次。在這次全面的碰撞中，光緒帝澈底明白什麼叫「以卵擊石」。

光緒帝從小就愛慕西學洋物，對新鮮事物抱有特別的興趣。一次師傅張家襄無意間講起外國人進膳用手不用筷子，光緒帝回宮後，果然學洋人用手扒飯，結果弄得滿臉滿手全是飯粒，把慈禧逗得哭笑不得。他最喜歡的玩具是西洋鐘錶、火輪車模型、留聲機等，他還饒有興趣地學了一段時間的英語，美國的《紐約時報》還為此作了專門報導。在翁同龢等帝師的引導下，讀了大量中外史地和早期資本主義者的著作，他自稱這些著作使他「受益匪淺」。他的這種逐步開眼看世界的眼光是他的「親爸爸」無法理解和認同的，因為他的「親爸爸」只懂運籌於帷幄之間決勝中華大地，即使對一衣帶水的日本，她都是陌生的，就更遑論對世界局勢的高瞻遠矚了。

一向對慈禧望而生畏的光緒帝拿出了畢生的勇氣請慶親王奕劻轉告慈禧：「我不做亡國之君，如不給我實權，我寧可退位！」一

向愛權如命的慈禧怎能忍受如此大逆不道的話，立即暴跳如雷，大吼道：「他不願坐此位，我早就不願他坐了！」慈禧對這個離心離德的傀儡皇帝早已失去了興趣，恭親王奕訢病入膏肓，民眾因戰事失敗而遷怒於她，內外交困，這個節骨眼上遽行廢立，難免引起不必要的麻煩。但慈禧對忤逆的養子已經受夠了，沉思再三後，決定先採取權宜之計，放手讓光緒帝去幹，一旦光緒帝露出把柄，她再痛打落水狗，一招致命，讓那些高談闊論的帝黨輸得心服口服。慈禧讓奕劻轉告光緒帝：「皇上欲辦事，太后不阻。」就是這樣一個沒有限期的承諾讓光緒帝興奮不已，他要像日本明治天皇一樣變法維新，自強救國。

真正激發勢單力薄的光緒帝孤擲一注地要將改革的理想付諸實現的人是維新派的領袖康有為。康有為是廣東南海人，自中法戰爭大清戰敗後，他強烈渴望以變法來挽救國家危亡。光緒十四年（1888），他赴順天鄉試時，曾向朝廷遞過《上清帝第一書》，提出了「變成法，通下情，慎左右」的主張，後回到廣東聚徒講學，著書立說，宣傳變法，引起了社會震驚。甲午之敗後，康有為正在北京應試，聯合各省舉人一千三百多人「公車上書」，痛陳民族危亡的嚴峻形勢，提出拒和、遷都、練兵、變法的主張。可惜上書被阻，光緒帝對此毫不知情，但康有為的上書卻在百官眾僚中廣泛傳開，帝師翁同龢屈尊下駕，夜訪康有為，聊救國大計。雖然他對這個狂妄得不知天高地厚的知識份子並不認同，但被他赤誠的救國之心感動，《上清帝第四書》終於到達光緒帝的手中。光緒帝如饑似渴地

讀完康有為的奏摺，激動得難以言表，此時正值德國出兵侵佔山東，各國虎視眈眈，瓜分豆剖之危近在眼前，他決心重用康有為，推行變法。

啟用布衣為良相，對於無權的光緒帝而言這是難上加難的事，最後他衝破重重阻力，退而求其次，將康梁一派任以小職、委以大任，很快一批維新派新將加入帝黨陣營。康有為任職總理衙門「行走」後，維新派的梁啟超、譚嗣同、楊深秀、楊銳、劉光第、康廣仁等先後受到重用。通過與他們頻繁接觸，光緒帝對變法的形勢和主張有了更明確、具體的藍圖。光緒二十四年（1898）四月二十三日，光緒帝意氣風發地頒佈了《明定國是詔》，正式向中外宣示進行變法維新。這道上諭猶如變法的動員令，披荊斬棘，撕破了后黨因循守舊的壁壘，是撥舊開新的大舉。

《明定國是詔》頒佈後，后黨中堅奕劻、榮祿、剛毅等向慈禧哭訴光緒帝的任性妄為，請太后早定大計。老謀深算的慈禧自有計劃，就在變法後的第五天，變法詔書當時墨跡未乾，慈禧便強迫光緒帝連下三道諭旨和一道任命：以「漸露攬權狂悖」罪將翁同龢革職並逐出京城；凡以後一切官員升遷任命都得先到太后面前「謝恩」；宣佈當年秋光緒帝陪太后到天津閱兵；將王文韶調入朝廷中樞，任命榮祿為直隸總督，統管京津三軍。

翁同龢是唯一一個位居津要的帝黨官員，與光緒帝多年來情同父子，翁同龢的被逐令發佈後，光緒帝如同五雷轟頂，一連幾天以淚洗面，不吃不喝，他與維新派的聯絡也陷入被動。翁同龢是帝黨

中最為穩健的一個，他離京後，光緒帝的步伐邁得更快了，加上一向對光緒帝暗加保護的恭親王奕訢病逝，帝后之間的潤滑劑沒有了，缺乏歷練的光緒帝變得更加急躁。不久他重整心情，親自召見康有為等人，可康梁等人都是不入流的「小官員」，事權有限，為了避免因人事變動造成后黨的關注，光緒帝決定只給事權，不給官權。慈禧耳目遍佈朝野，已布下了天羅地網，密切注視光緒帝的一切言行。光緒帝每次召見康有為都如臨大敵，地點隨時變動，還得支開左右，圍簾密談，且每次都是寥寥數言，便匆匆而散。可即使如此小心謹慎，光緒帝的一言一行還是躲不開慈禧的法眼。有次光緒帝在頤和園仁壽殿秘密召見康有為，召見才剛開始，榮祿便闖了進來，當面向光緒帝參劾康有為「辯言亂政」。雖然光緒帝據理力爭，康有為得以平安離開，但這一警告讓光緒帝驚出了一身冷汗，也讓康有為明白了光緒帝的處境。康有為一改往日要求大刀闊斧力行變法的主張，建議光緒帝採取漸變措施：保留舊衙門，添置新衙門；勿革舊大臣，任用新小臣；維新官員只需賞個小官，委以重任，便可以擁有決策性的參議權。光緒帝命康有為「在總理各國事務衙門章京上行走」，這是一個六品卿銜，慈禧只要求四品以上的大員任命要謝恩，這一妥協性的措施避開了慈禧人事上的干擾，不失為一個權宜之計。

《明定國是詔》頒佈後不久，全國掀起變法熱潮，上百條變法詔書雪片般飛向全國，有時數日一令，有時一日數令，叫人目不暇給，內容林林總總。維新派奔赴各地進行變法宣傳活動，報館、學

會如雨後春筍般湧現。全國正掀起一波波除舊佈新的波瀾，人人言變法，天天講變法，思想封閉的中國人正經歷著一場前所未有的變革洗禮。

改革不外乎利益的重新分配，這必然會極大地損害既得利益者的權益，如旗人不再享用特權，而是自謀生計；如樞機重臣不參與政要商議，而被擱置一旁……改革的每一步都傷筋動骨，都會招致山潮海嘯般的反抗，何況是全面改革。地方政要大多是緊隨慈禧，除了湖南巡撫陳寶箴外，幾乎所有督院巡撫都將詔令束之高閣，有的甚至高唱反調。光緒帝大感意外，氣憤不已，決心整整這批趨炎附勢之徒，九月六日，他將原禮部六堂官全部罷黜，第二日另起爐灶，任命譚嗣同、林旭、劉光第、楊銳為四品軍機章京，凡一切奏章都由他們四人擬稿，並免去了李鴻章、敬信在總理衙門行走等，如此咄咄逼人的態勢無疑是在向慈禧公然挑釁。一群布衣起家而不知政壇險惡的讀書人，一個政治上稚氣未脫的年輕帝王，聯手對付一群久居要津、善於翻雲覆雨的朝廷重臣和一個一言定鼎、穩坐釣魚臺的智謀太后，實力懸殊豈可以千里計。

九月十四日，光緒帝第十一次赴頤和園，請慈禧允許任康有為等為懋勤殿顧問，而懋勤殿顧問主管改革的全盤事宜，這無疑是想架空軍機處。這一次慈禧被澈底激怒，痛責光緒帝聽信小人之言，試圖破壞祖宗基業，一向忍讓的光緒帝一時失去理智，也頂起嘴來：「兒子寧願破壞祖宗之法，也不忍心丟棄祖宗之民、祖宗之地，被後人恥笑！」這話一出口，無疑是將甲午戰爭的罪責拋給當年主和

的慈禧，慈禧氣急攻心，連連叫光緒帝滾出去。帝后矛盾到了白熱化的程度，一場宮廷政變悄然而至。

　　自七月開始，京城四處流傳著「換皇上」的說法，后黨勢力磨刀霍霍，帝黨成員岌岌可危，光緒帝也預感到了不測，很快寫下「密詔」，說自己皇位不保，請康有為等速定良策，可這些有勇無謀的書生當滅頂之災到來時才發現，自己一直以來都孤立無援，皇帝也不過是一個有名無實的空殼，要軍隊無軍隊，要實權無實權。康有為等最後病急亂投醫，他們拜訪了原日本首相伊藤博文，請他說服慈禧容忍新政，經過再三力勸，伊藤博文勉強答應三天後與光緒帝面談。御史楊崇文立即密告慈禧，奕劻則勸她立即訓政，以免光緒帝與東洋人勾結。伊藤博文雖然只是暫住中國，卻是個中國通，對帝后矛盾了然於胸，只想坐收漁翁之利，豈肯為維新派多費唇舌，所以三天後也爽約了。一計不成再施一計，袁世凱平時有開明之名，手握大軍，光緒帝等決定冒險一試。九月十六日，光緒帝在頤和園召見了袁世凱，破格授予他候補侍郎的頭銜，讓他專管練兵。九月十六日晚，光緒帝從頤和園回到養心殿，譚嗣同夜訪在法華寺的袁世凱，請他兵圍頤和園，囚禁慈禧。不料，袁世凱權衡了利弊後，表面應承，卻連夜密告了榮祿。榮祿連夜調兵，圍住京畿重地，防止康有為等逃走，第二天一早，趕往頤和園告知慈禧。慈禧聽後震驚不已，想不到一向怯弱的光緒帝會對自己下狠手，她已經等不到下個月天津練兵的時候，她現在就要將這個不知天高地厚的忤逆子廢除。

　　當日傍晚，久居頤和園的慈禧突然回到皇宮，光緒帝急忙出外迎接，慈禧怒氣衝衝地逕直走過，對他視而不見，帶著她的親信直闖養心殿，帶走了所有奏摺章疏。臨走時，慈禧對光緒帝吼道：「我養你二十餘年，你竟敢聽信小人之言謀害我？」光緒帝嚇得兩腿戰慄，說不出話來。慈禧隨即命人將光緒帝囚禁在瀛台涵元殿。九月二十一日，慈禧以光緒帝的名義發佈詔書，皇帝病重，太后重新訓政，追捕康有為等人。

　　從六月二十一日光緒帝發佈《明定國是詔》，到九月二十一日慈禧宣佈訓政，共一百零三天，史稱「百日維新」，這一年為戊戌年，所以又稱「戊戌變法」。康有為、梁啟超等逃往海外，譚嗣同拒絕逃跑，一再表示：「各國變法，無不從流血而成，今中國未聞有因變法而流血者。有之，請自嗣同始！」九月二十八日，譚嗣同、林旭、楊銳、康廣仁、楊深秀、劉光第六君子被斬於菜市口。將近一百天的改革就這樣草草收場了，光緒帝從此過上了囚帝生活。

囚帝生涯

　　皇宮本就是個勾心鬥角的權力中心，得勢時眾星捧月，失勢時眾人落井下石。都說落架的鳳凰不如雞，落架的皇帝照例人人踩。變法失敗後，光緒帝跟他的帝國一起經歷了悲苦凄涼的動盪變遷。政變後連續三天內，慈禧每天召集重臣面斥光緒帝，逐條逼迫光緒

帝認罪，讓他在百官臣僚面前顏面盡失，威信全無，訓斥完以後，再將他押到瀛台關押，並下令撤除瀛台與岸上連接的唯一通道，命令親信太監輪流監管。從此以後，光緒帝完全失去了行動自由，變成了一個不帶枷鎖的囚徒皇帝，「欲飛無羽翼，欲渡無舟楫」。

慈禧還要鏟草除根，在政變幾天內，她把過去侍奉光緒帝的太監有的處死，有的充軍，無一倖免。慈禧認為性格懦弱的光緒帝之所如此膽大妄為，都是那個不知天高地厚的珍妃挑撥的。光緒帝寵愛的珍妃在戊戌變法期間，支持光緒帝變法維新，大臣的一些變法主張常通過珍妃傳遞給皇帝。戊戌變法失敗後，她再次被施以杖刑，撤去釵環，援宮中成例，交給皇后嚴加管束。珍妃被囚禁於偏僻的鐘粹宮後北三所，不許再見皇帝，慈禧又以「串通是非，不安本分」等罪名，對原侍奉珍妃的六名太監給予「板責」、「枷號」等處分，責令所有太監，一律不准為珍妃傳遞信件，如有違反，一經查出，立即正法，決不姑息。珍妃被囚處原是侍從下人的住所，珍妃入住後，正門從外面鎖上，打上內務府的十字封條，飲食從門檻下送進去，都是普通下人的食物，並不准人與她說話。她只穿了一套衣服進去，不准再給她替換，直到她身上那件衣服破爛得衣不蔽身的時候，為了維護禮儀，才允許另給衣服。每逢過節或初一、十五，慈禧就派一個老太監代表慈禧在門外數落珍妃的罪過，珍妃必須忍氣吞聲地跪地聽罵，訓斥結束，珍妃還得叩頭謝恩。

光緒帝自被囚以來，生活和精神上承受著雙重折磨，從一些日常瑣事即可以看出他的狼狽。一張桌子，一張椅子，一副破桌板，

這就是瀛台全部傢俱。慈禧派了四個親信太監日夜監視他。他經常坐在露臺上，雙手抱膝，愁思哀傷，或者躺在床上冥思苦想，他的內心充滿著對慈禧、袁世凱等人的怨恨。他還偷偷地寫日記，裡面寫滿了他無處可訴的憂怨。他在這兒整整被關了兩年後，就再也無話可寫了。

剛去瀛台的時候，慈禧還下令按皇帝御食標準給他兩桌飯菜，可後來慈禧下令撤去一席，只剩下一桌乾冷變質的食物。太監們敷衍了事，有時乾脆不去送飯，光緒帝饑腸轆轆時曾採食過院裡的花朵。瀛台因無人收拾，很快變得破敗不堪，院內雜草叢生，房間也污穢滿地。光緒帝的炕上只有九月初時的一張破席，寒冬臘月，光緒帝常常凍得徹夜難眠，瀛台的窗紙破損，一直無人裱糊，刺骨寒風在室內四處肆虐。慈禧有一個心腹太監實在看不過去，偷偷地幫光緒帝裱了窗紙，結果引來殺身之禍。光緒帝是皇宮裡穿著龍袍的乞丐。一個內務府專管洗衣的太監見光緒帝的一件襯衣既髒又舊，建議扔了，光緒帝連忙攔住，說這衣服已經穿了幾個月，患難相依，還是留著做個紀念吧。有一次，光緒帝率百官去天壇祭天，走得很慢，一位官員催促他快走，光緒帝抱怨道：「你們穿好靴，我穿破靴，怎麼走得快嘛！」

太監和大臣們的放肆來自慈禧的暗示，慈禧肆意地折磨光緒帝，讓他身心俱疲。有一次，慈禧特意點了一齣《打龍袍》的戲叫光緒帝一起來看，故事為宋仁宗不認生母，被包拯定為不孝，以打龍袍代替責罰皇帝的故事。慈禧邊看邊別有用心地藉機挖苦道：「皇

帝犯了錯，要打就真打，何必打龍袍呢。」光緒帝嚇得戰戰兢兢，在一旁連聲稱是。

光緒帝曾多次企圖逃離虎口。有一次，光緒帝在六名太監的引導下，順利逃出瀛台，可惜在出皇宮大門時被一名侍郎發現，被送回禁地，六名太監被殺。有一年冬天，光緒帝乘機踏冰逃出，可再次被人發覺，慈禧乾脆叫人鑿冰，以防止光緒帝逃跑。

囚禁光緒帝依然難解慈禧的心頭之恨，她希望及早除掉光緒帝這個「眼中釘」。光緒二十五年（1899），她將端王載漪的兒子傅儁立為大阿哥，隨時準備取代光緒帝。傅儁是道光帝曾孫，其母親為桂祥的女兒，慈禧的侄外孫，這個親上加親的王孫面相俊朗，活潑好動，常隨母親入宮玩耍，頗得慈禧的喜愛。但慈禧只知其面不知其心，這其實是一個荒誕不羈的浪蕩公子，他把大量的精力都用在個人情慾上，私下把宮女們當成發洩欲望的工具，很多宮女敢怒不敢言，雖然朝野對他議論紛紛，唯有慈禧被蒙在鼓裡。直到有一天，一個宮女犯錯被罰，剝開外衣時，裡面的汗衫居然是大阿哥的，慈禧一怒之下將其處死。他還同太監到宮外野遊，流連於各等妓院之間，甚至夜不歸宿。這讓慈禧的顏面盡失，自己精心選擇的大阿哥居然是這路貨色。清朝自雍正帝始，朝廷不再立儲，但她強迫光緒帝在眾臣面前承認這個大阿哥。她這個舉動遭到了內外勢力的一致反對。經元善等工商人士聯名保護光緒帝，東南各省的督撫劉坤一、張之洞等對廢帝不表支持，李鴻章、榮祿則傾向於保留光緒帝的虛名，以免節外生枝。英、美、法等國在華人員公開宣稱「他們

只承認光緒皇帝，不承認中國有新的皇帝」，拒絕入朝祝賀，得知光緒帝「患病」的消息後，一再要求探望，力圖一探虛實。《字林西報》、《泰晤士報》等不斷向外發佈光緒帝的消息，甚至一些外國軍艦駛進清國沿海進行示威。慈禧見輿論洶洶，廢立之謀不得不暫告一段落。

　　隨著列強對中國侵略的不斷深入，反洋教運動風起雲湧，遍及華北各地，帝國主義國家嚴責清政府保護使館和外國僑民安全不力，雙方劍拔弩張，民族矛盾上升為主要矛盾。山東義和團首先提出了「扶清滅洋」的口號，各省義和團紛紛仿效。朝廷分為兩派，一派以載漪、剛毅等為首主張招撫義和團以抵抗列強；另一派以李鴻章、張之洞、劉坤一等為首，主張嚴厲鎮壓義和團，與外國修好。慈禧一直猶豫不決。廢帝計畫遭到否決後，載漪心有不甘，夥同一批王公大臣蠱惑慈禧：洋人揚言支援光緒帝，干涉中國內政，義和團宣稱刀槍不入，何不利用義和團趕走洋人？慈禧覺得有理，五月，連開四天御前會議，決定對外宣戰。六月十三日，義和團在清政府支持下向北京東交民巷使館區發動進攻，英、美、德、法、意等迅速組成八國聯軍，由德軍司令瓦德西率領大舉入侵北京。義和團在廊坊、老龍頭車站、紫竹林等給了八國聯軍以重創，但自身付出的代價更為沉重。義和團的血肉之軀畢竟不是八國聯軍的對手，很快八國聯軍便占據了上風，一路勢如破竹，長驅直入。光緒二十六年（1900）七月二十一日凌晨，皇宮外已經響起了隆隆的大炮聲，慈禧倉皇失措，決定挾光緒帝，帶著皇后、溥儁、瑾妃十

多人在百餘名清軍的護衛下準備逃走，臨走前突然想起珍妃，強行帶走有諸多不便，留在皇宮又怕她年輕漂亮，外國軍隊萬一將其姦污，豈不有失皇家顏面？慈禧命人將珍妃拖出來，珍妃還在強詞爭辯：「國難當頭，皇上怎麼能逃走，棄滿城百姓、江山社稷於不顧？皇上應該坐鎮北京，力挽狂瀾……」珍妃句句言中肯綮，直擊慈禧的短處，慈禧大怒，命令太監將她拖到樂壽堂一座破井旁，要珍妃自盡。珍妃不肯，慈禧命令太監將她推入井中。一代皇妃就這樣香消玉殞，終年二十四歲。光緒帝從太監處得知珍妃逝世的消息，不由得悲從心來，淚濕衣襟，又聽說珍妃臨終慷慨陳詞，內心的激憤難以言表，但以他一個囚帝的位置，又何曾有權說話。

　　慈禧一行換上便服，唯有光緒帝因珍妃之死早已神情恍惚，一直不肯脫下龍袍，他唯一的念頭便是回宮議和。慈禧一行逃出紫禁城時，沿路到處是潰散的士兵和流離失所的老百姓，宮內一時車輛不夠，只有慈禧、光緒帝等人乘車，大多侍衛大臣都得步行。這些平日錦衣玉食的王公大臣們何曾受過這種苦，一時吵吵嚷嚷，亂成一團，慈禧再三喝斥才稍稍平靜。出宮匆忙，食物帶得少，加上沿途經歷戰亂，士兵輪番搶劫，民間百姓苦不堪言，根本沒有食物可以供給。出宮的第一晚，因為被褥不夠，只有慈禧、皇后、李蓮英等有被褥，光緒帝只能活活受凍，最後是李蓮英拿出自己的被褥才勉強度過一個晚上。出京三天後，慈禧一共才吃了三個雞蛋，其他人基本上是空腹奔跑。第四天，懷來縣令吳永迎駕，才換洗了衣物，吃了一頓飽飯。接下來，各地勤王軍隊陸續到達，情形才稍有好

轉。光緒帝再次提出要去使館面議和談之事，遭到慈禧喝斥。等到了宣化，慈禧才想起好多事情沒有處理，她連發幾道上諭，命慶親王奕劻回京和李鴻章一起與各國交涉談和。一行人來到昌平，岑春煊趕來救駕。光緒帝要岑春煊帶太后一行先走，自己則回宮議和，被老奸巨滑的岑春煊婉拒了，議和之念再次流產。行至太原，再至潼關，光緒帝一路要求回京談判都被慈禧駁回。光緒帝積鬱於胸，脾氣暴躁，無人敢接近。但民間百姓對光緒帝的崇敬卻是發自肺腑的，沿途不時有百姓跪立一旁，叩頭三呼萬歲，並有人攔駕主動供上財物。光緒帝深受感動，百姓對太后的崇敬卻相對淡泊，這讓慈禧十分惱怒。

慈禧一行人吃盡苦頭，終於到了西安，經過一路的舟車勞頓，早已疲憊不堪，慈禧馬上命令恢復皇家的排場。陝西巡撫立即專門辟了行宮，宮內一應俱全；馬車換成了八抬大轎，護衛官兵也用上了皇家儀仗，還趕制了二十四面龍旗，以壯聲勢。慈禧的三餐依然按照宮中的規矩，分葷局、素局、飯局、茶局、點心局等。為了保證慈禧能喝到新鮮牛奶，行宮還專門養了六頭奶牛。慈禧還說比原來節儉多了。她以光緒帝的名義下了道諭旨，要各地官員將應繳北京的一切錢糧轉往西安。到西安，慈禧不再擔心自己的安危，照例請戲班到行宮唱戲。

慈禧一行人在慶祝自己成功逃脫的同時，八國聯軍此時正在北京城召開狂歡派對，總司令瓦德西在皇宮舉行了盛大的閱兵儀式，並宣佈此後三天內，軍隊可以放開禁忌，隨意搶掠。外國士兵們在

大清皇帝的龍椅上紛紛合影留念，然後張開錢袋子，到皇宮各處及北京城內的王公貴戚家一路翻箱倒櫃，滿載而歸。近六百年的皇都古城，集天下珍玩、寶物之精粹，幾乎全部落入聯軍之手，從此遺失海外。

慈禧又驚又嚇，一到西安就大病一場，診治調養了三個月才漸漸痊癒。她每天憂心忡忡，但她並不顧念北京城丟失的那些財寶，她最擔心的是八國聯軍要她負全責，取她項上人頭，讓她歸政光緒帝，每日不收到北京發的電報便無法安心入睡。主持北京和談的李鴻章和奕劻已與各國商洽，慈禧的底限是如果洋人不追究她的責任，她便可以「量中華之物力，結與國之歡心」。談判於光緒二十七年（1901）九月七日結束，清廷與參戰的十一國簽訂了喪權辱國的《辛丑合約》。在八國聯軍開列的一長串懲凶名單上，載漪名列榜首，屢屢讓慈禧失望的大阿哥溥儁也順勢被廢除。和約簽訂後，帝后一行回到京城，京城官員費盡心機搭起了大量彩棚、御道，宮內建築裝飾一新，但依然難掩滿目瘡痍的景象。

一回到皇宮，慈禧便好了傷疤忘了痛，照例奢侈揮霍。光緒帝又回到了瀛台，重新過上了囚帝的生活。西逃回宮後的第一個春節，宮內照例賞戲三天，光緒帝邊看邊嘀咕：「國難當頭，還有心情聽戲？」誰知站立一旁的一個太監耳尖，聽到了，怒氣衝衝地責問道：「你剛才說什麼？」光緒帝嚇得接連央求：「只是隨便說說，公公千萬不要聲張。」狼狽如此，真是生不如死。

慈禧有時還會下令責打他。太監不敢叫太醫診治，偷偷地在宮

外找了個大夫，說主人的牙齒因牙蟲而脫落，請他去鑲牙。大夫被帶到皇宮中一個僻靜的住所，一個面容憔悴的中年男子表情痛苦，口腔正在流血，大夫一眼就瞧出牙齒是被人打落的，因為宮中事非多，大夫也不敢多問，鑲好牙，收了銀子便回了家。不料幾天後便聽說宮裡死了個太監，因為私自請大夫為皇帝看病，得罪了慈禧。大夫一家嚇得幾天都不敢出門。

西安歸來後，光緒帝的身體每況愈下，精神狀態也逐漸萎靡。他向瑾妃要了一頂珍妃生前用過的蚊帳掛在室內，每天睹物思人。除了有時慈禧需要叫他出來應景之外，大多時間他都呆在瀛台發呆，只要有人接近，他便忍不住要喝斥。他嫌太監不夠盡心侍候，嫌太醫對他馬虎應付，他的精神接近崩潰狀態。至光緒三十四年（1908），光緒帝幾乎一病不起，形容枯槁讓人生憐，可慈禧並不憐憫他，她在等待他能先她而去，光緒帝的生命進入了最後的歲月。

死亡疑雲

光緒帝的死是清宮一大謎案，多年以來民間眾說紛紜，清朝政府對此一直諱莫如深。一百年後，歷史真相大白於天下，砒霜中毒奪了光緒帝的命。一個九五至尊的皇帝，是誰毒死了他？難道這就是母子之爭的最終結局？

帝后矛盾不可調和，已到了不是你死就是我活的地步。光緒帝

剛剛被囚禁到瀛台時，情緒激動，常常在牆壁或閘上刻上慈禧、袁世凱、李蓮英等人的名字，在他們名字上使勁畫叉，以洩心頭之恨。嗜權如命的慈禧連親生兒子同治帝都忍心拋棄，何況這個擋在她權欲路上的繼子，慈禧對他起殺機已不是一天兩天的事了。庚子之變前後，清國的政治舞臺動盪不安，各色人物粉墨登場。光緒帝被囚禁後謠言四起，漢口的報紙甚至有光緒帝逃到武漢投奔張之洞的報導，上海的不少報紙紛紛轉載，一時之間，張之洞保駕的消息瘋傳海內外。正好當時有個潦倒的宮廷戲子和一個太監因監守自盜被發現，遂逃出宮去，靠盜竊來的一枚御印和一床金龍被冒充光緒帝，到處招搖撞騙，居然屢屢得手，不久竄入武昌，故技重演。一些急於攀龍附鳳的中下級官吏被急功近利的思想沖昏了頭腦，被這種低級騙術耍得團團轉，他們心想百足之蟲死而不僵，說不定有朝一日能平步青雲。張之洞也聽聞了此事，他熟悉慈禧心性，知道她是絕不可能讓光緒帝逍遙自在的，為了謹慎起見，他還是發了封密電給慈禧，彙報了此事，確認了光緒帝還在瀛台後，才將兩個騙子就地正法。這個微不足道的騙局震驚了慈禧：光緒帝雖然不掌權，光憑他皇帝的頭銜便可振臂一呼，天下皆從，一旦復出，後果不堪設想，她絕對不能讓他離開了自己的眼皮底下。

帝后矛盾成了永不可解的枷鎖，慈禧唯恐自己先死，光緒帝困龍出海，盡翻舊案，多爾袞死後被順治帝挖棺鞭屍的教訓殷鑒不遠，慈禧可不想步他後塵。光緒帝被關進瀛台後心情抑鬱，尤其是珍妃被關後，光緒帝有苦無處訴，有冤無處伸，思念成疾，本來瘦

弱的身體經過這一劫更加屢弱。西巡迴宮後，光緒帝連正常飲食都成問題，治病就更加難以保證了。慈禧希望光緒帝早日歸西，可事與願違，偏偏自己先罹患重病，並且一病不起，慈禧必須為自己安排後路。

一個嚴寒的冬天，慈禧突然大發慈悲，讓太監給光緒帝送去一件狐皮袍子，並要太監轉告光緒帝，鈕扣都是純金的，千萬別弄丟了。太監到瀛台時，對這句話重複了十多遍，光緒帝十分惱怒，忍不住對太監吼道：「你回稟太后，讓我自殺是不可能的，不要妄想了。」太監討了沒趣，嚇得如實回覆了慈禧，慈禧聽後半晌沒作聲，神色大變。她下定決心，至死不能讓皇帝逃出自己的掌心。

光緒三十四年（1908）十月初二，光緒帝在勤政殿接見了日本來使；十月初六，在紫光閣賜宴西藏達賴；十月十日，光緒帝還率百官去給慈禧祝壽，雖然說不算精神矍鑠，卻還算健壯。因為從小得不到照料，飲食不調，光緒帝常常患感冒，脾胃病不時發作，並有長期遺精和腰背痛的毛病，身體屢弱，卻不致命。二十一日下午六時左右，光緒帝駕崩於瀛台，一切來得太突然，沒有立儲，沒有選萬年吉地，一切似乎毫無徵兆便發生了。朝野內外議論紛紛，謠言四起。逃亡海外的康有為等人成立了保皇黨，在海外頗具規模，聽聞光緒帝病死，悲痛欲絕，覺得疑點重重，大肆為光緒帝弔喪，聲討慈禧和袁世凱為謀害光緒帝的主謀，清宮也拿不出確實證據。國內流言四起，清廷嚴禁百姓討論此事，企圖防民之口，可越是想要掩蓋，越是原形畢露。

慈禧此時也病入膏肓，或許是迴光返照，光緒帝的死令她精神煥發。她命御醫改了光緒帝的醫案，她不能讓後人抓住把柄，死後戳她的脊樑骨。

光緒二十五年（1899）正月初二的醫案稱，光緒帝患有嚴重的神經官能症、關節炎或骨結核，還有血液系統疾病。當年三月初九的醫案表明，光緒帝肝腎陰虛，脾陽不足，氣血虧損，醫生已束手無策，光緒帝抱怨他們敷衍了事。光緒三十四年（1908）春天，光緒帝一病未平一病又起，大多時間臥病在床，十月十七日前後，一度有心肺衰竭的徵兆；十九日，咳嗽不停，大便不通，通體困乏；二十日，目光呆滯，口角掛著白沫；二十一日，氣若遊絲，奄奄一息，進入彌留狀態，到中午便一命嗚呼，歸西而去，將醫案修改得如此合情合理，卻終究逃不過事實真相。

在清末刊行的一些私人日記裡留下截然不同的證據。光緒帝在慈禧生日的當天被宣佈聖躬不和，御醫周景濤診治的結果卻是六脈平和，並無急病攻心的現象，只是開了一些平和的藥劑調補。起居注官惲毓鼎記載，光緒帝在瀛台聽說慈禧太后生病，面露喜色，慈禧聽說後，惡狠狠地說：「我不能先他而死。」袁世凱推薦入宮的西醫屈桂庭在十月十八日進宮時發現光緒帝肚子劇痛，在床上打滾，而且面色黑黃。屈桂庭認為，這種現象跟他以前的病毫無瓜葛，應是中毒所致。十月十九日，慈禧公佈懿旨示意中外，光緒帝已命懸一線，無力回天，同時宣佈光緒帝胞弟載灃之子三歲的溥儀在宮教養學習，這是慈禧對光緒帝後事的安排。光緒帝的死早在她的預

料當中。

最有確鑿無疑的證據是，恰好是在一百年之後，2008年，科學家經過對光緒帝頭髮和遺骨的精密分析，發現光緒生前體內含有高濃度的砒霜。這一結論讓清宮的謊言無處遁形。

光緒帝終於先自己而去，慈禧該高枕無憂了，可她是一個善於掩飾感情的人，病榻上的慈禧一如往日的冷靜，當天連下了三道懿旨。皇帝新喪，朝廷後繼無人，當務之急是立儲。慈禧下了一道懿旨，立三歲的溥儀為帝，承同治帝為嗣，兼祧光緒帝。第二道懿旨，命載灃為攝政王，處理朝政一切大事；第三道懿旨是命禮親王世鐸、睿親王魁斌等安排光緒帝的喪葬事宜。三道懿旨暫時安定了混亂的人心，朝政似乎朝有序方向發展。但當人們在為光緒帝舉行隆重的殯奠禮時，慈禧終於鬆了一口氣，鬥了半個多世紀，操勞了大半生，她自信地說過，她不比任何一個男性統治者差，但她依然不忘了告誡後人，不要讓女人掌權。後一句話也許是她母性的回歸，是對兩個兒子的懺悔之言吧。

在相距不到二十個小時的次日午後二點左右，慈禧也撒手人寰。一個三十八歲壯年而逝，一個七十四歲壽終正寢，兩個勢不兩立的政治巨頭一起離世，老百姓深感震驚、詫異、惶惑，有識之士擔憂清國這艘千瘡百孔的破舟還能在這驚濤駭浪中漂浮多久？

第四章

慈禧最驕縱的男人
——太監安德海

他是不男不女的中性人，宮中特有的男奴，在這個見不得
天日的地方，他練就了一身出神入化的馬屁功，他阿諛奉
承不露一絲痕跡，以柔媚贏得慈禧的寵愛和器重，替慈禧
謀權奪位，權傾朝野，位壓三公，終於惹了眾怒，斷送了
卿卿性命。

安德海

安德海，慈禧寵監，得志小人，倡狂一時，曾離
間兩宮，傲視王侯，位壓三公，最終送了卿卿性
命，成就了丁寶楨耿忠美名。

狡黠多智的「文人太監」

　　他為人聰明伶俐，狡猾多端，他最大的能耐就是善於察言觀色、阿諛奉承而不露一絲痕跡。慈禧寵愛他，戲稱他為人精兒，愛稱小安子。他絕不屬於胸無點墨的馬屁精，他能講讀《論語》、《孟子》，知書能文，是位狡黠多智的「文人太監」。

　　太監、宦官、中宦、內宦、中涓等雖然名稱不一，但都是閹人，閹人在中國有上千年的歷史。在封建社會，皇帝三宮六院七十二妃，眾多后妃卻共用一個男人，青春寂寞，難免會有穢亂宮闈的事發生，為了防範於未然，保證皇室血脈的純正性，自先秦、西漢開始宮內便有了閹人，自東漢始，宮內男侍便全部用閹人。有人形容六根不全的太監是「望之不似人身，相之不似人面，聽之不似人聲，察之不近人情」的怪物。畸形的性特徵註定他們崎嶇的人生路。

　　河北南皮一帶在清朝時盛產太監，早已名聞遐邇，當地有首民謠，亦悲亦歎：「南皮出太監，太監能近天。吃得飽飽的，餓死莊稼漢。」安德海出生在南皮縣西郊有個叫湯莊子的小村莊，家境貧寒，家中經常窮得揭不開鍋，算命先生說他陽剛不足，陰柔有餘，言外之意是個太監命，父母不相信這些胡言亂語。安德海從小給財主家當過放牛娃，受盡欺凌；兩度入私塾讀書，但都因家境貧寒而作罷，但安德海和弟弟安德洋一樣長得容貌俊美，乖巧善辯。

　　安德海十歲那年，村裡回來一位公公，買房置地，還奴僕成群，原來做公公可以吃得好，穿得好，住得好，從此安德海一心做著「公

公夢」。十四歲那年，父母禁不住安德海再三糾纏，忍痛答應兒子「自宮」。小小年紀竟有這個狠勁，安德海自宮的消息很快傳遍十里八鄉，除了一片歎息聲，還引來了當地一位王姓財主的另眼相看。這位王財主早年闖蕩江湖，如今已經發跡，在當地也算是一位見多識廣的名人，聽說安德海自宮後胯下潰爛，有性命之憂，王財主花重金從宮裡請來一位專門閹人的「神刀」。據說這位神刀下手快，刀口緊，乾淨俐落，瘡口癒合最快。「神刀」對他重新下了一次刀，果然傷口很快長好，十多天便可下地行走了。幾個月後，內務府來了人，驗名正身，準備臘月接往宮中。

王財主好人做到底，送佛送到西，入宮前為他置辦了一套像樣的行裝，多方打點，好不容易拜道光帝身邊的總管太監黃承恩為師父，專門學習宮中禮儀和營生技巧。別看黃承恩是個閹人，在北京城內有一座豪華的大宅子，宅內如花似玉的妻妾成群。他見安德海長得機靈，學得也快，入宮時給他鋪好了路，直接入了壽康宮。壽康宮是當時掌管六宮的康慈皇貴妃寢宮，經她調教的太監往往升遷快。入宮前幾個月，他是小和尚進廟——人家念經他念經，人家燒香他燒香。但很快他便悟出了自己的生存之道：少說，多聽，多做，做主子面前一條忠實的狗。

安德海年輕時家貧無錢上學，進宮後才發現，朝中大臣們一個個都是飽學之士，宮中什麼奇珍異書都有，安德海雖說不上如饑似渴地學習，但閒暇時間總是偷偷地躲在某個角落，從淺顯的評書到深奧的儒家經典，安德海不拘繁易，不拘種類，尤其是歷代太監的

軼事，他更願意用心琢磨。

安德海與咸豐帝奕詝年齡相仿，無聊時不免一起打鬧，見安德海機靈，還熟知儒家典籍，他很快對安德海有了好感。道光帝臨終前選儲君，奕詝在師傅幫助下出奇制勝，成就了皇帝夢。安德海不是一個不學無術的無用奴才，道光臨終那場孝子哭親的主意便是安德海的提議。

奕詝登上皇位後，論功行賞，安德海升為御前太監，專門負責宣旨，官階不高，卻是個肥缺，很多大臣都讓他三分。咸豐二年（1852），皇帝下詔選秀，葉赫那拉氏·杏貞，即慈禧便是那一年進了宮。安德海從歷代典籍中知道，任何一個太監要發跡，不依附一個有能力的主子是不行的，心念一轉，緊跟皇帝是沒錯，可要地位穩固，還得利用自己是皇帝近侍的身份，培植勢力。秀女一入宮便被寵信的，早已有一群趨炎附勢之徒去討好取巧，他不想去湊熱鬧；他要挖掘潛力股，先施以恩惠，再盡心服侍，各取其用，這本是宮中的生存之道。安德海掃視了一下後宮，剛入宮的秀女葉赫那拉氏姿容秀麗，顴骨較高，雙唇緊閉，明眸善睞，一看便是有心計、有慾望的小主。可這時，咸豐帝還沒發現這塊璞玉。

慈禧當時被冷落在頤和園的一個僻靜小園子裡，每晚長夜苦熬，正焦急地四處打點，尋找良機。安德海主動找到慈禧，探了口氣，說明來意，雙方一拍即合，從此你來我往，共謀大計，一個江南小曲唱動聖心的故事便上演了。慈禧得了聖寵，封了蘭貴人，後宮地位迅速上升，安德海功不可沒。皇帝、蘭貴人處兩邊討好，他

更加受到重視。

　　安德海愛讀書的習慣也影響了慈禧。安德海告訴慈禧，中國宮廷鬥爭幾千年，史書中奪寵、奪嫡鬥爭花樣繁多，熟讀歷史便可以史為鑒。安德海還經常為慈禧推薦書目，找一些簡易的圖畫本送到儲秀宮，如小皇帝載淳的啟蒙教材《帝鑒圖說》等。《帝鑒圖說》是明朝大學士張居正為十歲小皇帝朱翊鈞編寫的圖文本讀物，生動有趣，慈禧對此書愛不釋手。安德海還命江南道監察御史徐啟文編了一本漢唐以來母后臨朝的經驗錄，供慈禧參閱，深得慈禧的喜愛。主僕閒時還一起討論前朝得失，評點歷代宮廷鬥爭的過失，積累了不少鬥爭經驗。

　　如今的安德海已經入宮多年，眼見宮中處死一個太監就如捏死一隻螞蟻一樣，天天提著腦袋過日子，自然得多方經營，宮中的鬥智鬥勇鬥狠，他早已是箇中高手，理所當然成為蘭貴人奪寵的軍師。嬌媚的麗貴人曾夜夜專寵，安德海撮合慈禧與皇后的關係，利用皇后的影響力，使麗貴人一懷孕便失了寵；蘭貴人多年未孕，他替她跑御醫房，求醫問藥，慈禧終於喜獲龍種。咸豐帝欣喜之餘，封蘭貴人為嬪，即懿嬪，又賞了安德海一百兩銀子、一柄玉如意，更重要的是，慈禧更以他為心腹，事事與他密商。可慈禧和安德海還不能高枕無憂，安德海鞍前馬後，必須保證慈禧能順利生下龍子。慈禧安心養胎，安德海替她除掉了懷孕的宮女。當時雲妃正受寵，雲妃比慈禧入宮早，資歷深，一旦得子，便對慈禧構成極大的威脅。咸豐五年（1855），宮中來了位西藏喇嘛，為皇家抄經渡福，能言福禍吉凶。

安德海替喇嘛在咸豐帝面前美言了幾句，還贈了不少銀兩，讓喇嘛感動不已。喇嘛預言，宮中有蠱，對未出生的皇子不利。咸豐帝愛子心切，一聽說對未來皇子不利，立刻下令徹查。安德海事先在雲妃宮中設下了蠱，喇嘛到雲妃宮中抓了個正好，盛怒之下的咸豐帝不顧往日恩情，不聽雲妃辯解，直接下令將雲妃處死。

陽春三月，懿嬪產下一子，取名載淳，咸豐帝欣喜若狂，大賞群臣，懿嬪也升級為懿妃。懿妃的儲秀宮也變得人聲鼎沸，安德海雖領了賞賜卻添了憂愁，巴結慈禧的人多了，安德海這個大功臣反倒靠邊站了。懿妃自從有了兒子，野心和胃口也大了，她需要培植勢力，可放眼儲秀宮，沒有一個她中意的心腹，她想到了安德海。但安德海是皇帝身邊的宣旨太監，內務府不敢輕易鬆口，慈禧藉口太監們侍奉小皇子不力，向內務府請求調撥安德海到她宮中，咸豐帝愛子如命，只要與小皇子有關，一概滿口應承，安德海順勢成為了儲秀宮的頭牌太監、慈禧的貼身心腹。

安德海，一個腐敗皇權的寄生品，一個多謀善斷的文人太監，他啟動了他的所有聰明才智協助慈禧，在權欲的道路上攜手並進，一步一步向最高權力吹響了進攻的號角。

辛酉政變的智多星

隨著慈禧在權力路上越走越寬，安德海的作用也越來越大。一

個默默無聞的後宮太監逐漸將觸角伸到朝廷內外，為主子賣力奪權的同時，也為自己贏得了熾手可熱的地位和權勢。

兒子是慈禧奪權路上的一塊王牌，可怎樣才能母憑子貴，慈禧也算費盡了心機，軍師安德海在一旁積極為她出謀劃策，出力不少。小皇子幾個月後都要離開生母，認皇后為嫡母，並交給專門的乳母撫養，這可愁壞了慈禧，她常因思兒心切，淚濕紅袖。安德海腿腳勤快，宮中人脈關係廣，多次設法將小皇子帶回儲秀宮玩耍。小皇子漸漸長大後，親近慈安，引來慈禧醋意，安德海力勸慈禧放眼未來，委屈求全，聯合慈安。咸豐帝最後幾年對慈禧漸漸不再信任，加上病情越來越重，慈禧在宮中的地位受到了挑戰，要確保將來小皇子能順利登上皇位，還得靠皇后的鼎力相助。慈禧聽安德海一勸，這才恍然大悟。后妃關係終於修復，對外意見一致。權臣肅順取得咸豐帝信任後，一度權傾朝野，飛揚跋扈，不將後宮嬪妃放在眼裡，慈禧也將肅順當成自己以後掌權的潛在政敵，雙方在熱河展開了激烈較量。

咸豐十一年（1861）七月，咸豐帝病死於承德避暑山莊的煙波致爽殿，載淳繼立為帝，第二天，尊嫡母為慈安太后，生母為懿太貴妃。慈禧為皇帝生母，卻只落個太妃的稱號，當時氣不打一處來，在咸豐帝遺體前哭昏過去，外人都以為慈禧因夫妻情深，不忍分離，故痛不欲生，可安德海立刻明白主子的意思。太監們把她抬回宮中，御醫過來切脈，安德海偷偷塞了銀錠給御醫。御醫也素聞懿貴妃的厲害，又是皇帝生母，怎敢得罪，對外宣稱：傷心過度，

肝腎兩虛，並誇大其詞地描述了一番，引來大臣們一片同情。肅順明知是計，畢竟是皇帝生母，輿論難違，因此第二天以小皇帝名義下詔，尊皇帝生母為慈禧太后，慈禧這才心下舒暢。

小皇帝登基，肅順大有挾天子以令諸侯的架勢，對咸豐帝的喪葬安排完全不聽取兩宮太后的意見，甚至阻止恭親王奕訢來熱河弔喪。兩宮太后如籠中鳥，一切行動失去自由，一切朝政大事無法參與，行宮內外佈滿肅順的耳目，宮內有任何風吹草動，肅順等人都瞭若指掌，送出的書信須經兵部官員檢查，連出入宮門的宮女太監都一律搜身，鬧得宮中人心惶惶，連一向溫和的慈安都對此不滿了。慈禧關鍵時刻在慈安面前大做文章，誇大肅順的專橫程度，試圖將大權旁落的事告訴北京的恭親王，聯合他共商大計。可如何巧送橄欖枝，成為擺在兩宮太后面前的難題。

安德海這條嗅覺靈敏的哈巴狗，知道此時是主子一生的轉捩點，必須不惜一切代價奪得大權。他現在與主子是一榮俱榮，一損俱損，自咸豐帝駕崩起，他的腦瓜子也在高速運轉，但事關重大，他不敢輕易表態。為了聯絡恭親王共同對付八位顧命大臣，慈禧一直心事重重。安德海伺機提醒：太后鈐印在手，何必怕肅順？慈禧是個聰明絕頂的人，一經提醒，馬上領悟，主僕一合計，一條苦肉計應運而生。

當大家都為咸豐帝的祭祀忙碌不已時，安德海製造了一件看似極平常的後宮事件。咸豐帝的棺木停放在勤政殿，東西兩宮太后每天都要到靈前祭奠，如果事情忙不過來，就由貼身的宮女或太監代

勞。這天，慈安和慈禧都沒空，派出各自的「代表」到咸豐帝靈前祭奠。東宮派出的是慈安的貼身宮女雙喜，西宮派出的是慈禧寵信的太監安德海。祭奠當天，由安德海執壺奠酒，雙喜進膳。別看安德海是個太監，畢竟青春年少，色心不減，故意趁著忙亂，偷偷揉了一下雙喜嬌嫩的小手。雙喜一向受慈安寵愛，平時誰敢對她這麼大膽，一驚之下，手中的碟子撒落一地，雙喜當時便氣得柳眉倒豎，怒斥道：「你這個卑賤的東西，居然敢碰我？」不想，安德海仗著有慈禧撐腰，完全不把雙喜放在眼裡，繼續嬉皮笑臉地湊過去：「妹妹怒什麼？妹妹長得俊俏，我長得瀟灑，咱們對食，我保證虧待不了妹妹！」

對食是怨曠無聊的太監宮女耐不住寂寞，結成假夫妻，這是太監們權勢的象徵，卻是對宮女們犯錯的一種懲罰方式，歷朝歷代並不少見。雙喜是如花似玉的大閨女，太后身邊的紅人，怎受得了安德海這樣輕薄，揮手就給了安德海一耳光。安德海討了無趣，悻悻離去，不料事情並未到此結束。

慈安見了哭得淚人兒似的雙喜，心疼不已，馬上趕到慈禧那兒，要求懲治安德海。慈禧見慈安怒氣衝衝，一邊勸慰慈安，一邊喝令安德海跪下，重責了二十巴掌。安德海挨了二十巴掌，腮幫子被打腫了，牙齒被打掉兩顆，滿嘴流著血。站在宮門外的幾十個宮女和太監，親眼看著他淚眼汪汪地被趕出避暑山莊，由敬事房首領太監押送回北京去，派往「大掃處」當差。

好不容易出了宮門，安德海顧不得身上有傷，騎上寶馬，日夜

兼程，連趕了三天，終於回到北京。安德海回到北京後，先到主管部門──內務府報到，可一開口就要見主管內務府的大臣寶鋆。內務府的主事知道安德海是慈禧身邊的紅人，不敢怠慢，急忙把他送到了寶鋆府。寶鋆得報，安德海由熱河被押解回北京，且聲稱要見內務府大臣，知道此事非同小可，立即召見。安德海叩見後，取出縫在貼身衣兜裡加蓋了「御賞」和「同道堂」印的慈禧親筆信：兩宮太后同諭恭親王，著即設法，火速馳來行在（熱河），以備籌資大事。密之！特諭。寶鋆一見，來不及跟安德海細談，立即趕往恭親王府。

安德海將肅順專權、欺負兩宮太后及兩宮太后的計畫和盤托出，請恭親王儘快趕往承德找兩宮太后共商大計。恭親王正苦於無計可施，兩宮太后既然已有主見，自然依計而行，安德海完成使命，偷偷地隨恭親王折回熱河。

安德海回熱河後，一直男扮女裝潛伏在慈禧身邊。熱河形勢非常嚴峻，慈禧還需要安德海這個智多星給她出謀劃策。恭親王到熱河後，肅順一夥更加緊張，決定不惜一切代價掌握政權。

一天，安德海正好碰見八位顧命大臣之一的鄭親王端華從御膳房出來，覺得事有蹊蹺，湊近了一看，見一個御廚正在往五香茄子中倒紙裝的白色粉末，心想一定是毒。中午慈禧進食時果然看見有一道五香茄子，慈禧正要下筷，安德海連忙攔下，悄悄說明原委，慈禧臉色大變，立即叫人抱來她的寵物貓。寵物貓吃完茄子後不到兩分鐘就倒地而亡。

　　慈禧傳來內務府，內務府一聽說御膳房有投毒事件，知道事態嚴重，立即派人趕往御膳房。推門一看，御膳房一片狼籍，剛才掌廚的廚師倒在血泊中已經咽氣。人死線斷，慈禧不禁不寒而慄，肅順一黨要致她於死地，事已至此，不是我死便是你亡。

　　回鑾路上，肅順等人決定不惜一切代價再次展開行動，一定要在入京之前除掉慈禧，慈禧早猜到他們有這麼一手。回鑾路上有個地方叫葫蘆嘴，是一段狹長的山路，進去以後，退路一堵，便如甕中捉鱉。慈禧在葫蘆嘴前一兩裡路處早做了準備，自己換上宮女服裝，在安德海的貼身護衛下，一路喬裝前行。果不其然，在葫蘆嘴前，局勢陡變，一夥蒙面歹徒突然從草叢躥出，朝著慈禧的鳳輿「唰唰」幾串飛鏢，轎內的宮女應聲倒地。慈禧嚇得魂飛魄散，安德海迅速上前護主，御林軍立即集結，展開追捕，可刺客很快消失不見。慈禧見刺客只衝自己而來，下令速查，務必抓到兇手。榮祿也增加了護衛人手，三十多個心腹侍衛三步一崗，五步一哨圍繞在慈禧身邊。端華刺殺失敗，懊惱不已，但並未就此放棄，某晚再次行刺，可也功敗垂成，兩派的激烈鬥爭一直延續到入京。

　　慈禧一行度過暗礁險灘，終於順利回京。兩宮太后與恭親王立刻密謀應對之策。當時恭親王出面拿下端華、載垣，醇親王夜奔密雲，拿下肅順，其他顧命大臣殺的殺，降的降，以前追隨八大臣的既往不咎，三天時間，一場宮廷政變波瀾不驚地落下帷幕。兩宮太后垂簾聽政，大權在握。

　　在這場驚心動魄的鬥爭中，安德海獻計聯慈安，苦肉計調來恭

親王,兩次識破端華詭計救慈禧,步步驚心,處處危險,為慈禧奪權立下了汗馬功勞。如今慈禧坐穩江山,安德海也榮升四品藍翎大總管。安德海好不得意,儼然就是一人之下萬人之上的無冕宰相,燦爛前景在他面前一一展開,可人生的極端輝煌往往意味著向毀滅的墳墓邁進了一步。

後宮傳聞

宮中多怨女,妃嬪們一經皇帝寵幸,智慧大開,興趣漸濃。自然,當她們慾念旺盛時,有時也會饑不擇食地選擇太監。畢竟太監總算是男性,年輕俊俏的太監尤其受歡迎,稱為上床太監,這已經是宮中公開的秘密。

「寡婦門前事非多。」稗官野史傳言,慈禧不僅有不少臨時面首(古代專供貴婦玩弄的美男子),上床太監也不乏其人,她與安德海的情事是最言之鑿鑿的。慈禧二十七歲新寡,正是如狼似虎的年齡,宮中沒有成年男性,長夜漫漫,寂寞來襲。年輕俊朗的太監安德海,沒有能力卻有慾念,曠女怨男,無拘無束,難免會發生情男浪女的纏綿事。

慈禧自熱河回宮後,心情大好,每夜都要安德海侍奉至睡去。一日,慈禧正對著鏡子顧影自憐,安德海一緊一鬆揉著香眉,對著慈禧貼耳讚道:「主子真是西施再世,一舉一動,盡態極妍。」慈

禧被安德海一捧，如醉如癡，十分受用，便上了軟榻，露出冰肌玉
骨，讓安德海放肆捏拿。不料安德海的柔嫩十指越撩越難捺。那夜，
慈禧一行清淚，流濕了安德海的衣襟。從此，安德海夜夜侍寢至半
夜方才退去。

　　世上沒有不透風的牆，宮裡宮外早已傳遍了慈禧與安德海的流
言蜚語。只是慈禧位高權重，誰也不敢吭聲，慈安沒拿住把柄也不
好發作，慈禧與安德海繼續風流快活，無人能阻擋。

　　兩人明目張膽，玩得更大膽熱烈了。慈禧愛看戲，宮中有專門
的御用戲班，可天天唱難免花樣無聊。安德海便到宮外去請，專門
安排「盤絲洞」、「雙搖會」、「海潮珠」等淫戲。安德海有時也親
自上臺，將媚眼輕拋，尖聲浪謔地唱道：「妹妹的小腳嫩如藕，哥
哥揣在懷裡頭，揉也不敢搓也不敢，羞得妹妹心發抖。」從安德海
嘴裡吐出的這些低俗戲文，慈禧聽來別有一番韻味，她笑吟吟地，
滿面春風。慈安卻雙眉緊鎖，滿臉嚴肅地看著他們。兩宮太后偶爾
看上一場，淫詞浪語不堪入耳，打情罵俏不能入目，慈禧看著春風
滿面，慈安看得羞愧難當，可安德海的眼中只有一個主子，那就慈
禧。慈安對慈禧和安德海的情事也猜得八九不離十，可慈禧畢竟是
皇帝的生母、大清國的太后，醜事若大白於天下，讓大清國顏面何
存？慈安鑒於利害關係，一直睜一隻眼閉一隻眼。安德海已成了慈
禧情人兼太監，一時不好下手，只能等待時機了。此事同樣引起了
年幼的同治帝的不安。

　　同治帝年齡逐漸長大，對慈禧的做法感到羞恥。每當慈禧點名

要看這些淫劇時，同治帝必定想方設法加以阻止，但始終沒有效果。有一天，慈禧點名要看《翠屏山》。同治帝聽說後，便親自進了後臺，扮演石秀，眾人不敢阻攔。開幕後，石秀一角表演草草了事，臺詞刪減了一大半，不一會兒工夫，就到了劇終。而扮演潘巧雲的伶人也不得不隨著草草收場。慈禧不好說破，只好任由著他。又一天，慈禧點了《雙搖會》，同治帝扮演劇中勸架的鄰居，對李相公的大奶奶臨時加了幾句臺詞插科打諢：「你我兩家鄰居，相處多年，你家大爺年紀也不小了，家庭裡若是這樣常常鬧笑話，鬧個不停，不但不成體統，而且也未免太不給年輕人留地步了！」一句話，氣得慈禧的臉上青一塊紫一塊。

兩人在宮中肆無忌憚，難免會露餡。有一次，恭親王有軍國要事求見慈禧，可在殿外等了多時，太監才來報，慈禧鳳體欠安，請恭親王擇日再來。可恭親王側耳一聽，隱約聽見慈禧與安德海在室內笑成一團，平素威嚴肅穆的慈禧竟柔聲細語，一股透入骨髓的柔媚勁讓恭親王幾乎雙腿一軟，這聲音他再熟悉不過。他恨恨地挺了挺腰，大步邁出去時，狠狠吐了一口唾沫，罵道：「本王要是不殺了安德海，就對不起祖宗，對不起朝廷綱紀！」

一次，同治帝突然想念母親，擺脫了太監，隻身一人到儲秀宮來玩耍。儲秀宮的宮女一不留意，同治帝早已溜了進去。他正準備叫額娘，可眼前的一幕讓初涉情事的同治帝簡直不敢相信自己的眼睛：奴才安德海居然躺在額娘的床榻上，一雙髒手在額娘蓮藕般的臂膀上來回摸索，戲謔的浪語聲聲傳來，額娘竟是一副蕩婦形象。

同治帝惱羞成怒，奪門而出，宮外的侍女回頭一看同治帝奪路而逃，慌忙大叫「皇上」。床上私歡的慈禧和安德海早已驚醒，出門去追時，同治帝早已不知所蹤。安德海嚇得魂不附體，唯恐有一天同治帝掌權把自己碎屍萬段，慈禧倒是鎮靜，反而寬慰安德海。

安德海受了這一刺激，膽子變得越來越小，慈禧怎肯放過他，長夜漫漫，慈禧還需他的蔥蔥十指慰藉無聊。慈禧越來越離不開安德海了，他瞭解她每個呻吟聲中的需求，他能暢快她每一個細胞，可他畢竟是太監，慾火只能越燒越旺。安德海有顆七竅玲瓏的心，聰明絕頂，知道既然自己難擔重任，何不引「郎」入室，既討好了主子，也免得自己提心吊膽。安德海先後引薦過大臣榮祿、宮外淫戲班的小生和一些坊間傳聞功夫了得的俊俏郎君，還將自己的弟弟安德洋推薦入了宮。

安德洋跟哥哥一樣長得彎眉細目，玉樹臨風，早年的鄉間勞作使他孔武有力，雄風十足。安德海發跡後，將唯一的弟弟接來住在京城，供吃供喝供玩。俗話說：「由儉入奢易，由奢入儉難。」安德洋見哥哥富可敵國，權傾朝野，一時也得意忘形，來京時間不長，對八大胡同的花魁早已瞭若指掌，很快成了京城裡有名的花花少爺。安德洋見哥哥在宮中如此受寵，平日又聽說宮中妃嬪一個個貌如西施，賽過瑤池仙女，心癢難耐，吵著要入宮玩耍。安德海正因慈禧的慾念太旺心煩不已，見弟弟一再要求，沒有多想便答應了。安德洋男扮女裝乘夜入了宮，慈禧一見果然貌比潘安，情難自禁，當夜便留宿了。不料慈禧嘗了滋味，一時不肯罷手，白天將他關在

隔間，晚上便同床共眠。安德海在外值夜，連續幾晚早已睏倦難當，避孕的事難免做得馬虎了點。不料，慈禧居然懷孕了，安德海急忙往宮外尋了墮胎藥。屋漏偏逢連夜雨，慈禧墮胎時宮縮不好，流產後大出血，安德海急忙請來宮裡最放心的御醫龐光。龐光一按脈，早已明白緣由，開了一些補藥，囑咐慈禧靜養一月。

一個月以後，安德洋再次入了宮。宮中關於慈禧墮胎的事也早已傳得沸沸揚揚，單瞞著慈安和皇帝。皇帝年歲小，不免到處亂竄，無意間聽到宮女議論此事，氣得肺都炸了，為母親的事羞愧萬分，恨不得立刻砍了安德海的腦袋。小皇帝還無權處事，只好托言宮中混入了男人，請慈安和恭親王協助徹查此事。慈安和恭親王一聽早已明白了七八分，一時藉口混入了刺客，率內務府及御林軍大肆搜宮。

朝中一向慈禧處事，慈安這次不經商量突襲搜宮，慈禧明白肯定是衝著自己來的，可安德洋還在宮中，安德海一時慌了心神，帶弟弟試圖潛逃出宮去，四周宮門已被嚴密把守，任何人暫時不得出入，只得折回宮來求助於慈禧。慈禧心中此時已有了主意，趁著安德海出門探風的那會兒，示意宮女端來茶讓安德洋安安心神。等安德海入宮門時，見安德洋口吐白沫倒在地上，不一會兒兩腿一伸，氣息斷絕。安德海悲痛欲絕，卻不敢哭泣，慈禧喝道：「還等著皇帝來驗屍嗎？」安德海立即抹乾眼淚，親自帶人分解屍體，沖往宮中地下水道。

安德海一心媚主，想不到親手斷送了弟弟性命，對慈安、恭親

王、皇帝恨之入骨。慈禧因一時愧疚，對安德海更加體貼入微。無論什麼好吃的，總要先給安德海留一份；無論什麼名貴衣服，盡可能地賞給安德海；外使進貢的小玩物，也常常賞給安德海一份。同治七年（1868）冬天，在慈禧的默許下，安德海在北京當時最大的酒樓門外天福堂大酒樓張燈結綵，大擺宴席，正式娶徽班唱旦角的美人，年方十九歲的馬賽花為妻。這一事件使安德海假太監的傳聞有了更充分的佐證。

安德海極少回家，他需要花大量時間扮演慈禧情人的角色，還需要繼續充當皮條客，向慈禧推薦坊間的健壯俊美男子。慈禧白天批摺閱奏，晚上秘密宣淫，享受人間至福，日子賽過神仙。安德海成了慈禧生活中不可或缺的一部分，分享情事的同時，也分享著些許至尊權力。

恃寵而驕惹眾怒

安德海因慈禧的寵愛很快從後宮邁向了政治前線，成為朝廷炙手可熱的人物。他巴結主子，權傾朝野，為所欲為，人性變得幾近瘋狂。他瘋狂斂財，奢侈淫靡地生活；他攬權弄政，上欺下壓，肆無忌憚地挑撥離間……

安德海成天圍著慈禧轉，寵幸也與日俱增，起初只能在後宮侍奉，後來逐漸讓他隨行到大殿，慈禧批閱奏摺，有時還徵詢安德海

158

的意見。安德海身價倍增，干預政事，納賄招權，肆無忌憚，一般的親王大臣都懼他三分。

　　宮廷中有個眾所周知的規矩，只要是進宮見駕，無論是藩邦重臣，還是皇親貴戚，不給太監備禮是辦不成事的。安德海是個太監總管，一點薄禮肯定難成敬意，能入安德海法眼的至少都是價值不斐的珍寶玉玩。同治帝十歲時，普天同慶，禮品絡繹不絕地運往京城。兩江總督的禮物是一隻價值連城的藏青色花瓶，層層孝敬後，終於被送到安德海面前，安德海一番審視後，眉頭輕皺。送禮的官員立即奉上兩萬兩銀子的銀票，安德海這才笑顏逐開地誇禮物得體。安德海貪得無厭，逢禮便收，很快成為京中巨富。他在京城建了一個豪宅，置了幾房妻妾，家裡奇珍異寶不計其數，每日門庭若市，儼然皇帝行宮。大家都熟知一個事實：政績再好，不如安德海在慈禧面前的一張巧嘴好。

　　慈禧唯恐虧待了安德海，無論吃的用的，只要是新鮮的，都忘不了給安德海一份。恭親王孝敬慈禧的一個祖母綠戒指是天下奇珍，慈禧眼睛都不眨一下便送給了安德海。異國他邦贈送的新鮮玩意，慈禧都會問「小安子有了嗎？」沒有便給他也備一份。

　　有一年，安德海的母親病逝，慈禧准假三月。安德海衣錦歸鄉，不僅驚動了當地的府、州、縣各級部門，連各地的權要、京城的達官貴人也紛紛備下厚禮，不遠千里萬里前來弔喪。直隸總督李鴻章一出手就是五千兩銀子，其他官員少則也有一千兩。安家收禮收到手抽筋，個個喜笑顏開。安家辦的似乎不是喪事，而是喜事，安德

海藉喪母桀紮實實撈了一票，朝野早已傳開，慈禧聽後，只是淡淡一笑，心想大清朝富有四海，區區一些銀子何足掛齒。

慈安對安德海在朝野的惡名早有耳聞，只是看在慈禧的面子上隱忍未發。安德海善於察言觀色，慈安對他的不屑和鄙視怎會不知道。安德海經常藉機離間兩宮關係。同治帝一向與慈安關係親密，不愛親近慈禧，慈禧心中早有醋意。每次同治帝在兩宮太后面前玩耍後，安德海都要借題發揮，證明慈安有意籠絡皇帝，實際上是想以靜制動，抓住核心。慈禧覺得有理，對慈安在朝政上打感情牌十分厭惡。安德海故意安排淫戲給兩宮太后看，讓慈安的不滿充分暴露在慈禧面前，安德海再乘機煽風點火，讓慈禧覺得慈安是故意給自己難堪，在政事上也處處先聲奪人。慈安的處處退讓不再被認為是求和的表現，而只是別有用心的權宜之策，兩宮關係看似平靜，實際上嫌隙難縫。

恭親王奕訢是親王兼議政王，朝內外大事都倚重於他，朝野上下都十分敬重他，唯有安德海，不知自忌，居然想凌駕於恭親王之上。慈禧在私下稱恭親王為「老六」，安德海竟然私下也直呼他為「小六兒」。這稱號傳到恭親王的耳朵裡，恭親王早已火冒三丈。恭親王掌管內務府，安德海經常藉著名目到內務府要東西，換了茶具又換簾子，換了簾子又換桌椅，恭親王疲於應付，不免有些抱怨，安德海便以對慈禧不敬為由大肆渲染，讓恭親王在慈禧眼裡漸漸有了攬權的嫌疑。安德海極盡挑撥之能事，使得慈禧與恭親王的關係越來越惡化。他把恭親王與當年的肅順相比，處心積慮地造謠、中

傷恭親王。在恭親王革職問題上，安德海的挑撥起到了相當關鍵的作用。有一年春節前夕，奕訢向慈禧進獻了二十多株含苞待放的臘梅以供賞玩，慈禧十分高興，下令安德海將這二十多盆梅花擺放於宮中欣賞。可安德海暗中動了手腳，二十多株臘梅一夜之間全都凋謝枯萎。本期望在春節期間能看到臘梅綻放討個好彩頭的慈禧十分不悅，安德海乘機進讒言，說這是「國之將亡，必有妖孽」的徵兆，奕訢是故意如此，慈禧對奕訢更加警惕。有一次，安德海在朝房裡誇耀自己官帽上的翎子精美，一些大臣不敢得罪他，只好連聲附和。奕訢實在忍不住自己的厭惡，冷笑著哼了一聲，說：「你的翎子再好，怕也護不住後脖子」，說明對他已動了殺機。

安德海有慈禧撐腰，連年幼的同治帝都不放在眼裡。自從同治帝撞破安德海與慈禧的姦情，同治帝必欲除之而後快，但礙於母親的面子難以下手。一次安德海偷偷摸摸地帶著個戲子往儲秀宮走，被轉角衝出來的同治帝抓了個正著。安德海急於回宮覆命，同治帝卻要盤查細問，安德海仗著慈禧撐腰，有些不耐煩。同治帝以「對他不恭」為由，喝令手下責打，可小太監哪裡敢動手，同治帝一怒之下，親手打了安德海。慈禧趕來救駕，不問情由便責怪同治帝無端生出事非。同治帝見狀，也不分辯，狠狠地踢了安德海一腳，頭也不回地揚長而去。慈禧無奈，回頭嗔怪安德海：「不要命了，你連皇上都敢得罪。」安德海啞巴吃黃蓮——有苦說不出，滿腹怨恨只能深埋心底，他在等待時機，伺機報復。

同治帝除了姐姐榮安公主，是宮中唯一的孩子，十分孤單。宮

中的小宮女最早入宮的也只有十來歲，坤寧宮就有個十二歲的宮女小玉，豆蔻年華的小女孩生得閉月羞花，同治帝覺得有親近感，時常找她玩。安德海觀察了幾次，覺得是個機會，有次陪著慈禧在後花園散步，正趕上同治帝在與小玉玩捉迷藏，安德海向慈禧進言：「皇上已有十來歲，這宮女一旦引誘，後果不堪設想。」慈禧經他一點撥，越來越覺得小玉舉止輕佻，喝令太監將她拉去責打。同治帝覺得是當頭一棒，極力辯解。可同治帝越辯解，慈禧越覺得事有蹊蹺。小玉被賞了一頓打，同治帝心疼不已，見安德海得意洋洋的樣子，越發憤恨。安德海經常在慈禧那兒說同治帝的壞話，為此，同治帝還遭了幾次訓斥。

同治帝畢竟是十來歲的小孩，常在宮中玩泥人。一次，他斷然一刀削去了一個泥人的腦袋，口中還念念有詞。身邊的太監連忙問：「皇上這是為什麼？」同治帝毫不掩飾地答道：「殺小安子！」說著仍然餘怒未消地將手臂全卸了下來，罵一句，毀一隻手，罵一句，去一條腿，最後將他大卸八塊。

「天作孽，猶可違；自作孽，不可活。」安德海自認為整個天下都是他和慈禧的，他張牙舞爪，專橫跋扈，樹敵太多，早已是四面楚歌，自掘墳墓，而他自己卻全然不知。

命喪山東

安德海的死只是時間問題，同治帝、慈安和恭親王早已卯足了勁，要為朝廷除了這個敗類，無奈慈禧是他的護身符，一時不好下手。機會終於來了，同治八年（1869）七月，宮中為同治帝大婚需派人到廣東置辦龍衣。安德海在宮中待膩了，領了這個美差，興沖沖地出發了。恭親王等覺得時機成熟，決定張網以待。

安德海自稱欽差，身穿龍衣，兩艘大船都是雕樑畫棟，氣勢宏偉，船上掛著「奉旨欽差」、「採辦龍袍」及「三足烏旗」等旗幟，一行二十多輛大車，僕從三十多人，浩浩蕩蕩地沿運河而下。兩岸百姓從來沒有見過這麼威風的陣勢，一路觀者如潮。順治帝時有禁令「凡系內員，非奉差遣，不許擅自出皇城」。慈禧派安德海出京一事和同治帝、慈安事先知會過，也算是奉命出差，合理合法。可順治帝還有規定：宦官有犯法干政、竊權納賄者，即可凌遲處死，定不姑貸。安德海貪財，沿路官員定然奉獻，安德海也定然會照收不誤，到時以「犯法干政、竊權納賄」為名，先斬後奏，木已成舟時，量慈禧也無力回天。

安德海一出京，恭親王和慈安秘密將山東巡撫丁寶楨召進了京，共商此計。丁寶楨是咸豐三年（1853）進士，歷任山東按察使、布政使、巡撫，他性格剛強耿直，對安德海的惡名早有耳聞，既然同治帝有密旨，叫他設法擒拿，就地處置，他也願意以身犯險。接到密旨，丁寶楨立即回山東佈置，他密密囑咐德州知州趙新，安德

海一入山東，凡有違法犯紀的事立即上報，並組織擒拿。

安德海一行人穿過京津，白天沿路大小官員前來孝敬，附近百姓爭相一睹風采，安德海駐立船頭，好不得意。每晚當地官員都會將他們一行接入城中，輪番敬拜，山珍海味，弦樂不斷，讓安德海飄飄若仙。

入了山東，德州知府趙新早得了密令，一邊沿路收集安德海犯法證據，一邊以夾單的形式上報丁寶楨。安德海有些疑惑，其他州縣見他一入境便組織民眾夾道歡迎，德州知府卻久久未見動靜，知府趙新始終沒露面，最終派來了幾個手下，孝敬也不如其他州縣。安德海十分生氣，想嚴詞斥責趙新，可惜趙新始終避而不見。趙新是個狡猾的官場老手，抗旨怕得罪頂頭上司，對安德海下手又怕得罪慈禧，將來弄不好會賠上性命。足智多謀的師爺為他出了個主意，在官場夾單是一種私人紙條，不會檔案留存，安德海萬一沒有被制伏，也可以推託乾淨。趙新依計而行，只是將安德海在德州的收賄登記在冊，送交丁寶楨處理。

丁寶楨見趙新辦事不力，一面具摺參奏安德海，一面再派東昌知府程繩武揚鞭催馬進行追趕。程繩武派人尾隨了安德海一行三天，一直沒敢動手。丁寶楨又派了總兵王正起率兵追趕，王正起追到泰安，終於將安德海捕獲。安德海見有人在太歲爺頭上動土，拿出懿旨，嚷道：「我是奉皇太后懿旨出宮辦事，誰敢放肆！」王正起不由分說，喊道：「拿的就是你！」上前去就是一個五花大綁，將安德海一行押往濟南。王正起在安德海的大船上搜出翡翠朝珠一掛、

碧霞朝珠一掛、真珠鼻煙壺一個、大珠五顆、元寶十七枚、駿馬三十餘匹、碧霞犀數十塊、黃金一千多兩，全部是沿途官員孝敬的。

安德海一見到丁寶楨便大呼：「我是奉皇太后懿旨，誰敢冒犯，就是死罪一條！」在場的官員嚇得都不敢動，泰安知縣更是跪下來為安德海求饒，認為此事非同小可，若魯莽行事，輕則丟了烏紗帽，重則滿門抄斬，請丁寶楨三思而後行。丁寶楨已經是劍在弦上，藉口自己沒有接到慈禧的懿旨，一口咬定是安德海私自出宮，按清朝法律可以就地正法。丁寶楨這次是豁出去了，一面上奏朝廷，安德海違制出京，請求處置辦法；一方面按照同治帝密旨，將安德海一行二十多人全部處死，並將安德海脫光衣服，懸掛在濟南城頭三日。當時民間傳聞，安德海是假太監，與慈禧有姦，整日穢亂後宮，大家都來一睹假太監的廬山真面目。因丁寶楨曝屍三日，以正視聽，老百姓紛紛傳開了，安德海原來確實是個太監。

丁寶楨的奏報送達朝廷時，慈禧因病臥床。同治帝正在練習處理奏摺，得到丁寶楨的奏摺後如獲至寶，立即稟告慈安，慈安馬上召來恭親王商量對策，恭親王認為此事宜秘密進行，速戰速決，以免留下後患。恭親王立即下令軍機大臣在坤寧宮召開秘密會議。軍機處有不少慈禧的心腹，可對平時作威作福的安德海卻頗有微詞，樂得坐觀龍虎鬥。皇帝、慈安、恭親王力持擬定就地正法的諭旨，大臣們紛紛表示贊同。帝師李鴻藻最激動，痛陳歷代宦官禍國殃民的罪惡，主張殺一儆百，以絕太監橫行霸道之風。文祥痛斥安德海平日狐假虎威的種種不法行徑，也主張繩之以法。寶鋆也力主殺安

德海以儆效尤。同治帝的諭旨聲稱，安德海擅自遠出，招搖惑眾，沿途有種種不法行為，令沿途總督或巡撫嚴密查拿，不用審訊，就地正法，以正朝綱。

慈禧得知丁寶楨捉拿安德海，嚇得掙扎著起床，可趕到坤寧宮時，諭旨已經擬定。大臣們惶恐不安，皇帝、慈安、恭親王力陳非殺安德海不可的理由，慈禧有口難辯，明明是自己同意其出宮的，可朝廷有法紀，太監差遣出京，除非有極緊要的事，置辦龍衣卻並非十萬火急。安德海平日太驕縱了，連榮祿等心腹大臣現在都不願多講一句好話。兩江總督曾國藩當時正在患病，得知安德海之死後，精神狀態大為好轉，寫信給丁寶楨，稱他為真豪傑。慈禧歎了口氣，也許這就是多行不義必自斃吧。同治帝、慈安、恭親王及朝廷內外大臣都在觀察慈禧的反應，如果慈禧逆天而動，勢必牽涉到整個大清朝的安危，慈禧必須儘快接受這件事，調整好心態。接連幾天，慈禧都心緒不佳，幸虧有心腹太監李蓮英開導。

大局已定，無可挽回，慈禧左思右想，不知自忌的安德海確實為自己在朝廷樹敵不少。山東巡撫丁寶楨雖然可惡，不過還算聰明，為自己洗脫了後宮傳聞，稍稍收回了一點人心，不如來個順水推舟，乘機為自己贏回民心。病後二十多天的慈禧終於又臨朝了，並向群臣頒發了一道懿旨：「我朝家法嚴明，整飭宦官，有犯必懲。太監安德海，膽大妄為，私自出京，有違祖制，罪不可赦，現已正法，以儆效尤。」山東巡撫丁寶楨為國除害，不久，慈禧升任他為四川總督。丁寶楨一生清苦為公，性情剛猛，不少人上朝彈劾他。

166

慈禧一概不理睬，死後追贈他為太子太保，諡號文誠，准許在各地建忠良祠。慈禧對丁寶楨的態度深刻地揭示了慈禧能夠掌控朝政近半個世紀的關鍵原因。

一代寵監安德海，恃功自大，干預朝政，打壓親王，挑撥兩宮太后關係，藐視皇帝，樹敵眾多，他瘋狂斂財，驕橫處世，最後落個伏誅濟南，身首異處的下場。

第五章

慈禧最寵信的男人
——太監李蓮英

他是大清以來太監中官品最高、權威最大、財富最多、任職時間最長、慈禧最依賴和信任的權監。他極盡溜鬚拍馬、曲意逢迎之能事，遂成為慈禧的心腹；為幫助主子弄權，他施詭計逼死慈安，扮優伶戲謔王爺，煽陰風清君之側，圓了慈禧獨攬朝政的美夢，自己也成為權傾天下的閹奴。

李蓮英

一代權監李蓮英如同慈禧皇權延伸的觸角，把
慈禧的權威帶到了朝廷內外。

「小篦李」進宮

　　太監都是窮苦人出身，李蓮英也不例外，雖然他的一生聲名狼藉，但他的成長之路似乎可以稱得上是一個另類的青春勵志故事。這位被大臣們蔑稱為「小篦李」的大太監入宮前的經歷讓人一唱三歎。

　　李蓮英，原名李英泰，又名李進喜、李連英，生於道光二十八年（1848），直隸河間府人，今河北省大城縣藏屯鄉李甲村人。這裡南控齊魯，北鎖京津，是京畿門戶，可李蓮英的老家十年九澇，當地人稱：「蛤蟆撒泡尿就發水。」一到秋天，就有一批年輕人出外逃荒，李蓮英的爺爺奶奶都是餓死的。李蓮英父親李玉過繼到表叔家為子，得以安身立命，娶妻生子。當地流行辦冬學，即立冬前後，農家孩子沒事，請個識字的老師教教，報酬不高，可根據家境而定。李蓮英從小有心計，搶著幫老師做一些雜事，勤學好問，很得老師喜愛，幾個月就能認全半本《百家姓》了。李蓮英在家是父母的好幫手，能把弟妹管得服服貼貼。

　　天有不測風雲。李蓮英七歲時，爺爺過世，李家受到族人排擠，幸虧奶奶機敏才保全了家產，可在村中已無法立足，不得不舉家投靠了舅舅，遷到京城。李家變賣家中財產，得以在北京西直門外開了一個皮硝作坊，以維持生計。做皮硝是一個又髒又累又有毒的下等行業。熟皮子要用硝來鞣，硝有毒，氣味大，毒性強，腐蝕性強。李蓮英自小機靈懂事，深得家人的喜愛，小小年紀就開始為父母分

擔生計。為了降低成本，李蓮英隨父親一起鋌而走險，私自販賣政府控制的毒品硝，好幾次被人追捕，最終死裡逃生，父親因勞累加驚嚇過度而去世，李蓮英也被官府捉拿，因為年幼，很快便被放了出來。

　　家庭的重大變故使生活越來越艱辛，李蓮英改業補鞋，但兄弟幾人的努力並沒有改變一家人窮困潦倒的狀況。李蓮英有個表叔崔玉貴，是慈禧身邊的紅人，鄉間早已傳說他在宮中傍了貴人，要風得風，要雨得雨，可實際上，慈禧當時還未掌權，崔玉貴和主子一樣還得規矩做人，小心做事。李蓮英小時候膝蓋上曾長了一個「人面瘡」，求醫問卜不見療效，偶遇的一個算卦先生說，要免災「不入空門便入黃門」，即不當和尚就當太監。李家當然捨不得讓他遁入空門或是入宮當太監，但饑腸轆轆的生活讓他最終下定了決心。年僅八歲的李蓮英單獨找到崔玉貴，自動請求淨身，可崔玉貴還愛莫能助。李蓮英想到了另一個老鄉沈蘭玉。這位老太監是咸豐帝身邊的御前總管，在城內置了宅地。沈蘭玉還算仗義，對李蓮英這個小老鄉多方關照，請了城中最有名的閹割專家——小刀劉。手術進行順利，小刀劉給他用了一些止痛、止血、生肌的藥，加上母親寸步不離地侍候左右，李蓮英很快躲過了閹割初期的生死關。母親曹氏心疼兒子，在佛前起誓，要長年吃齋，保佑兒子平安。老太太果然一生謹守。

　　沈蘭玉又幫李蓮英改了一個名字——李進喜，推薦給鄭親王端華，希望能通過咸豐帝重用的端華為他鋪平進入皇宮的道路。在鄭

親王府，李蓮英套車餵馬，跑腿傳話，無不兢兢業業，俯首貼耳，他還刻苦努力地學習各種宮中禮儀，端華對這個聰明伶俐的小太監也十分看好。

　　一切似乎順風順水，可平地卻起了波瀾，咸豐帝重用肅順後，慈禧與端華等矛盾激化，鄭親王已處在矛盾的風頭上，沈蘭玉必須救李蓮英脫離虎口。咸豐七年（1857），經過三勘六驗無訛後，沈蘭玉提前將十二歲的李蓮英弄進了宮。入宮之初，先得拜師學藝，沈蘭玉公務繁忙，便為他推薦了師傅。李蓮英的第一個師傅是劉多生，紫禁城三大首領太監之一，也是安德海的師傅。李蓮英因頭腦靈活，手腳勤快，頗得師傅的喜歡，先在奏事處當差。奏事處是軍機大臣上朝前休憩的地方，李蓮英穿梭其間，處事得體，大臣對這個口齒伶俐、動作迅速的小太監頗有好感。咸豐十年（1860），李蓮英再調到東六宮的景仁宮。景仁宮的婉貴人雖不得咸豐帝寵愛，但性格多變，難以侍候，把李蓮英調教得嘴甜手快。

　　辛酉政變時，李蓮英在婉貴人處幹著打掃庭院、倒餿水之類的粗活。兩宮太后想要聯絡恭親王奕訢，一直沒找到合適的人選，沈蘭玉等推薦了李蓮英。這位年僅十三歲的太監利用倒餿水的機會溜出承德避暑山莊，長夜奔跑，直達京城，求見恭親王奕訢。宮內小太監至少上千，連內務府也不認得他，任憑李蓮英巧舌如簧，恭親王豈敢貿然行動，下令將李蓮英抓了起來，但幸運的是，熱河的形勢恭親王已經瞭若指掌了。慈禧回京後，李蓮英被釋放出來，賞了一千兩銀子，在海淀大有莊蓋了宅子，從此跟在慈禧身邊，成了梳

頭太監。

　　慈禧新寡時仍年輕漂亮，權力和美容是她每天必不可少的內容，尤其是她那頭烏黑亮麗的秀髮，更是視同珍寶。慈禧原來有個梳頭的老太監──沈二順，因梳得一手好髮式，倍受慈禧寵愛。可不久沈二順腿上長了瘤子，不得不暫時請假。慈禧接連換了幾個梳頭太監都不中意，不是髮根紮著太緊，扯得生痛，就是紮著太鬆，獨留一撮髮根在外面。慈禧終日操勞，頭髮常有脫落，這令慈禧心疼不已。儲秀宮的不少梳頭太監已經獲罪死去，倖存的也難逃一頓杖責。梳頭太監們每天坐在一起倒苦水，說者無心，李蓮英聽者有意，覺得機會難得，要嘛成仁，要嘛成義，總比這樣永無出頭之日的好。於是，李蓮英死纏爛打，纏著沈蘭玉給他弄一塊出宮的腰牌，目光遠大的李蓮英要絕地反擊，出宮學梳頭的手藝。

　　李蓮英在雜貨店裡批發了一點生髮油、宮粉、胭脂、絨花、通草類的梳妝之物，提籃叫賣於八大胡同的花街柳巷，混跡於妓院粉頭之間。妓院的姑娘個個麗影衣香，那頭式更是五花八門，別出心裁，各競其雄，有如喜鵲登枝，有如孔雀開屏，有如天上雲霞，有如水中波影。李蓮英一邊暗暗觀察，一邊細細揣摩。李蓮英是個俊俏小哥，嘴又甜，不久便與那些倚門賣笑的姑娘混得廝熟，有時登堂入室，近看姑娘們梳理青絲、盤纏髮髻的技法。李蓮英天資聰慧，京城妓院的新式髮樣只花了七八天的時間便熟練掌握了大約三十多種。

　　這一陣子，慈禧正在為梳頭的事發愁，梳頭房的太監總管說來

174

了一個梳頭巧手，會梳時下流行的髮式。第二天一早，當原本躊躇滿志的李蓮英跪倒在慈禧身後時，還是頗感忐忑不安。他仔細端詳了慈禧的臉型，左盤旋，右撩撥，後髮盤起，不費一會兒工夫，大膽地做了一個百鳥朝鳳的髮式，鳳頭是一朵豔麗的牡丹花，百鳥的釵頭圍繞鳳凰起舞。李蓮英邊梳頭邊給慈禧講他的梳頭論，藉以分散她的注意力，乘機偷偷地將掉落在地的頭髮裝入袖筒之中。李蓮英是個有心人，事先就知道慈禧頸上有一縷頭髮剛而且硬，很難順溜，於是事先準備好了一小盒髮膠，用小刷子三抿兩抿就把那縷頭髮收拾得服服貼貼。慈禧左右端詳，對這個鬆緊合度、飄逸華貴的髮式十分滿意。

自此以後，梳頭房的太監自掏腰包賄賂他，只求他代自己值班。李蓮英也樂得在主子面前大肆表現一番，一一應承。李蓮英是個有心人，很快摸清了慈禧的愛好，越梳越熟練，越梳花樣越翻新，集南北之風韻，採城鄉之精華，舉一反三，推陳出新，一連個多月，慈禧都有新髮型，梳頭房再也沒有發生過慘叫連天的現象。這個口齒伶俐、手藝高超的小太監李蓮英就這樣憑藉梳頭邁出了第一步，討得了主子的歡心，不久便升為慈禧身邊的梳頭房首領，慈禧暱稱他為「小李子」。

李蓮英人小鬼大，極有心計，處處依眼色行事，才短短幾日，便摸透了慈禧的脾氣、喜好和忌諱等。他極盡諂媚之能事，凡主子喜歡的，一定盡力而為；凡主子忌諱的人，一定三緘其口，避而遠之。李蓮英混跡北京城多年，聽過不少說書，他講故事手到擒來，

鄉野軼事，官家秘聞，雅俗共賞，葷素並存，詼諧幽默，妙趣橫生，總能逗得慈禧開懷大笑。憑著一張巧嘴及見機行事的聰明勁兒，李蓮英成了慈禧身邊的紅人，宮中人稱「小篦李」。當年，李蓮英才十六歲，他飛黃騰達的夢想指日可待了。

當時慈禧身邊的當紅太監是安德海，可安德海飛揚跋扈，最終命喪山東。慈禧這才反觀安德海，安德海雖然可人，可小肚雞腸，無容人之量，目光短淺，長此以往難成大器，慈禧雖然已經掌權，可臥榻之上，同治帝、慈安等對手仍虎視眈眈。慈禧需要心思縝密、能放能收的大將來協助自己，真正意義上奪得最高皇權。長相俊秀、巧舌如簧的李蓮英順理成章地取安德海而代之，成為慈禧身邊的當紅太監。他吸取安德海之死的教訓，學會了「事上以敬，事下以寬」，他使出渾身解數，真正做到了左右逢源、八面玲瓏，成為宮中不可多得的人才。入宮十四年後，慈禧重新賜了一個名字給他——李蓮英，慈禧說蓮是荷花，英是花瓣，她自己是老佛爺、活菩薩，當然是要坐在蓮花裡的。

從此，窮家孩子李英泰通過自己的辛勤努力擺脫了最底層的命運，「小篦李」成了李蓮英，他的人生翻開了另一頁，中國史冊上也多了一個若隱若現的人物。

清朝唯一的二品太監

　　太監不過是皇室私家奴僕的首領，康熙帝稱他們為「最為下賤、蟲蟻一般之人」，乾隆也認為，太監不過是「鄉野愚民，至微極賤，得入宮闈，叨賜品秩，已屬非分隆恩」。慈禧雖然眷顧他們，也不過是因他們是最聽話、最馴服的奴才，只是隨著品級的升高，奴才的身份也會隨之水漲船高。

　　聰明乖巧的李蓮英很快摸透了主子的脾性，成為了慈禧身邊最可信賴的心腹太監，從一個八品小太監，到同治十一年（1872）秋，升為長春宮六品副總管，加「內廷待詔」銜，賞戴六品頂戴花翎，每月領八兩五錢月俸。此後，李蓮英進入到一個更加輝煌的時期，李蓮英的官階也一路扶搖而上。

　　同治十三年（1874）春天，慈禧移居慈寧宮，李蓮英的機遇再次來臨。同治帝的病已經無力回天，母子間的奪權之戰卻達到了白熱化的程度，慈安、皇后、眾親王大臣都站在同治帝一邊，力主立年長者為嗣，慈禧為了攬權，力主立年幼者，慈禧成了真正的孤家寡人，整日圍繞在她身邊的宮女太監成了她唯一可以倚靠的力量。李蓮英謹遵慈禧的懿旨四處出擊，囚禁並逼死年輕的皇后阿魯特氏；撤換同治帝身邊的宮女太監，嚴密監視病重的皇帝，從言行到用藥，確保萬無一失；嚴密監視慈安動靜，尋找合適的儲君……同治十三年（1874）是風雲變幻的一年，慈禧頻頻出手，最終奠定了她大權獨攬的千秋大計，年僅二十六歲的李蓮英因奪權有功，出任

儲秀宮的五品掌案首領太監，加「宮殿監副侍」銜。這個職務一般需要進宮服役三十年、沒有任何劣跡的人，才有資格擔任，可是李蓮英這時候進宮才滿十七年。

光緒五年（1879）秋，李蓮英出任儲秀宮四品花翎太監總管，這可是宮中最高品級的太監銜，月薪二十兩白銀。可凡事都有特例，這年冬，他又加賞貂皮馬褂，這一般是皇帝賞賜外臣的殊榮，內臣一般不享有。隨著他的主子慈禧日益大權獨攬，他的聲望地位也一天天顯赫起來。李蓮英三十一歲時，已經可以和敬事房的大總管，即清宮太監總管平起平坐了。

順治帝時，為了防止大清朝重蹈明朝太監專權的教訓，專門訂立規矩，不准太監言政，言者立斬；雍正帝時，規定太監品級不能高過四品，永為定例。慈禧一再突破成規，光緒十一年（1885），李蓮英被加賞三品頂戴花翎。這在中國歷史上可是頭一遭，其尊榮任何太監無法比擬。可這還不夠，慈禧對李蓮英的信任和依賴，與日俱增，光緒二十年（1894），再授予李蓮英二品頂戴花翎。李蓮英因而成為了有清二百六十多年來，品級最高、權勢最重的總管太監。

李蓮英因慈禧的寵信日隆，朝野對他的傳言也越來越多，有人說李蓮英大權在握，收受賄賂，投到他的門下就能當高官；有人說他干預朝政，廣植私黨；也有人說他陷害擁護維新派、站在光緒帝一邊的大臣。李蓮英慧黠善弄，畢竟讀書不多，器小易盈，後來寵信日專，對人表面上仍舊謙恭有禮，可在不知不覺中會露出悖謬倨

傲的氣焰，這是毋庸置疑的事實。

　　光緒二十年（1894），慈禧六十大壽慶典辦得豪華瑰麗，光彩排就進行了多次。光緒帝率領文武百官先期學習慶賀禮儀，原定上午十一點舉行。當時光緒帝與文武百官已經齊集仁壽宮，萬事俱備，只等總管太監李蓮英駕到。可左等右等，直到下午兩點，李蓮英才姍姍來遲，王公大臣一個個早已饑腸轆轆，怨言四起。李蓮英不但毫無愧色，還出言不遜，立時引起公憤。光緒帝早憋了一肚子委屈，傳旨將李蓮英廷杖四十，李蓮英這才嚇得大呼救命，可群臣沒有一個人願意站出來為他解圍。事後，李蓮英記恨在心，屢屢在慈禧面前中傷光緒帝。改立大阿哥、珍妃沉井等事，他都難逃關係。戊戌政變後，母子矛盾勢同水火，慶親王等正在積極謀劃廢立之事，慈禧也正在為是否改立溥儁一事遲疑不決。李蓮英稱此時勸導她道：「自古明君，都以孝治天下，當今皇帝心中毫無孝念，一味地忤逆太后，這何以上對祖宗，下對臣民，太后您不如早做打算。」慈禧見他言之有理，既不答應，也不反駁，心中卻早掀起了萬丈波瀾。李蓮英見慈禧不敢遽然廢了光緒帝，於是又進一步旁敲側擊：「皇帝雖不敢對太后不利，不過皇帝年輕，容易受人蠱惑，康有為之流都不是循規蹈矩之人，太后您不得不防。」可慈禧還是覺得時機未到，直到榮祿將兵圍頤和園的事告發，慈禧才不得不感歎李蓮英的先見之明。

　　李蓮英已權傾朝野，雖然謹慎，有時不免也痴人作夢。李蓮英有兩個妹妹，大妹溫文爾雅，不善言辭，二妹生得姿容秀麗、體態

窈窕，活潑開朗。光緒十七年（1891），這位李二姑娘尚待字閨中。李蓮英異想天開，想利用妹妹攀龍附鳳。慈禧愛屋及烏，常召李蓮英的妹妹入宮。在李蓮英的調教下，這位李二姑娘舉手投足頗有大家風範，應對得體，能言善辯，和哥哥一樣世故圓滑，伺候慈禧細心周到，慈禧十分喜歡。慈禧吃飯時，皇后及諸妃嬪都要站在一旁伺候，李二姑娘卻常被賜同桌吃飯，宮中人稱大姑娘。有一次，醇王福晉入宮請安，慈禧忽然賜坐，福晉受寵若驚，都沒敢輕易坐下。慈禧說道：「你以為我今天為什麼給你賜坐？因為大姑娘看你站著，她不敢坐。大姑娘是小腳，怎麼可以站那麼長時間呢？」福晉聽後敢怒不敢言，回去後大病了一場。慈禧六旬大壽時，醇王福晉被召入圓明園聽戲。到園中一看，大姑娘坐在慈禧身邊，眉開眼笑，自己卻被安排在後排。福晉入座時，大姑娘連瞧都沒瞧她一眼。福晉無法忍受，借病回府了。光緒帝把一切都看在眼裡，對這位李二姑娘也沒什麼好感，慈禧倒是有意，但被光緒帝嚴詞拒絕：祖宗家法，漢女不許入宮，何況是宦官之妹，更不成體統。慈禧見勉強無益，只好作罷，後將李二姑娘指給內務府一個喪妻的英俊司員。李蓮英的國舅夢就此成了空。

　　太監娶妻不算稀奇事，安德海在外就有妻妾，但畢竟是有悖人倫的。李蓮英一共有三房妻妾，每次娶妻都是一次斂財的機會，大辦宴席，朝臣文武百官紛紛前往慶賀。御史朱一新打算予以痛斥，在李蓮英的婚禮上派人送來賀詞「公雞下蛋，母雞打鳴；太監娶妻，無恥之尤」，氣得李蓮英怒目圓睜，當場撕了賀詞。朱一新對李蓮

英的攬權自重十分憤恨，屢屢上摺彈劾，最終惹怒了慈禧，被革職查辦。

甲午戰後，全國輿論一片譁然。批評的矛頭直指慈禧、李鴻章和李蓮英。陝西道監察御史恩溥、福建道監察御史安維峻、吏科給事中褚成博等人上摺，指責李蓮英與北洋海軍將領暗中有往來，相互包庇。安維峻在奏摺中更大膽地指出「和議出自皇太后，李蓮英實左右之」，抨擊慈禧祖護李蓮英。慈禧異常震怒，以離間皇太后與皇帝的罪名，將安維峻革職充軍。

太監本是無權的卑微之人，一旦依附了有權的主子，尤其是慈禧這種萬人之上的主子，他們會在主子的縱容下，狐假虎威，張牙舞爪，極大拓展和極力滿足自己的慾望，以彌補他們殘缺的身體所帶給他們的自卑和不安。李蓮英因成為了有史以來品級最高的太監，也成為史上最受非議的人物之一。

形影不離

家本是一個人感情的港灣，可因為愛權如命，大權在握的慈禧在這個特殊的家庭裡感受到的只有利益紛爭。丈夫臨終前的猜疑和防範、獨子同治帝對她的叛逆和反感，繼子光緒帝對他的畏懼和反抗，包括慈安、恭親王、醇親王等親人對她的敬而遠之，在這個皇族大家庭中，金碧輝煌的繁華背後是無盡的冷漠人生。她佔有了權

力，卻失去了親情和愛。可她也是一個有著正常情感需求的普通人，當她需要情感慰藉時，她只能與宮裡地位低下的宮女太監為伍。

慈禧與李蓮英幾十年中形成的感情非同一般。慈禧在政治上是一個權力慾望極強、心狠手辣的獨裁者，但同時也是一個感情脆弱、害怕孤獨的老人。幾十年來，慈禧身邊的奴婢換了一批又一批，善解人意的，除了安德海就只有李蓮英了。他是她形影不離的「伴」，他一直不離不棄地守候在慈禧身邊，直到她病逝。

主僕有別，何況李蓮英侍奉的是大權在握、說一不二的慈禧。她時而威嚴，時而蠻橫，時而和顏悅色，時而疾風驟雨，生殺予奪只在她一念之間，侍候這樣一個主子，李蓮英必須擺正自己的位置，迅速捕捉每一個有效的資訊，作出最準確的判斷。這只有絕頂聰明的人才能做得到，李蓮英就屬於這種人。

慈禧在國事上是個說一不二的剛硬性子，在日常生活卻常有和藹慈祥的一面，頗得上下宮女太監的喜歡。慈禧絲毫沒有把李蓮英當奴才，她願意屈尊降貴，與李蓮英閒話家常。她每天三頓飯，早晚起居，李蓮英一般都親自服侍，每一道菜他都要親自品嚐過，才揀可口的讓慈禧下筷。如果李蓮英有事沒來，兩人都互派太監或當面問候：「吃得好，睡得香？」在西苑、頤和園居住的時候，慈禧還經常找來李蓮英，說：「蓮英啊，咱們遛彎兒（散步）去！」李蓮英亦步亦趨地跟著她，其餘的人遠遠地跟在後面。慈禧沒事還會溜達到李蓮英的屋裡待會兒。慈禧有時還把李蓮英召到她的寢宮，談些黃老長生之術，兩人常常談到深夜。

慈禧很注意保養，李蓮英便學會了一套足底按摩的技術，他的手法輕重有度，緩急相濟，很受慈禧的喜愛。慈禧上了年歲，腿腳不免疼痛，尤其是在下雨天。晚上，李蓮英經常蹲在一旁替慈禧按摩，慈禧把腳放在椅上，品著香茗，李蓮英揉著腿，插科打諢，讓慈禧很是受用。

滿族祖先最早被稱「滿柱」，是佛號「曼殊」的轉音，意為「佛爺」、「吉祥」。因而在清朝，皇帝特稱「老佛爺」，但太后稱「老佛爺」的，只有慈禧一人，這是有由來的。光緒初年，慈禧太后剛滿四十歲，她為了達到二度垂簾聽政的目的，曾使用了種種手段，但儡於朝中有人反對，終日心中不樂。李蓮英知道她的心事，便令人在萬壽寺大雄寶殿的後面按慈禧的模樣建了一座佛，建成之後，李蓮英速去稟告慈禧，說：「聽說萬壽寺大雄寶殿常常有雙佛顯光，這是大吉大利之兆，奴才想請太后駕臨前往觀看。」慈禧聽罷感到十分驚奇，便起駕出宮，出西直門下高梁橋，坐上皇船，沿長河，直到萬壽寺。慈禧上了碼頭，進了山門，直奔大雄寶殿而來，進得殿來，見供奉的依然是原來的三世佛，不覺勃然大怒：「明明是原來的三世佛嘛，哪來的雙佛顯光？」奴才欺騙主子是要殺頭的，但李蓮英心中有數，忙說：「太后息怒，請您轉往後殿御覽。」慈禧太后慢慢悠悠轉到三世佛後，果見一尊慈眉善目的觀世音像坐在殿中央，此寺方丈住持，還有慈禧的文武大臣也在這裡。這時，李蓮英喊道：「老佛爺駕到！」其他人即刻跪伏高呼：「恭迎老佛爺！」

慈禧見狀明白了一半兒，心下一喜，但她故作不解問道：「你

們迎接的是哪位老佛爺呀？」李蓮英他們答道：「就是迎接太后您老佛爺呀」，「您就是當今救苦救難的觀世音菩薩啊」，「如今先皇晏駕，新皇尚幼，國不可一日無主，臣民們請您垂簾料理朝政，您可要救庶民於水火之中啊」！一席話說得慈禧心花怒放。自此，老佛爺這個稱呼便從萬壽寺傳遍京城，舉國上下，都稱慈禧為「太后老佛爺」。慈禧也就心安理得地垂簾聽政了。

　　光緒十三年（1887）十月十七日，是李蓮英四十歲生日。宮中傳慈禧口諭，要為李蓮英辦四十大壽，賜蟒袍一件、白銀二千兩、玉貓一個，並命宮中比李蓮英官級低的官員、太監及侍女等全部給李蓮英磕頭祝壽。李蓮英在朝臣中收財納賄，但在慈禧跟前倒不張揚，生日當天，只請了一些老太監、同輩好友和幾個徒弟到壽膳房吃飯。慈禧提出要親自為他做壽，都被他婉言謝絕。作為一名太監，享有如此待遇，可謂前無古人，後無來者。慈禧特別喜歡他的內斂。宮女們誇他：「他無論什麼時候，從來不腦袋發熱，總是冷靜地處理事情，這是他最可貴的地方。再說，平常日子，太監犯了錯誤，他永遠是恩威並用，暗中維護，所以太監們服他，也願意親近他」，「另外，他這人從不張揚、炫耀，到他過生日時，他總是藉機請假隱藏起來」，「用他自己的話說，多給老太后磕幾頭，多給皇上、皇后磕幾個頭，多給爹媽磕幾個頭，他就心平氣和地過生日了」。在宮中，李蓮英低調做人，贏得了宮女、太監的普遍好感。

　　光緒十年（1884），慈禧五十壽辰時，中南邊境狼煙四起，慈禧匆匆下令求和，一心只想儲秀宮能別出亂子，住得舒坦點兒。十

年過去了，慈禧總覺得紫禁城冷清苦悶，無一處合意的地方駐腳。李蓮英極明白主子的心思，當年重修圓明園遭到了舉朝反對，如今中日之間劍拔弩張，慈禧想修頤和園，但又怕再遭人非議。李蓮英便積極地活動開了。他派人摸清北洋海軍的財務狀況，將李鴻章存在滙豐銀行、準備三個月後購買艦船的錢挪借了出來；然後又以養老歸政為名，誘使醇親王奕譞力主修園；以為太后祝壽為名，李蓮英為首的內務府聚斂財富為修園之用。修頤和園的工程雖然一波三折，但最終堅持了下來。慈禧六十大壽時，在頤和園張燈結綵，大肆慶生，慈禧高興之餘，對李蓮英自然心懷感激。

　　八國聯軍侵華時，李蓮英極力主張西逃，才促使慈禧下定決心。西逃過程的種種艱辛令慈禧十分懊惱，不免遷怒於李蓮英，對他日漸冷淡。李蓮英早已察覺到慈禧感情上的這一細微變化，後悔之餘，挖空心思想喚回慈禧對他的恩寵。聰明機警的他收斂了許多，話少了，做的事多了，一路上，對慈禧更是細心侍候，唯恐不周，可慈禧還是不能原諒他。終於，他等到了一個機會。那天，天降暴雨，路面極滑，慈禧的驟馬一個踉蹌，滑到了萬丈深淵的邊緣，慈禧早已嚇得七魂走了六魄。危急時刻，李蓮英一邊組織人馬急救，一邊挺身而出，用身體擋住正在下滑的馬車，馬車的前轅壓在李蓮英的肋骨上，李蓮英的雙足深陷泥沼，殷紅的鮮血沿後背流下，而李蓮英全然不顧，奮力呼喊，組織搶救。眾人齊心協力，很快使慈禧轉危為安，慈禧長長吁了一口氣。李蓮英此時已身受重傷，口吐鮮血，卻顧不得自己身上有傷，掙扎著向前，詢問慈禧是

否安康。慈禧雖然心神未定，但被李蓮英的忠心感動，重新開始寵信他，對他的傷勢一直十分關切。

八國聯軍侵華時，慈禧是主戰派，一行人到達西安時，戰局已成定勢，八國聯軍大獲全勝，要求對主戰派進行嚴懲，慈禧忐忑不安，整日憂心忡忡。李蓮英常隨慈禧左右，免不了出謀劃策：「老佛爺可以寬一部分心，因為義和團已經一蹶不振；至於洋人，可把主戰的責任全部推給端親王等。老佛爺可以再下懿旨，命慶親王和李中堂處理此事，取得聯軍的諒解，早日達成和議。」慈禧一聽，果然有理，於是笑顏逐開。第二日，慈禧向大臣們下發懿旨，依李蓮英之計行事。

北京人愛遛鳥是眾所周知的，慈禧也不例外。李蓮英心細如絲，常常親自到鳥市挑選最名貴、逗人的鳥供慈禧賞玩。李蓮英給慈禧進奉過藍靛鳥。這種鳥一天到晚精神十足，學說學唱，樣樣精通，但有一項，要牠叫得好，得喝燕窩湯，這可是身份的象徵。慈禧對牠愛不釋手。除此之外，還有一對九道藍和葫蘆紋，長得粉眉亮翅，小巧精靈，也是眾鳥中的極品。慈禧累了，躺在軟榻上，鳥語花香，心曠神怡。

為了討得慈禧歡心，李蓮英比一個禮部官員更懂得處處維護皇家體統，維護慈禧的至上權威。直隸總督袁世凱，在光緒二十七年（1901）以一萬兩白銀購置了一部賓士轎車，作為壽誕賀禮，貢奉給慈禧。車內設兩排座位，前排只有一個司機座，後排則為兩個客座，時速最高僅為十九公里。慈禧很喜歡這件漂亮、稀奇的洋玩意，

早就想一試為快。可當時全國都沒有司機，為皇家駕馬車的孫富齡好不容易學會了，稍有空閒就帶慈禧去兜風。一次慈禧坐車從頤和園回紫禁城，隨行的李蓮英突然叫停。他發現，開車的孫富齡不僅坐著，而且還坐在老佛爺的前面，這成何體統啊！於是他下令讓孫富齡跪著開車。在清朝，主子與奴才尊卑有序，絕對破壞不得，日常起居、衣食住行，也不可有絲毫逾越。主子坐著，奴才只能站著，或跪著；主子要走在前頭，奴才只能垂手跟在後面；主子不發話，奴才就不能亂說話，稍有違背便要犯不敬之罪。慈禧也覺得李蓮英分析得有理，對他維護體統的行為十分讚賞。

當然凡事沒有一帆風順的，李蓮英也有馬失前蹄的時候，只是他能比一般的人更快地改正錯誤，重振旗鼓。有一次，李蓮英在給慈禧梳頭時，有幾根頭髮不小心掉到了地上。慈禧正被李蓮英的笑話逗得開心大笑時，一扭頭看見了地上的脫髮。慈禧的心情立刻一百八十度大轉彎，慈禧和所有的老人一樣不服老、怕老，一見掉頭髮心情肯定糟糕。李蓮英總誇慈禧頭髮好，一根頭髮都不掉，現在看分明是隱匿不報。慈禧火了，下令責罰李蓮英。李蓮英在宮中是總管太監，在宮女小太監面前丟了臉，也極為懊惱。於是當日便到御醫房，找了御醫李德玉，命他儘快研製出防脫髮防掉髮的秘方來。李德玉不敢怠慢，集合眾御醫的力量，幾天後研製出了一個香髮散。這個秘方有奇效，除了能黑亮頭髮，還能止癢去屑。慈禧用了以後，效果不錯，直誇小李子有心。

李蓮英是慈禧生活中的開心果，慈禧煩心時，可為她出個主

意，分擔憂愁，及時化解矛盾。一天，慈禧心緒不佳，準備去御膳房看看，剛走到門口，見御膳房院子裡的花全謝了，心裡非常不高興，這一切都盡收李蓮英的眼底。慈禧一進御膳房就開始挑刺，嚇得御膳房總管心驚肉跳。慈禧訓斥完，轉身出了門，剛才還病快快的花，此刻全部迎風綻放，香氣溢滿整個院子。慈禧奇怪，忙問李蓮英緣故，李蓮英立即嘴上抹了油，答道：「花剛才是沒遇上可心的人，所以就都謝了，見老佛爺您來了，枯木也逢春了，正開得滿園春色呢。」慈禧明知李蓮英是命人換了花，可被他這麼一哄，剛才的不高興轉眼就煙消雲散了，御膳房的太監也對李蓮英感激涕零。

李蓮英善於察言觀色，不露聲色地為主子解憂去煩，從而順理成章地成為了慈禧感情上的「伴」。可侍奉一個擁有高度皇權卻身陷封建末世的主子，能在近半個世紀中寵幸不衰，李蓮英確實也算自古及今的極品太監了。

朝臣巴結

都說二十一世紀資訊最重要，其實從古至今，資訊都相當重要。雖然二品太監仍然只是管理後廷事務的太監，李蓮英依然沒有權力參與朝廷的大事決斷，但僅憑他慈禧心腹太監這個身份，已經是一個無銜的實權人物了。在完全君治的封建社會，一切朝政大事的決斷來自慈禧的聖意，朝臣們希望更真實地瞭解聖意，而最可靠

有效的方式往往是從李蓮英那兒得到資訊。有人說，大清朝最大的法，不是國法，而是看法，慈禧的看法便是最大的法。

　　慈禧深處內宮，資訊全靠朝臣的奏摺和上朝議事而得，可她決事斷意不能依賴朝臣，對慈禧亦步亦趨的李蓮英在她猶豫不決時，往往能成為起關鍵性作用的人物。可李蓮英從不貪功，慈禧誇他一句，他總是回這麼一句：「奴才這點機靈勁，還不都是太后老佛爺您給調教出來的？」他將功勞全給了慈禧，樂得慈禧心花怒放。李蓮英對慈禧的愁苦悲喜全看在眼裡。大臣們辦事總得揀慈禧高興的時候，慈禧的這點情緒就李蓮英最清楚，大臣求官辦事也願意先打點李蓮英，少走彎路，所以給李蓮英送銀子的絡繹不絕，他的財富與日俱增。

　　江寧織造是內務府設在南京的御用衣飾的提供之地，每年都要向宮中太監請示並領回衣服樣圖，按圖製作，太監們便藉機勒索，李蓮英要價最高。光緒十二年（1886）八月初三，他一次就勒索了江寧織造局白銀一百二十兩。榮祿病死後，奕劻為爭當首席軍機大臣，曾向李蓮英賄賂重金，由他煽動慈禧，成功接替榮祿遺缺。

　　作為著黃馬褂的二品太監，李蓮英的實權不亞於一品軍機大臣。李蓮英總能趁勢利用職務之便，以謙卑恭謹的態度，上下串聯，四處安插親信，以權謀私。他廣植私黨，朝廷上下，從軍機大臣到督撫，無不對他禮讓三分，甚至連晚清重臣李鴻章也與他結為莫逆之交。

　　李蓮英與李鴻章的交情是打出來的。光緒初年，李鴻章接旨進

京，因為未大掏腰包，被當時的二總管李蓮英拒之宮外三天而不得見慈禧。李鴻章好話說盡，仍無濟於事，決定進行報復，於是他轉變態度，積極邀請李蓮英去天津，準備給李蓮英一個下馬威。李蓮英不知是計，準備欣然前往，後經慈禧點明，方才恍然大悟。李鴻章見李蓮英並未中計，發現對方並非泛泛之輩，於是急忙派人送了二十萬兩銀票給李蓮英，並修書一封，叩首拜謝。從此，李鴻章對李蓮英處處曲意奉承，李蓮英也投桃報李，在李蓮英的暗中護航下，李鴻章躲過了許多無妄之災。

甲午戰敗後，李鴻章入宮請罪，慈禧眷念舊勳，不但沒有降罪，還慰勉有加。李鴻章感激涕零，免冠叩首，因為過於緊張，忘記重新戴上帽子，便倉皇地退出了西暖閣。三眼花翎的大紅頂戴居然被擱置在了地上，這可是大不敬之罪，可已經出了殿門，又不敢重新進殿拾取，只好忐忑不安地回到賢良寺。晚上，李蓮英居然親自登門，將那頂大紅頂戴給送了回來，並溫言勸慰。李鴻章如遇大赦，感念不已，塞了兩千兩銀子的大禮回敬了李蓮英。

李蓮英的另一個摯友是袁世凱。當時年輕的袁世凱只是一個默默無聞的小角色，但極具野心，極盡溜鬚拍馬之能事，創造一切機會往上爬。他通過好友阮忠樞舉薦，認識了李蓮英。二人氣味相投，一見如故，談得非常投機。從此，二人往來密切，並換帖結為金蘭之好。袁世凱落魄時，一次就送了李蓮英二十萬兩銀子，請他在慈禧面前美言，求取官職。正是由於李蓮英等人的極力舉薦，慈禧才派袁世凱以道員銜，去天津小站訓練新軍，從而為他以後的飛黃騰

達奠定了基礎。

李蓮英愛財，且聚財有道，是眾所周知的。潼關施某想當道台，但因未打通內線，未能如願。於是他藉李蓮英路過潼關的機會，給李蓮英送重禮，請他在慈禧面前美言幾句。李蓮英向慈禧稟明施某的意思，問應捎多少銀子。慈禧說：「現在逃難，就按以前的半價收吧！」慈禧如此支持李蓮英斂財，也難怪平時李蓮英不知賣了多少官位，收了多少不義之財！

李蓮英不像安德海那樣在慈禧面前議論朝政毫不避諱，他明著不說，暗地卻很會敲邊鼓。慈禧父親獲罪死於鎮江任上，慈禧當時還是個未受寵的秀女，家人扶柩北上時受盡冷落。船過清江浦時，縣令吳棠親自上船弔喪，讓一家人感動不已。慈禧掌權後，一心想報答吳棠的知遇之恩，先後提拔他做了松江知府、安徽道員、湖南布政使、漕運總督，最後四川總督出缺，慈禧希望吳棠去補缺，可恭親王對此提出異議。慈禧回到後宮，越想越氣，提拔一個心腹還得受人阻止。李蓮英得知消息，見事涉恭親王不敢回覆，只是陰陽怪氣地說了一句：「奴才不懂朝政，不過奴才糊塗了，明明老佛爺是大清朝的當家人，為什麼恭親王能說了算呢？」這一撩撥無異火上加油，慈禧執意要讓吳棠上任，並當即草擬了懿旨，恭親王在召對時居然公然頂撞，結果被逐出了軍機處，削掉了議政王的職務。

慈禧不通西洋事務，對外洋新事物進入中國一向抱謹慎的態度，外國人要向中國傾銷商品受到重重阻礙。英國人想在北京開發電廠，害怕被慈禧拒之門外，於是適應中國國情，通過各種途徑給

李蓮英送去了五十萬兩銀子，約定在某飯莊見面，雙方一談即合。李蓮英回宮後，動員慈禧到頤和園消遣幾天，自己則留在皇宮抓緊施工。三天后慈禧回鑾，擱了幾天的奏摺讓慈禧睏倦不已。李蓮英想給慈禧一個驚喜，他替慈禧揉了揉肩背，說給她變個魔術。慈禧心情不差，李蓮英開了幾個白熾燈，又開了幾個霓虹燈，宮中不但一下子亮如白晝，交替閃爍的彩燈還讓室內頓時蒙上一層夢幻的色彩，宮裡一向用蠟燭，慈禧第一次見到電燈，很新奇，很興奮，李蓮英這才提到英國人想在北京郊外設電廠的事。慈禧一高興，只要借塊地，不要錢，這有何難，那就開設電廠吧。從此，皇宮裡也開始了現代化的生活。事後，李蓮英又穩穩地接了英國人五百萬兩銀票。

李蓮英善解人意，成了慈禧跟前言聽計從的大紅人，可他遇事謹小慎微，一般妃嬪宮女、女官命婦，犯了小事，惹慈禧不高興了，他總是儘量替人美言遮蓋，曲意迴護，所以宮中人大多對他有好感，連小宮女也願意在他面前撒撒嬌。

李蓮英生性靈活，左右逢源，常替人解圍，贏得人心。慈禧愛看京戲，常常賞賜藝人。一次，她在看完著名京劇演員楊小樓的戲後，把他召到眼前，指著滿桌子的糕點說：「這些賜給你，帶回去吧！」楊小樓叩頭謝恩。可糕點也不是什麼稀奇物，楊小樓不想要糕點，便壯著膽子說：「叩謝老佛爺，這些貴重之物，奴才不敢領，請另外恩賜點……」慈禧心情不錯，問要什麼。楊小樓叩頭要了一個福字。慈禧愛書法，尤其是福、祿等字練出了一定水準，在逢年

過節時常常寫些賞賜給大臣。慈禧一高興，立即讓太監捧來文房四寶，舉筆一揮，一個「福」字一蹴而就。楊小樓接字一看，慈禧的福字寫成了「衣」字旁，分明是一個錯字，拿回去豈不要遭人議論，不拿回去又怕慈禧責罵。要也不是，退也不是，楊小樓急得冷汗直冒。慈禧明知錯了，眾目睽睽之下承認錯誤又怕沒面子，氣氛頓時緊張起來。李蓮英靈機一動，笑呵呵地說：「老佛爺果真與眾不同，連個福字都要比別人多一點。」楊小樓這才轉過彎來，連忙叩首道：「老佛爺多福，這萬人之上的福，奴才怎麼敢領呢！」慈禧也正為下不了臺而發愁，聽這麼一說，急忙順水推舟，笑著說：「好吧，隔天再賜吧。」就這樣，一場尷尬局面以李蓮英的機智而解圍。

八面玲瓏得善終

「莫道南風常向北，北風也有轉南時。」「善惡到頭終有報，只爭來早與來遲。」早年李蓮英愚忠於慈禧，在慈禧的政敵光緒帝、恭親王等處都曾種下禍根，人到中年，尤其是庚子之變後，李蓮英頓感世事無常，漸漸有了悔悟之心，逐漸收斂起往日的囂張氣焰，特別是對光緒帝、隆裕等皇親貴冑處處留情，以期得到善終。

在皇宮，太監永遠是奴僕，主人再落魄也是帝冑，再倡狂的奴僕也只是仗著主人得勢得意一時，李蓮英要想在慈禧死後保住身家性命和財產，唯有討好宮裡的每一個主子。宮裡的主子，除慈禧外，

不外乎光緒帝、隆裕皇后等。

　　隆裕雖不得光緒帝的寵愛，但她是慈禧的侄女、正宮皇后，無論何時，在宮裡都是說得起話的人，李蓮英非常注重與她建立較和諧的關係。清宮有個習慣，新春正月初二全家吃餃子，一鍋餃子裡只有四個藏有小金元寶，又稱財神餃子，誰吃到誰當年就有財運，每年都是慈禧一個人吃出來的。有一年，隆裕主持儀式，慈禧吃了不少，但只吃到了三個財神餃子，臉上漸有了不悅之色。原來不巧隆裕自己吃了一個，但她沒敢聲張，一時不知所措，臉漲得通紅。李蓮英在一旁瞧出了蹊蹺，偷偷吩咐御廚再送幾個餃子過來，乘人不備偷偷地再放一個財神餃子。李蓮英請慈禧再嚐幾個新煮的餃子，結果，慈禧舉箸一嚐，一吃即得，僵局自然解開了。事後，隆裕感念李蓮英解圍有功，大大賞賜了他一番。

　　李蓮英雖然在光緒帝的事情上結仇頗深，但光緒帝畢竟是皇帝，在力所能及的情況下，他非常願意給光緒帝留下個好印象。光緒十二年（1886）四月，直隸總督兼北洋大臣李鴻章稱北洋海軍已經訓練成軍，奏請朝廷派大臣去檢閱。慈禧便派了總理海軍衙門大臣醇親王前往。可醇親王是皇帝生父，一向小心謹慎，害怕引起慈禧猜忌，主動請求慈禧派李蓮英隨行。慈禧害怕醇親王與外臣過分親密，有謀權之嫌，心中正為此不安。醇親王的請求馬上得到批准。李蓮英出京在朝廷引起了一片不滿之聲，一批御史對李蓮英虎視眈眈，準備隨時參劾他。李蓮英謹記安德海的教訓，出京後將二品頂戴換成了四品頂戴，每天布衣素食。李鴻章為他安排了豪華的單獨

行宮，並奉上了大量財物，李蓮英一一回絕。他就與醇親王住在一起，白天出門辦事，他便替親王拿著一支旱煙袋，隨時裝煙、遞煙，低眉斂目，儼然一個小跟班，晚上回到住處，便拒絕接見任何一個來訪者，預備好熱水，侍候醇親王洗腳。醇親王不肯，李蓮英誠懇地說：「我平日沒機會侍候七王爺，現在請賞臉讓我盡點孝心。」檢閱回宮後，他得到了醇親王、李鴻章的盛讚，御史竟找不出李蓮英任何紕漏，慈禧喜滋滋的，認為李蓮英為她爭了臉面，逢人便誇：「沒白心疼他。」

庚子之亂時，李蓮英隨兩宮西逃，在保定附近有座普濟寺，相傳觀音籤頗靈驗。於是李蓮英私下求了一籤，靈籤上說：「勸君行善莫行兇，萬頃心田常自摩。欺善怕惡傷陰騭，天理昭然禍自多。」年事已高，加上禍事當頭，李蓮英開始對自己的行事有了悔悟之心。伴君如伴虎，在宮裡當差，就如同走鋼絲，永遠不能失神，否則腳一歪就會栽下去，墮入深淵，萬劫不復。李蓮英更難，帝后矛盾重重，二者不可兼得，對光緒帝稍有同情都可能遭致慈禧的不滿。李蓮英於珍妃之死、光緒帝囚禁瀛台等方面結仇很深，光緒帝早對他恨之入骨，化解這深仇舊怨不可能立竿見影，而需要年深日久的努力。

保定的地方官倉皇接駕，除了給慈禧準備了寢所外，也給李蓮英收拾了一個下腳處，有被有褥，而其他人只能夜伴寒燈，獨坐到天明。當夜光緒帝正蜷臥在一個冰涼的土坑上，天寒地凍，讓人難以成眠。恰巧李蓮英起身小解，見光緒帝在燈前枯坐，殿內一個值

班的小太監都沒有，回想往日對他的種種壞處，一時心有悔意，慈
禧春秋已高，萬一有個三長兩短，光緒帝大權在握，豈不要死無葬
身之處？於是他心思一轉，轉身回房把床褥抱到光緒帝房中，抱著
光緒帝的腿跪地請罪：「讓皇上吃這種苦，都是奴才的疏忽，只是
現在夜已深，請皇上遷就委屈，暫且用奴才的鋪蓋吧。」李蓮英的
慷慨之舉讓身處困境的光緒帝感念不已，回宮後曾多次說：「若無
李諳達（即師傅），我活不到今天。」

　　光緒三十四年（1908），慈禧一病倒，便對光緒帝起了殺機。
李蓮英對慈禧的心思瞭若指掌，他想抓住最後一根救命稻草，給自
己留個善終。李蓮英偷偷找到隆裕，說光緒帝病入沉痾，何不到瀛
台去探視一番，以盡夫妻之情。隆裕同情光緒帝，但又害怕慈禧責
怪，有些猶豫不決。李蓮英偷偷為她保駕護航，直接把她送到瀛台，
讓光緒帝在病床上見到了久別的妻子。但光緒帝對自己的處境還不
知情，得知慈禧病重正暗自高興，見皇后和李蓮英來探病，只是冷
冷相對。隆裕無奈，涕淚雙流，傷心離開瀛台。不久，光緒帝被毒
死，雖然不排除是李蓮英奉慈禧之命，親自操刀，但隆裕對他是心
懷感激的。

　　慈禧辦完喪事後，李蓮英靠山已倒，隆裕身邊的貼身太監小德
張成了紫禁城風水輪流轉的新角色。一朝天子一朝臣，李蓮英已經
到了急風轉舵、告老歸鄉的時候了。宣統元年（1909）二月初二，
為慈禧守了一百天孝後，他離開了生活了五十一年的皇宮。樹倒猢
猻散，聰明絕頂的李蓮英估計隆裕不會那麼輕易放過自己，於是臨

行前將收藏在宮中的七大盒財物，全部歸還隆裕，以作脫身之計，並對隆裕說：「這是皇家的東西，不應該流入民間，奴才我小心謹慎地替皇家保存了幾十年，現在年老體衰，要離開宮廷了，所有這些寶物，奉還給主子。」他還決心為慈禧守孝，臨行前還對隆裕承諾：「我前後伺候太后這麼多年，蒙太后的恩典，我這輩子也報不了，只有下輩子再報答了。我離開宮後，要給老太后守孝三年，稍盡奴才的一點孝心。」隆裕太后深受感動，念他在宮中服役多年，准其「原品休致」，即帶原薪每月六十兩白銀退休。他在北京皇城根接近帝闕的地方，置了一所宅院，雖比不上小德張在永康胡同的私宅那樣珠簾玉戶，但也穿廊圓拱，雕梁粉壁，足娛晚年。他還投資飯館，在東華門著名的飯館東興樓，他佔三分之二的股權。宣統大婚前，宮內為了節省開支，裁撤御膳房，改由東興樓包飯。李蓮英為感謝故主舊恩，所包伙食，僅收成本。有時他還到東興樓查看有無偷工減料情形，優遊林下，以娛晚年。

宣統三年（1911），他忽然得了急性肺炎，病入膏肓。他以一貫謹慎做事的風格，叮囑後代，他的喪事一定要奏明朝廷，請隆裕太后恩准定奪。他將上百萬兩白銀、大量珠寶、價值萬貫的幾處房產分送給幾個嗣子和侄兒等，後因送醫太遲，不治而亡，時年六十四歲。二月初六日，隆裕太后降旨，依祖宗成法，依六品以上太監成例，賜塋地一塊，在德勝門外恩濟莊大公地。他的墳墓在太監塋地裡是最有氣派的，有個獨立院落，前有石橋和牌坊，牌坊上橫眉寫著「欽賜李大總管之墓」，陽宅四五十間，另有一座專門的

祠堂，祠堂內掛李蓮英畫像，供人奉祀。

　　他一死，他過繼的兩個嗣子是遊手好閒、花錢買快樂的人，一個賽一個地狂嫖濫賭，將他一生聚斂而來的財產，變賣得一乾二淨。到了民國二十年（1931）左右，在德勝門曉市有人發現了李蓮英當年受賜的珍貴皮氅外褂、碧縷牙筒、翠幛圍肩等。他的兩個嗣子在抗戰期間貧病交加，先後倒斃街頭，一代權監的聲威，從此煙消霧散，消融於無形。

第六章

慈禧最心儀的男人
——權臣榮祿

他是慈禧的初戀情人，藕斷絲連，譜寫宮闈情話；他辛酉
有功，戊戌有為，隨時贊襄，匡扶大局，是后黨的核心人
物。他還諂媚有方，逢迎有術，在宦海中履險如夷，一路
扶搖。他是她縱橫政壇的肱股之臣，她是他青史留名的恩
遇之主，珠聯璧合，共話晚清風雲。

榮祿蠟像

他是慈禧的初戀情人，他用一生的守護換來了寵信，也
換來了權位。

太后的初戀情人

　　和所有不成功的初戀一樣，他們在情竇初開的年齡，感受到了欣喜、衝動、不安和苦澀，這種情感隨著時間逐漸沉澱，像醇香的葡萄酒，越釀越濃，漸漸融入在生命的長河中。

　　榮祿，滿洲正白旗人，生於道光十六年（1836）二月十二日，自小在北京東城區交道口菊兒胡同生活，葉赫那拉·杏貞小他三歲，住在西四牌樓劈柴胡同。兩家雖不是世交，卻常有來往。榮祿有位奶娘稱關嬤嬤，撫育榮祿至三、四歲，榮府上下十分喜歡。正好慈禧出生，葉赫那拉氏四處尋找合適的奶媽，榮家便推薦了關嬤嬤。慈禧也是在關嬤嬤的臂彎中慢慢長大的。

　　榮祿是忠烈之後。遠祖費英東是輔佐清太祖努爾哈赤打天下的開國元勳；榮祿的祖父塔斯哈曾任喀什噶爾幫辦大臣，道光年間，主持征伐以英國為靠山的張格爾叛亂。道光八年（1828），張格爾之亂被平，塔斯哈戰死疆場；榮祿的父親是甘肅涼州鎮總兵長壽，伯父為天津鎮總兵長瑞，咸豐元年（1851），太平軍永安突圍，兄弟倆在圍堵之戰中同日陣亡，咸豐帝感念他們護國有功，父親被賜謚「勤勇」，伯父被賜謚「武壯」，並賜修「雙忠祠」以資紀念。叔父長泰隨科爾沁親王僧格林沁在鎮壓捻軍時陣亡。榮祿從小活在世代忠烈、祖輩勳業的光彩中，靠著祖輩恩蔭，照亮了仕進之路；咸豐二年（1852），年僅二十歲的榮祿因父輩恩蔭，踏上了仕途，先在工部任職，因遇事機敏，咸豐帝很快把這個功臣之後升為工部

主事。

慈禧的父親惠征對這個大有前途的英烈之後十分看好，常邀至家中閒聊，好生款待。榮祿長得豐神俊朗、風度翩翩，正是逐香獵豔的年齡。惠征家的大女兒豔如仙子，飄逸靈動，正待字閨中，兩人早暗定終身。雙方家長見兩人郎才女貌，原有結秦晉之好的想法，只是大清朝法律規定，旗人四品以上官員的女兒未經朝廷選秀，不得擅自婚配。選秀入宮那是萬裡挑一的事，許多旗籍官員的女兒都入宮選過秀，可一一敗選，真正能夠入選的是鳳毛麟角，惠征一家也不抱僥倖心理。慈禧早到了選秀年齡，可恰巧碰上道光帝新喪，朝廷的選秀日期才一推再推，因而她與榮祿的婚事只能一拖再拖。

慈禧每天的工作就是讀書和學做女紅，當然這只是妝點門面罷了，八旗女子像漢族女子一樣「無才便是德」，飽讀詩書並不能成為她嫁得好的籌碼，因而她可以用大部分時間來回味她和榮祿的感情。榮祿每天辦完公事後都會先到慈禧家。在慈禧家的後花園裡，穿著滿清官服的榮祿氣宇軒昂，輕擁著如嬌花般綻開的慈禧，互訴愛慕和衷腸。滿洲人雖不必像漢人一樣遵循那麼多禮教的束縛，但婚前的私會依然是不被允許的。熱戀中的男女激情澎湃，其熱情足以衝破一切的束縛。他們在後花園的涼亭裡、牡丹花下、假山旁、拱門前留下了許多甜言蜜語。可美好的時間總是太短，站在花園入口處的貼身女婢一聽到動靜便會敲響暗號，兩人匆匆分開，慈禧心神不定地回到閨房，重溫相見的種種美好，榮祿繞到前門，以客人

的身份被引進大廳，和慈禧的父親惠征談朝政大事。慈禧偶爾會偷偷到大廳探望，榮祿總忍不住尋蹤探去，談話也有些心不在焉。惠征把一切都看在眼裡，只是輕輕微笑，對此也不點破。

　　咸豐二年（1852），朝廷進行了咸豐帝登基後的第一次選秀，惠征家的兩個女兒杏貞和婉貞備選入宮。榮祿有些期待，也有些忐忑不安，期待的是選秀早日結束，慈禧早日歸來與他完婚，忐忑的是一旦慈禧選中，廊橋夢斷，從此蕭郎是路人。慈禧的想法卻因選秀過程一路順暢而悄悄發生了改變。

　　慈禧自入宮選秀以來，便被捲入到這場無休止的爭寵鬥爭中，她天生就是為競爭而生的。一開始對榮祿還有些眷念，漸漸隨著鬥爭的激烈，慈禧的全副身心都投入到選秀的準備上。榮祿原本抱僥倖心理，一旦太監主持的初選不過關，他便可以見到朝思暮想的慈禧了，時至當年的五月，咸豐帝的閱選已過，所選秀女留宿宮中，觀察一段時間後，再行定奪封妃封嬪，或是出宮擇配。慈禧闖五關過六將，被咸豐帝看中，留在了圓明園某處宮殿。榮祿的希望越來越渺茫，這位工部主事整日翹首以盼，等待戀人歸來。他整日地徘徊在紫禁城外，等待再睹佳人芳顏，當然這都是癡心妄想。

　　時間一晃又是半年，離慈禧入宮將近有一年時間了。年底，惠征家從宮中接回了一個女兒，但不是慈禧，而是慈禧的妹妹婉貞，這讓榮祿大失所望，一切希望都成了泡影。不久，宮中冊封了一批妃嬪，慈禧被立為蘭貴人，成了咸豐帝的新寵，但鬥爭並沒有就此停歇，慈禧還要為爭寵付出更大、更多的努力，除了偶爾的歎息和

懷念，榮祿就像翻過去的頁碼一樣，已經在新一頁的生活中消失
殆盡。

榮祿心有不甘，可「普天之下莫非王土，率土之濱莫非王臣」，
榮祿豈敢有與皇帝爭女人的膽量，他只能把感情深埋心底，將大量
的精力投入到工作中去。由於工作出色，榮祿很快被調升為戶部銀
庫員外郎這個肥缺。

咸豐年間，戶部官員因為舞弊貪污，惹得人神共怒，咸豐帝下
令肅順徹查。肅順大刀闊斧，連興黨獄，查出贓款上千萬，戶部官
員大多難逃干係，剛調入戶部的榮祿也被牽涉其中，頭上的烏紗帽
差點不保。情場失意，加上官場失敗，榮祿的心冷到了谷底。

榮祿畢竟不是酒囊飯袋，也不是只懂虛誇的紈絝子弟，面對戶
部案的重重壓力，榮祿暫時拋開愁雲慘霧，積極主動地尋找突破的
契機。他一一拜訪先輩在官場的每個有實權的官員朋友，尋求他們
的幫助，許多人對這個圓滑機靈的忠烈之後深懷同情。通過一番打
點，榮祿不僅逃過了處罰，還以捐軍餉的名義花錢買了個候補道員
的職銜，後來又托關係做過地方總兵，還及時攀上了日漸走紅的親
貴——醇親王奕譞。榮祿的生活慢慢走出了陰霾，朝著陽光普照的
大道行進。

榮祿不時打聽到慈禧在宮中的情況，她深受咸豐帝的寵愛，不
久誕下了咸豐帝的第一個皇子，很快又因協助咸豐帝處理政務，處
事機敏大度，受到朝臣們的讚許。但隨著肅順的掌權，朝廷對慈禧
的印象逐漸變壞，牝雞司晨的謠言也傳出宮後，咸豐帝對慈禧逐漸

冷淡、防範，甚至一度有殺慈禧的念頭。慈禧在宮中的一切都牽動著榮祿的心，已經年近三十的榮祿至今未娶，他對紫禁城裡那位初戀情人的眷念一直在持續著。

初戀時光早就結束了，慢慢沉澱的只有對這份美好的反覆追憶，紫禁城裡的愛情還會有延續嗎？榮祿已不再期待，但他們的緣份還沒有結束，冰封的情緣在等待奇蹟出現。

熱河歸來時

咸豐十一年（1861），咸豐帝在承德避暑山莊的煙波致爽殿駕崩，由肅順為首的八位顧命大臣執掌朝政，各方勢力蠢蠢欲動，熱河漸成山雨欲來風滿樓之勢。而在這場最高權力的較量中，直接對上肅順等人的便是以慈禧為首的後宮及皇親勢力。

經過十年的後宮磨練，慈禧不再是那個癡嗔撒嬌的鄰家小妹，而是一個頗具政治手腕的女強人。大敵當前，戰幕一旦拉開，不是你死便是我亡，慈禧必須周密佈署，主動出擊，才能變被動為主動。肅順等飛揚跋扈，對兩宮太后防範極嚴，尤其是智慧多謀的慈禧已成為肅順等人掌權最大的威脅，早欲除之而後快，慈禧的生命安危受到威脅。非常時期需要非常人才，尤其是忠肝赤膽的忠勇之士，慈禧想到了榮祿。

八旗子弟來自塞外，自小以習武為生，榮祿祖上軍戎多年，對

子輩的武藝教導自然從未放鬆，榮祿雖不是一等一的高手，但武功還算不錯。榮祿有兩個妹妹，一個嫁給晚清旗人中唯一的狀元崇綺，另一個嫁給了宗室昆岡。兩位妹夫在官場都頗有人緣，對榮祿的升遷也大有助益。當時榮祿在合肥任總兵，手底下有一幫能征善戰的兄弟，咸豐帝臨終前，慈禧藉口推薦表兄，讓榮祿擔任了紫禁城御林軍侍衛隊隊長。

榮祿剛到北京不久，咸豐帝便病逝了，榮祿到兩宮太后面前謝恩。這是兩人分別十多年後第一次相遇，十年滄海桑田，早已君臣有別，縱有千言萬語，也只能眉目傳情，但通過這次見面，雙方已達成默契：一個暗中提攜，一個死心塌地效忠。

覲見不久，安德海傳下兩宮懿旨，由榮祿為首率三千兵勇保駕回鑾。榮祿接旨後欣喜異常，精心挑選了忠心耿耿的三千護衛精英，寸步不離地保護慈禧安全。在回鑾途中，榮祿高度緊張，他騎一匹棗紅寶馬走在皇上和兩宮太后之間，保證離三轎距離在百步之內。每晚安歇，御林軍的人都徹夜值班，將皇帝及兩宮太后的住所裡三層外三層，層層加防，讓肅順一夥根本無法下手。

由於人馬很多，慈禧一行人出熱河後，行走速度非常慢，加上連日陰雨，道路泥濘不堪，轎夫們舉步維艱，馬車前行全靠馬拉人推，走了四五天才走了兩百多里路。榮祿一路非常著急，行程越長，惡夢越多。

驚險之事接二連三，先發生投毒事件，矛頭直指慈禧，幸虧被安德海及時識破，慈禧才得以倖免一死。既然抓不著證據，那一計

不成，再施一計，隨兩宮而行的鄭親王端華等早已物色了一個少林俗家弟子，飛簷走壁如履平地，南拳北腿樣樣精通，是個少見的高手，準備沿途伺機向慈禧下手。

在葫蘆口，慈禧早得了端華派人刺殺的消息，扮成宮女模樣，混跡在人流中，由安德海和幾個隨從暗中護衛。行至葫蘆口時，端華等人派的殺手從附近草叢飛奔而出，「嗖嗖」幾聲，幾支毒鏢直射慈禧的轎子，轉眼又飛奔朝北而去。現場頓時一片混亂，榮祿急忙佈署，一邊下令圍住現場，一邊派一名心腹帶五十精兵策馬揚鞭，一路飛奔，朝刺客追去。大家掀簾一看，慈禧早已不在轎中，坐在轎中的宮女被飛鏢正中天門穴，口吐鮮血而亡。御林軍追了一天一夜，未能追上兇手，只得折道返回。慈禧明知是端華一夥所為，苦於沒有充分證據，也只能暫時隱忍不發。

當時已近京城，肅順等人見大勢已去，決心冒險做最後一搏。榮祿再次派了重兵把守，幾百個侍衛三步一崗，五步一哨，整夜守在行宮小院。兩百多名弓箭手按劍不動，分佈躲藏在暗處，一有風吹草動，隨機而動。行宮內壁壘森嚴，沒有榮祿的許可，任何人不得隨意出入，侍衛們用暗語換崗，確保無一奸細混入。一切安排妥當，但大家一夜未眠。

上半夜一切安然無恙，至下半夜，侍衛們雖然強打精神，但也漸漸睏倦。凌晨三時，慈禧所住的西廂房上有輕微響動。一直處於高度警惕狀態的榮祿首先聽到了動靜，立即暗示身旁侍衛，侍衛們嚇得立即清醒過來。突然一條黑影在西廂房上瞬間閃過，猶如空中

飛鷹，身手敏捷。榮祿大聲疾呼，侍衛們一擁而上，一下將梁上君子圍得水洩不通。刺客急了，呼呼飛出幾枝飛鏢，直射床上的慈禧。慈禧早已金蟬脫殼，穿著宮女衣服坐在長椅上打著盹，床上躺著一個身法靈活的侍女佯裝入睡，飛鏢襲來，她早已飛身躲過。榮祿派人上屋圍攻，刺客失了手，見已無路可逃，服下毒藥，在屋頂上便氣絕身亡。榮祿細查屍體竟一無所獲。慈禧虛驚一場，對榮祿自然感激不盡。刺客身亡，線索中斷，慈禧無奈，此後和衣而臥，更加防範。

皇帝、兩宮太后在榮祿的嚴密保衛下，經過艱苦的長途跋涉，終於進了京。恭親王率領諸王公大臣早早地在城門外跪迎，直至送入紫禁城。慈禧准許榮祿先行回家休息，再回皇宮領賞。雖然驚險重重，畢竟闖過險灘暗礁，安全回京了，榮祿鬆了一口氣，回家足足酣睡了兩天，準備重整旗鼓，重新回宮值班。

慈禧回宮後，著手收拾肅順等八位顧命大臣，六天時間內，辛酉政變以慈禧為首的兩宮太后和恭親王的勝利而落下帷幕。慈禧大權在握，遍賞有功之臣，榮祿在回宮途中，護駕有功，理應受到重賞。

咸豐十一年（1861），奕譞受命創設使用火器的皇家軍隊神機營，慈禧授予榮祿神機營文案處翼長，賞五品京堂，兼專操大臣。神機營常守衛於紫禁城及三海，隨時護衛在皇帝和兩宮太后身邊，是皇宮的心腹侍衛。從此，榮祿每天可以近距離地充當慈禧的「護花使者」。只是慈禧已是萬人之上的無冕女皇，榮祿不過是個侍衛

大臣，身份懸殊，主僕有別，榮祿只能癡望佳人背影，做成功女人背後默默無聞的那個男人了。

熱河回鑾的護駕有功也給榮祿的仕途翻開了新的一頁，雖然翼長品級上不高，畢竟在皇宮禁院，為他打通內廷關係提供了不可多得的一個契機，也為他穩固與慈禧的關係奠定了基礎。

曲通宮闈

宮闈傳聞往往正史無據，野史言之鑿鑿，情節畢現。歷朝歷代女主掌政，無不是男寵橫行，除了武則天公然納寵，但大多欲遮還羞，像慈禧這樣還不到三十歲的久曠怨婦，後宮禁闈自然處處活色生香，其中初戀情人榮祿就曾密通宮闈。

安德海得寵後不久，把慈禧的性趣撩撥得越發高漲，可安德海畢竟非真男人，自熱河歸來後，慈禧看榮祿的眼神都變得纏綿悱惻了，善解人意的安德海一眼便看出了端倪。同治二年（1863）的一個春晚，榮祿第一次被帶到了慈禧的臥榻之上，兩情十年，一個癡心相守，一個念念不忘，顛鸞倒鳳一陣風流，說不盡纏綿事。可這已不是惠征家的後花園，而是警衛森嚴的後宮；杏貞也不再是當時的戀人，而是當今皇帝的生母。兩個小時後，榮祿必須離開。此後，安德海時常安排榮祿入宮，雖然合歡帳裡美夢銷魂，可這是隨時可能掉腦袋的事，一旦皇宮裡鬧出風流醜聞，不但慈禧難坐江山，榮

祿的小命肯定難保，儲秀宮人人提心吊膽，榮祿更是膽怯不已。

　　幄帳裡的事再重要，也不如江山重要，為了掩人耳目，慈禧要為榮祿賜婚。梅姑娘是肅順的養女，聰明伶俐，苗條漂亮，慈禧為妃時即已召其入宮，是慈禧身邊地位較高的女侍官。在辛酉政變中，梅姑娘站在慈禧一邊反對父親的所作所為，得到慈禧的寵愛。梅姑娘自小入宮，在宮中受到了良好的文化教養，是一位溫文爾雅和美貌出眾的姑娘。

　　梅姑娘早注意到榮祿的存在，這位高大英武的侍衛統領總是氣宇軒昂地出現在皇宮的每一個角落，在所有八旗子弟中，這種英武之氣十分難得一見。憑著女人的直覺，她能感受到榮祿與慈禧非同尋常的關係，但她說不清楚，以她的聰明，她也不想知道得那麼清楚。

　　不久榮侍衛被賜婚，對象是梅姑娘。榮祿有些不知所措，皇帝賜婚這是難得的榮耀，但也無法拒絕。不久，慈禧便為他們辦了一個十分豪華的婚禮。婚禮儀式完全按照舊禮舉行，文武百官紛紛前來慶賀，美豔嬌媚的梅姑娘成了榮祿的正式妻子。榮祿不是傻瓜，他很快適應了這種變化。她不僅僅是他和慈禧偷情的遮羞布，還是他明媒正娶的妻子，他要對她呵護有加，他也確實如此履行著自己的諾言。

　　他還是時常秘密出入宮闈，只是他從不主動，除非由內廷引入。他們彼此不是對方的唯一，她有別的情人，他也有妻妾，他們的秘密關係一直在延續。但紙終究包不住火，千里馬總有失蹄的時

候，同治帝和慈安對此事早有耳聞。有天晚上榮祿和慈禧在儲秀宮秘密私會，慈安剛得了線報，佯裝有事找慈禧商量，未得侍女通報即闖入宮來，幸虧李蓮英眼明手快，在宮外瞧見，立即回屋，將榮祿引入密室，才避免了一場尷尬發生。慈安的意圖明顯讓慈禧敢怒不敢言，不久後假借慈安生病，慈禧以鴆酒毒害了她的性命。

　　光緒六年（1880）夏，四十七歲的慈禧忽然懷上了身孕，這是他們始料未及的，慈禧一直採取嚴格的避孕措施。慈禧明確地告訴榮祿，這孩子是他的。這時期出入宮闈的男人不少，但都猶如朝露，呼之即來，揮之則去，沒有一個是能長相廝守的。在慈禧眼裡，男人再重要，比起權力來，都輕如草芥。

　　慈禧派李蓮英出宮尋了避孕藥，由於墮胎不乾淨，加上年事已高，慈禧病倒了。御醫們入宮診斷，很快明白了原委，開了一些調理的藥，對外宣稱慈禧勞累過度，體乏腎弱，極需靜養。榮祿很後悔自己的魯莽，派梅姑娘入宮照料。

　　但一連幾個月，慈禧的病仍不見好轉，時好時壞，其間還發生過昏迷，朝野上下對此憂心忡忡。朝廷發佈上諭，廣求天下名醫。各地積極回應，直隸總督李鴻章推薦了名醫薛福辰。薛福辰入宮，切脈斷病，滋陰補陽，從根本上加強體質，慈禧的病情極大好轉。梅姑娘一入宮，衣不解帶地守護在慈禧身邊，為她送湯送藥，令慈禧十分感動。榮祿一家的忠心耿耿使慈禧一直對他們眷顧有加。

　　經過這場風波，榮祿變得更加小心翼翼，加上年歲漸大，於床

第之歡也欲求不再那麼旺盛，雙方的情感更多地傾向於相互信賴，在朝堂上的相互支持。聰明的慈禧自然明白，女人的柔媚往往是比刀子更有效的統治方式，一個女人要掌握天下只需要掌握一群對自己忠心耿耿的男人便夠了。榮祿的心顯然已經一輩子拴在她的裙帶上了。

　　光緒十四年（1888），清宮御苑內修了中國第一條鐵路——紫光閣鐵路。慈禧對新建的鐵路十分好奇，聽說這個怪物速度驚人，聲響極大，雖然李鴻章等人反覆解釋絕對安全，慈禧還是心懷畏懼。李蓮英給她出了主意，讓榮祿當護花使者，騎馬沿途保護，規定車速不得超過馬速。慈禧一聽，心下稍稍寬慰。試車當天，不幸恰巧出事，車頭發生爆炸，慈禧嚇得愣在原地，榮祿見狀立即從馬上跳下來，衝上車護衛慈禧。慈禧火冒三丈，準備棄車而去，愣在一邊的大臣無人能勸解，最後是榮祿出了個主意，讓太監用紅綢子拉著火車在園中遊覽，這樣速度雖慢卻安全得很，慈禧這才轉怒為喜。

　　為了表示對榮祿的寵愛，慈禧將榮祿的女兒接入宮中撫養。慈禧對她十分寵愛，養成了她嬌縱的性格，但慈禧用心良苦，叫大公主盡力教導，以期養成大家閨秀的從容高貴。

　　慈禧和榮祿的親密關係一直延續到他光緒二十九年（1903）辭世，雖然不能長相廝守，但他像她理想中的丈夫一樣，是她生命中最堅強的守護神。他從不因這種特殊關係而向她索取什麼，只是在她的政權最為關鍵的轉折時期，他總以他自己的方式守護她的最高

利益。

立儲風波

　　在歷史上，榮祿並不只是一個討慈禧歡心的繡花枕頭，他是晚清史上的政治家、軍事家，《清史》讚揚他「翊贊綸扉，竭力盡心，調和中外，老成持重，匡濟時艱」，在晚清諸多的政治事件中，他站在慈禧一面，力保大局，對維護大清朝的穩定作出了重大貢獻。在同治帝駕崩後的立儲風波中力挺慈禧，不僅確保了大局的穩定，也為慈禧繼續掌權提供了強有力的幫助。

　　榮祿在同治年間表現突出，在朝臣中名聲漸噪。同治七年（1868），捻軍大敗清軍的圍追堵截，勢力大增，縱橫馳騁於直隸、山東、河南數省。為防堵捻軍，榮祿受命隨恭親王一起督辦防務，授右翼鎮總兵。榮祿奮戰疆場，智勇雙全，獲戰功無數。捻軍起義被鎮壓後，清廷論功行賞，賞榮祿頭品頂戴。不久，榮祿得到大學士文祥的推薦，於同治十年（1871）獲補工部右侍郎；同治十二年（1873），又被調補戶部右侍郎兼管三庫事務。第二年八月，慈禧命榮祿為內務府總管，掌管著內務府所有官員的官制、官缺，升調補放，功過賞罰等，專管皇家私事和家事，是正二品的官職，是慈禧最信賴的大臣。在當時的清廷諸臣中，內務府總管大臣，其權位與御前大臣、軍機大臣三足鼎峙，在預聞機密、參預決策中，甚至

超過御前大臣和軍機大臣。正如時人所謂：御前大臣班列在前，但尊而不要，軍機則權而要，內務府則親而要。

同治十三年（1874），同治帝纏綿病榻已近一年，御醫們漸漸有了無力回天之感，慈禧正在為立儲的事憂心忡忡。慈禧一心想立醇親王之子載湉為帝，雖然大權在握，能一言九鼎，可反對聲一片，慈禧想要盡量求得一個皆大歡喜的結局。榮祿這段時間往返於宮廷內外，協調各方意見，盡可能地爭取各方支持。

兩朝帝師李鴻藻最得同治帝的信賴，同治臨終秘密立儲時，唯獨叫上了他和皇后。榮祿到懋勤殿找李鴻藻，傳達了御醫的診斷結果，談起立儲的事。李鴻藻知道榮祿是慈禧心腹，不好表態，榮祿單刀直入，表明慈禧立載湉為帝的想法。李鴻藻支吾不言，榮祿急了，要他表明立場，李鴻藻這才不情願地答應，立儲會議時不表示反對。

帝師翁同龢到內務府瞭解同治帝病情，榮祿要御醫李德立描述了情況，翁同龢一時急得說不出話來。榮祿旁敲側擊地瞭解翁同龢對於立儲的想法，翁同龢也是顧左右而言他，榮祿開門見山，將慈禧的計畫和盤托出，翁同龢主張立年長的親王子嗣為帝。榮祿再勸：「太后見你老成持重，準備再聘你為帝師。」翁同龢這才不再言語。

榮祿藉內務府重臣的身份，周旋於各方勢力之間，為慈禧的立儲決定贏得了盡可能多的支持。恰巧這時大臣文祥久病體弱，奏請開缺，慈禧降諭，賞假三月，軍機處的事由榮祿多方照應，榮祿自然樂於應承。御醫們開出的每個藥方，都先由榮祿審閱，再呈兩宮

太后。皇帝出痘花，宮中請痘花娘娘，榮祿安排各部門採購紅衣、紅地毯、紅綢，並組織內務府的人員一切按喜事的規矩來辦。只要時間足夠，榮祿就到養心殿照料同治帝，明為照料，實則充當慈禧的耳目，督促太監宮女們嚴格把關，平時同治帝較親近的人未經批准不得隨意出入，皇后等入養心殿探望須有人陪護，一刻也不得離開，所談內容隨時報告，內務府太監二十四小時對同治帝進行監護。皇后被軟禁在寢宮，派宮女太監照料飲食，不得與宮外互通資訊。病重的同治帝實際上被牢牢掌握在慈禧的手中。

同治帝駕崩前夕，病情劇變，進入昏迷。榮祿奉慈禧命，派人分頭通知近支親貴、軍機大臣、御前大臣、弘德殿行走的師傅和南書房翰林等共二十九人到養心殿議事。同治帝雖沒斷氣，但已進入彌留。慈禧見事情匆促，決定快刀斬亂麻，自己在養心殿親自主持討論嗣君的問題。在養心殿的東偏殿，慈禧派了榮祿召集翁同龢、潘祖蔭、文祥等正在擬定詔書。榮祿不過是內務府大臣，按理是不能參與立儲大事決議的，慈禧來不及細想，只想馬到成功，派個親信處理此事。榮祿見情況緊急，也忘了避嫌疑。當立儲的問題還處於膠著狀態時，榮祿等帶著詔書走進了養心殿，由文祥當眾宣讀。眾大臣無言，氣氛變得十分凝重。沈桂芬最後找出了一個破綻，認為自古以來，迎親王近支入繼大統都是由太后和宰相決定；榮祿是內務府大臣，又不是軍機處大臣，參與商議國之大計，成擁立新君之功，豈不是越權？再則立嗣君應是依「遺詔」而不是「懿旨」。不過沈桂芬也未對實質內容表達反對，枝節上的改動慈禧還是可以

接受的，慈禧即命沈桂芬重擬「遺旨」，交兩宮太后閱後發佈，榮祿則現場迴避。

同治帝駕崩的當日，朝廷宣佈醇親王之子載湉繼位，次年改年號為光緒。遺旨一公佈，遭到大臣們的反對，御史吳可竟以「屍諫」明志，先吞食了生鴉片，再對慈禧作出勸諫：「妳立載湉為帝，不過因他是妳外甥而且年幼，妳得以聽政而已。我已吞食生鴉片，臨死前說句天下人都不敢說的話：妳立載湉為帝，為天下人所共恨。」他勸諫完畢，即在同治帝墓前倒地而亡。慈禧異常惱怒，卻十分無奈。榮祿回宮後百般勸慰，慈禧才鳳顏轉喜。

榮祿因為在立儲風波中堅決站在慈禧一邊，為朝廷迎立載湉立下了汗馬功勞，慈禧如願以償地再度垂簾聽政，自此在政事受到慈禧的倚重。光緒元年（1875），慈禧命榮祿兼任步軍統領，即九門提督一職。九門提督統領滿、蒙、漢軍八旗步兵和京師綠營的馬步兵（即「巡捕營」），所部的具體任務是分泛駐守、稽查城門、緝捕盜賊、申禁巡夜等。九門提督在清代歷次宮廷爭權鬥爭中均扮演著舉足輕重的角色，非滿人、非心腹大臣，不能擔任此職。慈禧將身家性命都交付給了榮祿，這也反映著榮祿與慈禧在政治上的進一步合作。

戊戌政變安大局

榮祿追隨慈禧近半個世紀，一直官運亨通。光緒二十四年
（1898）春夏之交，當維新變法運動在全國迅速開展時，榮祿在帝、
后兩黨的激烈鬥爭中，毫不猶豫地站在慈禧一邊，肆無忌憚地反對
康梁的維新變法，並充當起慈禧扼殺維新運動的兇惡打手。

當然榮祿的官運也並非毫無起伏，對於嗜權如命的慈禧而言，
沒有永恆的情人，只有永恆的政權，逆我者亡，順我者昌，永無特
例。榮祿也是在經過一番教訓後，方才深刻地認識到這一點。光緒
四年（1878），榮祿被派出任紫禁城值年大臣，不久，遷都察院左
都御史，旋擢工部尚書。榮祿於光緒朝飛黃騰達之際，難免有些得
意忘形，在慈禧面前也不再那麼言聽計從了，但厄運隨之降臨。光
緒四年（1878）八月，慈禧準備不經內務府自選一部分宮女太監。
這本是一件小事，榮祿居然上奏阻攔，稱後宮選宮監，不符合清朝
祖制。一向對榮祿信賴有加的慈禧猶如腹背受敵，震怒異常，不顧
往日恩情，解除其工部尚書和內務府總管大臣的差使，從此開始
了他長達六年的官場低迷時期。直至光緒十年（1884），榮祿以購
買槍支為名，再次向朝廷報效了一大筆錢，才迎來政治生命的一點
春色。清廷陸續任命他為都統、領侍衛內大臣、專操大臣等職務。
因為慈禧對榮祿仍心懷芥蒂，雖歷經數年，榮祿始終沒能恢復以前
的級別和地位。不僅如此，光緒十七年（1891），榮祿還被遣離了
清廷權力中心的北京，被遠遠打發到了西安，出任西安將軍。榮祿

自然不會甘心，他時刻夢想著捲土重來。光緒二十年（1894），慈禧舉行大肆鋪陳的六十歲誕辰慶典。榮祿準備了一份十分豐厚的禮物，藉為慈禧祝壽的機會，再次入京。

這一年，中日甲午戰爭爆發，朝廷內主戰派、主和派爭論不休，鑒於當時中國所面臨的險惡局勢，出於復仇雪恥的強烈意願，榮祿上疏陳述固本之策，他所提出的鞏固畿輔的幾項措施，被清廷一一付諸實施，榮祿也被留在了京師，先是令其會同商辦軍務，不久又被安排在總理各國事務大臣上行走。光緒二十一年（1895），榮祿獲遷兵部尚書。至此，榮祿總算如願以償，既恢復了原來的地位，又回到了清廷權力中心，也回到了慈禧的身邊。

光緒年間，近二十年的官場沉浮的經歷，磨去了榮祿的鋒芒、棱角，也使他懂得了一個再淺顯不過的道理：在光緒時代，要想保住已得的權位並獲得更高的權位，那就必須緊緊地依靠慈禧。為了獲得慈禧的眷顧，他在慈禧寵監李蓮英跟前花了大量的銀子，終於漸漸地改變了慈禧對他的印象，榮祿再次成為慈禧的親信大臣。

戊戌變法期間，光緒帝起用康有為、譚嗣同等謀劃新政，準備實行變法。榮祿初期並不反對變法，而是根據他多年的軍事研究經驗，提出了積極編練新軍、練習洋操、舉薦軍事人才、改革武備科舉等措施，其觀點遠比好高騖遠的康有為等來得實際。榮祿還親身實踐，在直隸省城保定創辦了畿輔學堂，學生除學經史外，還學西方語言、文字、圖算、格致等內容。當然，榮祿的新思想依然未超出「中學為體，西學為用」的洋務框架，當戊戌變法危及國家根本

體制時，他又以「祖宗之法不可變」為由，反對在人事、文化上做出根本改變，旗幟鮮明地站在了慈禧一邊。重獲寵信的榮祿不僅派夫人和女兒出入內廷，展開夫人外交，與慈禧也再續了中斷了近十年的情人關係。

慈禧對變法雖不加阻攔，但加強了防範。光緒二十四年（1898）八月，翁同龢被罷黜後，慈禧準備讓榮祿入值廷樞，但榮祿婉言謝絕，他希望掌握兵權為鎮壓維新運動作準備，於是慈禧授榮祿為文淵閣大學士、直隸總督兼北洋大臣，統率董福祥的甘軍、聶士成的武毅軍和袁世凱的新建陸軍。榮祿「身兼將相，權傾朝野」，成為朝中最有威望、掌握軍隊最多的大臣。所有人一眼便可以瞧出，慈禧對榮祿的眷顧再明顯不過。從此事無鉅細，榮祿都可以一言九鼎，但他對光緒帝的態度卻截然不同了。當他向光緒帝謝恩時，康有為恰巧在場，榮祿當面參劾其「辯言亂政」，絲毫不留餘地，令光緒帝心生怨恨。可榮祿心中只有慈禧，因此在光緒帝面前肆無忌憚。

為了鞏固和加強地位，榮祿四處收買人心。袁世凱本為榮祿的門生、部將，原被派駐朝鮮，日本佔有朝鮮後，他狼狽回京，政治上十分失意。榮祿多次在慈禧面前大力舉薦袁世凱，袁世凱得以前往天津訓練新軍。從此，兩人成為莫逆之交。有一次，袁世凱被參劾貪污軍費，光緒帝派榮祿查辦，榮祿明知是實，卻多方為袁世凱開脫。他還巴結慈禧的寵監李蓮英，不惜重金進行收賣，從此李蓮英不僅不斷創造二人私會的條件，還在慈禧面前極力舉薦他。

　　光緒帝依靠維新派頒佈了《明定國是詔》，下令在全國推行新政、起用新黨等一系列諭旨，結果引起了一班守舊大臣的恐慌。榮祿當時被慈禧調離北京，前往天津策劃政變。當禮部六堂官同時被革職時，被革職的官員們相邀前往天津，求助於統率三軍的榮祿。從此，京津路上達官貴人絡繹不絕，天津的榮祿官邸成了后黨策劃政變的大本營。

　　榮祿剛開始還不敢明目張膽地反對變法，因為當時全國浪潮迭起，眾怒難犯。榮祿曾企圖聯合六部九卿請慈禧垂簾聽政，先去拜訪了兵部尚書徐郁，徐郁認為這樣會引起御史們的不滿，勢必難以成功，榮祿這才作罷，改為以靜制動，以光緒帝的年輕衝動和康有為等人的書生意氣，料定變法維新不能持久，準備等到變法引起天下共憤的時候，再來收拾殘局。一次，榮祿和康有為同時受到光緒帝召見，兩人在朝房等候時，康有為在榮祿面前慷慨陳詞，說不殺幾個守舊一品大臣，變法難以推行下去，說話間氣焰十分囂張。如此桀驁不馴的語言攻擊，榮祿居然點頭稱是，所以當維新變法失敗後，康有為反思成敗利鈍時，深有感觸地說：「榮祿的確老辣，我根本不是他的對手。」變法過程中，帝后兩黨也多次發生正面衝突，但老奸巨猾的榮祿始終沒有拋頭露面，只是由楊崇伊、懷塔布等后黨成員在前方佈陣殺伐，榮祿只是在幕後策劃，捕捉戰機。

　　這時，恰好慈禧和光緒帝要去天津閱兵，而且榮祿在天津已經利用海防公所舊址修建了太后行宮和皇帝行宮，於是他們決定利用天津閱兵的機會，在必要時廢黜光緒帝。榮祿幾次入頤和園請求慈

禧儘快垂簾聽政，慈禧都因時機不夠成熟而拒絕。這時，朝中的維新派也已感到形勢的危急，想利用傾向維新的袁世凱在天津閱兵時，乘機殺掉榮祿。

　　光緒帝要求袁世凱迅速調兵回津佈防，形成「包圍頤和園，謀殺慈禧」的計畫。榮祿得知袁世凱被召見的消息，立即派聶士成軍駐紮天津，董福祥軍駐長辛店，同時製造英俄於海參崴開戰、各國兵輪遊弋大沽口的謠言，命袁世凱迅速回營。袁世凱見榮祿對自己已起疑心，嚇得心驚膽顫，處處小心，惟恐被誤會為帝黨。八月初，譚嗣同甚至夜訪袁世凱，要求他「殺榮祿，除舊黨，起兵勤王」，袁世凱表面上信誓旦旦，慷慨陳詞：「誅殺榮祿，如同殺一條狗那樣容易」，事後卻將此事密報榮祿。榮祿立即乘火車微服入京，直奔頤和園，向慈禧告發。慈禧和榮祿密謀策劃後，於八月初六日發動政變，將光緒帝囚禁於瀛台，宣佈重新訓政，逮捕維新人士，維新時期的一切新政幾乎廢除殆盡。

　　經過這次變故，榮祿更是身價倍增，慈禧授榮祿為軍機大臣、兵部尚書，節制北洋海陸各軍，榮祿的官場之路走到了最高峰。慈禧對他的信賴之深、眷顧之隆，也嶄露無遺。

庚子之變保太后

　　風雨飄搖中的晚清猶如落敗的枯葉四處飄零，甲午戰爭的隆隆

炮聲還在京津一帶回蕩，義和團運動已經風起雲湧，形成了燎原之勢，被「歸政照令」衝昏頭腦的慈禧下令「衛國」，一場實力懸殊的戰爭造成帝后西逃的恥辱結局。關鍵時刻，榮祿留京議和，抱定一條原則：「不追究慈禧的責任，不讓慈禧歸政，其他一切條件都可答應。」

自鴉片戰爭允許外國人到中國內地傳教以來，各地教堂林立，但金髮碧眼的西洋傳教士在中國大多被視為怪物，華中一帶關於洋人吸血和拐帶幼女的謠言塵囂甚上，活躍於這一帶的義和團打著「扶清滅洋」的旗幟，四處攻擊教民和教堂，中外矛盾一觸即發。在和戰問題上，朝廷發生了嚴重分歧，一批和列強關係密切的朝廷樞臣和封疆大吏對內主剿，對外主和；以端郡王為首的一批官僚則對內主撫，對外主戰。

戊戌變法之後，慈禧一度打算廢除光緒帝，另立儲君，她選中了端郡王之子溥儁，榮祿曾以「易引起外國干涉」為由極力反對，讓端郡王的如意算盤幾次落空，為此，雙方已結下仇怨。端郡王利用列強支持光緒帝的態度，假造了一張「歸政照令」，稱洋人請江蘇糧道羅嘉傑代為轉交，羅嘉傑為此惶恐不安。照令的內容共有四條：一、為中國皇帝指定居住地方；二、由各國代收各省錢糧；三、由各國代掌天下兵權；四、勒令皇太后歸政。端郡王面呈慈禧，慈禧看到後氣急敗壞，當日即在儀鸞殿召開御前會議。慈禧當眾宣讀了洋人照會的前三條，並說：「洋人肆意挑釁，國家危亡在即，應該上下一心，共禦外侮！」慈禧執意立溥儁為大阿哥，對列強宣戰，

群臣紛紛表示願效死力，有的甚至痛哭流涕。慈禧又令榮祿以武衛軍備戰守城，榮祿起初旗幟鮮明地主和，但在以端郡王為首的排外聲浪中，榮祿的力量顯得蒼白單薄，他以請假為由，暫避鋒芒。朝廷內外的主和派將扭轉時局的希望寄託在榮祿身上，劉坤一、王文韶、張之洞等幾次致電榮祿，希望他力挽危局，拯救社稷蒼生。榮祿考慮再三，這才抱病連上七疏，要求慈禧對義和團趕緊剿辦，以清亂萌而絕外人藉口，但當慈禧的態度逐漸明顯地傾向端郡王等人時，榮祿及時轉向，態度變得曖昧起來。在慈禧主持的四次決定和戰的御前會議上，榮祿不敢得罪權勢日增的朝廷新貴載漪等人，也不敢貿然開罪與自己仕途榮辱攸關的慈禧。

光緒二十六年（1900）五月二十五日，清政府對外頒佈了宣戰詔書。這時榮祿再次立場鮮明地站到了主和派一邊，開始進行公開的反戰活動。在朝廷內，榮祿和主和派頻繁接觸，繼續爭取慈禧轉變宣戰的強硬態度。無奈慈禧一葉障目不見泰山，宣戰的決心堅如磐石，榮祿的一切努力無疾而終，但榮祿仍與主和的李鴻章、劉坤一、張之洞等督撫函電交馳，支持他們抵制中央的宣戰政策，對東南互保持贊同態度。

榮祿的態度和活動，引起各國駐京使節的重視。他們認定榮祿正企圖同漢族總督合作，並反對端郡王的排外行為。在宣戰前夕，慈禧單獨召集了一次樞臣會議，榮祿還苦口婆心地勸慈禧千萬不要進攻使館，以免各國聯合，抵死報仇，這不獨勝負攸關，還是存亡攸關的決定，一定要慎之又慎。中國以一國敵數國，必敗無疑。當

時慈禧被載漪偽造的一張「歸政照令」氣昏了頭，根本聽不進任何勸告，認為洋人「欺人太甚」，不奮起抵抗，不足以平民憤，加上載漪等竭力蠱惑慈禧，義和團有神功，刀槍不入，並多次將義和團民引入宮中表演，證明自己所言非虛。端郡王等人在這次廷爭中佔了上風，慈禧也責備榮祿危言聳聽。洋人對她垂簾聽政的反對和對義和團神功的將信將疑，最終使慈禧下定了宣戰的決心，她責令榮祿擔任圍攻使館的總指揮，榮祿不敢公然違背慈禧的命令，指揮董福祥的甘軍及武衛中軍聯合義和團將東交民巷使館區團團圍住，只在當日早上轟擊了幾炮，此後的十多天都沒有實質性的攻擊活動發生。很多士兵將武器放置一旁，甚至在戰爭工事旁邊就和使館內的保衛人員攀談起來，並解釋說，他們已接到不開火的命令。榮祿還偷偷地命令往使館內送水和食物，進行暗中的安撫工作。榮祿的明攻暗保讓慈禧十分惱火，命令榮祿用「紅衣大將軍」的巨型炮進攻英使館，榮祿則密囑炮手將表尺定高，這樣當鐵炮對使館轟擊時，炮彈早已越過了使館屋脊，炮轟了幾天，使館人員及建築依然安然無恙。榮祿為保護使館可算是費盡心機。

榮祿的反覆勸說終於有了效果，慈禧也慢慢從極端的仇恨中清醒過來，開始正視敵強我弱的嚴酷現實。五月二十九日，慈禧非正式下令停止對使館的攻擊時，榮祿立即派人在使館附近的北御河橋上，樹立「奉旨停戰，保護使館」的大木牌。由於榮祿對使館的大力保護，大批清軍和義和團圍攻幾乎沒有兵力的使館，居然花了五十六天沒有攻下。當時任中國海關總稅務司的赫德說：「假使在

我們周邊的軍隊真的澈底而決心地攻擊的話，我們支持不了一個星期，或許連一天也支持不了。」

但從朝廷臣工到草澤士紳，為數眾多的民眾已經被激發了民族情感，一個眾志成城、共禦外侮的浪潮已然形成，即使慈禧想挽回局面，也覆水難收，八國聯國已在京津外集結，隨時可能突破防線，長驅直入，慈禧決定向列強乞和，榮祿再次成為慈禧最為倚重的大臣。榮祿作為清政府的主要代表負起代慈禧向列強乞求諒解的使命。但慈禧的乞和為時已晚，列強決意以武力來懲罰清政府。八國聯軍向北京進犯，七月二十日兵臨北京城。二十一日凌晨，慈禧裝扮成民間婦女，頭挽便髻，身穿藍色夏衫，挾持光緒帝，帶著溥儁及后妃們，在少數幾個大臣的陪伴下，在兩千餘兵勇的護衛下倉皇逃離京城。

雙方且談且戰，聯軍統帥瓦德西提出，要皇帝的兄弟做代表，去德國為克林德公使被殺的事道歉。載灃被派到了德國，受到德國皇室的隆重禮遇，洋人對光緒兄弟的支持昭然若揭，這使慈禧深感不安。為了消除隱患，她想出一個聯姻的策略。當載灃從德國道歉回來時，在保定收到慈禧將榮祿的女兒指給載灃為妻的懿旨。

榮祿充當留京辦事大臣，留在了陷落的京城。不久，奉命負責議和的慶親王奕劻和李鴻章到了北京。榮祿授意他們在和列強談判中掌握一條原則：「只要不追究太后的責任，不讓太后歸政，一切條件都可答應。」根據這個原則，慶劻和李鴻章與列強進行了所謂的談判。在其後簽訂的《辛丑合約》中，完全貫徹了慈禧的「量中

華之物力，結與國之歡心」的諾言，主權被大量出賣，以慈禧為首的清政府完全成為洋人的傀儡朝廷。榮祿完成使命後，立即奔赴西安「報喜」。慈禧聽說列強沒有將她列入宣戰的禍首，並且仍舊維持以她為首的統治政權，像一個囚犯得到赦令一樣，喜出望外，感激涕零，立即令榮祿管理戶部，賞穿黃馬褂，賞戴雙眼花翎。慈禧還特地下了一道懿旨，稱讚榮祿在義和團運動中保護使館有功。

光緒二十七年（1901）年末，榮祿隨慈禧返回京城，慈禧為感謝榮祿護駕有功，特授文華殿大學士。兩年後，榮祿去世，慈禧悲痛不已，以各種殊榮加諸其身，恩賜陀羅經被，命恭王帶領侍衛十人前往致祭，諡號文忠，追贈太傅，入祀賢良祠，又破例將未立戰功且非皇室宗室的榮祿之子賞以優等世襲之職。光緒帝去世後，慈禧將榮祿的外孫、載灃之子溥儀指定為皇位繼承人，以報答和懷念榮祿的一生忠誠。

第七章

慈禧最糾結的男人
——恭親王奕訢

他本是父皇的寵兒，與皇權擦肩而過，造成十多年的忍辱
負重。辛酉政變，叔嫂聯手，他成全了寡嫂慈禧垂簾聽政
的春秋大夢，除了難以言說的私情，還有大展拳腳的雄心
壯志。他本已獨步朝堂，卻被老謀深算的慈禧幾番戲弄，
最終被送回老家飴兒弄孫。再次出山時他才明白，為何她
要步步緊逼，因為她需要的僅僅只是一個管家。

恭親王意訢

　　他見識超群、精明能幹，其機謀權變卻遠不如
慈禧，所以他一生的命運顛沛沉浮。

失意的皇子

　　道光帝共育皇子九人，公主十人。眾所周知，在中國封建君主世襲制度下，皇統的延續只與皇子相關，因而道光帝對皇子的重視非同一般。皇六子奕訢出世時，健在的只有兩位比他大一歲多的皇兄，皇四子奕詝和皇五子奕誴。嬰幼時期，道光帝對三位皇子的寵愛難分軒輊，但隨著皇子們逐漸長大，對不同皇子父愛會有微妙的變化。

　　皇五子奕誴因為放蕩不羈、舉止粗率早已失去父親的歡心，被過繼給亡故的敦親王綿愷，失去皇位競爭權。皇四子奕詝的生母孝全皇后深得道光帝的寵愛，可天不假年，壯年即逝，不久，奕訢的生母靜貴妃統攝六宮，並撫育皇四子奕詝。奕詝和奕訢從小起臥坐行共同進退，兄弟倆親密無間。

　　中國歷代王朝有「立嫡不立長，立長不立賢」的立嗣規則，奕詝順理成章成為皇位繼承人，可奕詝從小體弱，性格溫順，一次從獵南苑時，不慎失足落馬，此後終生行走不便，而皇六子奕訢長相俊朗，精於騎射，聰敏過人，文韜武略都在各皇子之上，如何抉擇，道光帝也頗費了一番躊躇。

　　在皇冠角逐的道路上，權謀和心計是政治鬥爭場上成敗利鈍的關鍵，皇子年幼，而師傅們各展拳腳，奕詝的師傅杜受田頗善權謀機變，而奕訢的師傅剛正不阿。最終奕詝以智取勝，扭轉乾坤，坐上皇位。

一次，道光帝率眾皇子春圍狩獵，圍獵中智勇雙全的奕訢獵物最多，道光帝自然對他稱讚有加，而奕詝按照杜受田授計，明知騎射不如奕訢，乾脆空手而歸，道光帝忙問緣故，奕詝跪下作答：「時值春天，萬獸孕育，不忍傷及。」道光帝聽後頗受感動，認為其有帝王的仁慈寬厚，雖創業不足卻守成有餘。

道光帝臨終前召兩皇子見駕，眾人都知道這是決定皇位的關鍵時刻。奕訢學識豐厚，口齒伶俐，以才學見長，師傅教他，要知無不言，言無不盡，盡展平生所學。奕詝的師傅則教他一個「示孝藏拙」的錦囊妙計，見到父親後，一言不發，只是伏地痛哭。道光帝被他的孝心感動，在立儲的錦匣中留了兩道諭旨：立皇四子奕詝為皇太子，立皇六子奕訢為恭親王。立儲之爭落下帷幕，奕訢聰明反被聰明誤，居然與帝位擦肩而過。

咸豐帝奕詝以微弱優勢險勝，留下了猜疑和防範；恭親王落敗，也留下了滿腹的抑鬱和不平，兄弟間的明爭暗鬥，幾乎是人盡皆知。奕訢集智慧、機敏、才略、雄心於一身，唯一缺乏的便是權術和心計。他一生的政治挫折，也與此有關。

咸豐帝在登基三年後才為恭親王舉行冊封典禮，故意怠慢的痕跡顯而易見，可歷史上兄弟相殘的慘劇比比皆是，既然君臣之倫已定，面對握有生殺大權的四哥，奕訢唯有韜光養晦，才能求得長久富貴。咸豐帝登基時，他上表讚揚新皇帝的旰宵勤政，表示要常聆訓示。奕訢的態度獲得了咸豐帝的初步諒解和肯定，咸豐帝為了籠絡他，將京城最富麗豪華的宅院賜給他。這原是和珅的宅院，園中

建築氣勢非凡，庭園點綴秀美幽深，可與圓明園媲美。咸豐帝希望奕訢在此修身養性，做一個生活奢華的閒散親王，只授予了他都統、內大臣等職務。

洪楊之亂時，咸豐帝驚慌失措，一直關心時局的奕訢終於忍不住慷慨陳詞，上奏議事，提出了拱衛京畿的具體策略。咸豐帝戰亂思良臣，對奕訢的摺子高度讚揚，兄弟關係空前密切，咸豐帝命他署理領侍衛大臣之職，辦理京城防務，不久入值軍機，參與鎮壓太平天國的實際軍事籌畫。太平軍被殲後，京畿之圍被解，咸豐帝欣喜若狂，大加封賞，奕訢被授予宗人府宗正、宗令、都統、閱兵大臣等職，少年得志，鋒芒畢露，二十出頭的奕訢也有點得意忘形。

兩個月後，康慈皇貴太妃病重，奕訢和咸豐帝每日前往探視。一天，咸豐帝前往探視時，太妃神情恍惚，向裡而睡，聽見腳步聲，以為是兒子奕訢，自言自語道：「當年皇阿瑪準備傳位給你，想不到被四阿哥得了去，他心思頗重，你要防著點。」咸豐帝知道她認錯了人，忙喊了聲：「額娘！」太妃一聽不是兒子，知道自己說錯了話，仍向牆而睡，不再言語。咸豐帝很生氣，拂袖而去，記恨太妃的偏愛。不久太妃病危，彌留之際，奕訢進宮請太后的封號，咸豐帝心中有氣，對此不置可否，奕訢一時著急，把咸豐帝的拖沓態度誤解為默認，立即到軍機處傳達旨意，要求禮部按旨奏請尊皇貴太妃為康慈皇太后。事已至此，咸豐帝不得不准奏。事後，他卻十分惱怒，認為奕訢故意要脅自己。康慈皇太后屍骨未寒，咸豐帝便以奕訢辦理皇太后喪儀多有疏漏為藉口，免去他軍機大臣、宗人府

231

宗令、正黃旗滿洲都統等職務，同時警告他應「自知敬慎，切勿再犯。」福禍榮辱，一夕之間，這樣的當頭棒喝，令奕訢不得不再次反省自己的處境。

自從被罷黜，奕訢真正成了閒散親王，整日在上書房以文會友，師友唱和，內心卻抑鬱不平，曾在一首詩中自比蒙冤被逐的屈原。大清朝日漸糜爛，咸豐帝卻整日醉酒當歌，不理政事，終於引來英法聯軍火燒圓明園的悲慘下場，咸豐帝帶領信臣寵妃倉皇出逃，奕訢被留下督辦和局。

當時北京城人心惶惶，形勢萬分危急，奕訢一邊派人整頓城內秩序，安定人心，一邊挑燈疾書，嚴令各地勤王之師赴京城保衛京畿，可咸豐帝的聖諭充滿猜疑和顧忌，要求奕訢入住圓明園善緣庵，專事安撫，既不可與夷人議和，也不能節制諸臣。時人都把與洋人談判視為畏途，不久前兩廣總督葉名琛被俘，被送往了印度加爾各達監禁；僧格林沁在通州也將前來談判的英國人巴夏禮等人扣留了。奕訢心知肚明，此番談判兇險莫測，但君命難違，大清朝蒙難，為了江山社稷，他要知難而上。

奕訢初涉大事，經驗不足，談判毫無進展。聯軍長驅直入，將百年皇家園林毀於一旦。《泰晤士報》在當日的通訊中說：「據估計，被劫掠和被毀壞的財產，總值超過六百萬磅。在場的每一位軍人，都掠奪了許多。在進入皇帝的宮殿後，誰也不知該拿什麼東西；為了金子而把銀子丟了，為了鑲有珠玉的時鐘和寶石又把金子丟了，無價的瓷器和琺瑯器，因太大不能運走，竟被打破……」搶完之

後，他們還點了一把大火，燒了園林。此舉人神共怒，奕訢更是悲憤交加，認為談判難以繼續，請求奔赴熱河，咸豐帝立即阻止，要奕訢於萬難之中，設法獲得和局，使談判繼續進行。英法聯軍肆意搶掠，談判期間頤指氣使，掌握守城大權的義道等人被英法聯軍幾尊大炮虛聲恫嚇幾下便開門揖盜，氣得奕訢破口大罵。城門已破的情況下，僧格林沁等二十餘人請求咸豐帝允許奕訢入城議和，咸豐帝方才鬆口。

奕訢料想，雙方再僵持下去，勢必荼毒生靈。議和期間，英法代表傲慢無禮，奕訢強忍怒火簽下城下之盟——《北京條約》，可又害怕和議已成，險情一過，咸豐帝再次翻臉無情，和議使朝廷顏面盡失，追究起來，自己難辭其究，於是及時上表，謙卑地表示和議隱憂頗多，辦理不善，請求處罰，北京和局已定，請皇帝早日回鑾。咸豐帝敏銳地感覺到，奕訢議和在外，有安邦定國之功，聲望日隆，一股政治勢力正在他的周邊逐漸聚集，但防範不能操之過急，否則有失仁君風範，於是表彰了奕訢的議和大功，派他繼續維護北京和局，直至回鑾。

這位失意的皇子一直沒有等到咸豐帝回鑾，卻等來了人生的另一個重要轉機，這一次給他機會的是他的情人慈禧。

叔嫂私通

　　就像多爾袞和孝莊的愛情傳奇一樣，慈禧和奕訢也曾相互愛慕，演繹過一段淒美絕倫的叔嫂戀，雖然正史無傳，但在民間傳說和野史中流傳頗廣。

　　美麗而聰慧的慈禧入宮時年僅十七歲，周身洋溢著誘人的青春氣息。恭親王奕訢和她年齡相仿，雖然已封王，卻暫時未另賜府第，在宮中自由無拘，可以四處遊玩。慈禧入宮前即已聽聞這位王爺的大名，據說奕訢既有彎弓射鵰的騎射本領，又有博覽群書的儒雅氣度，曾是咸豐帝當年爭儲的對手。

　　自選秀入宮以來，慈禧已有好些日子沒有見著咸豐帝了，獨居在圓明園的小角落裡，不免有些落寞，後宮小院裡，每天見著的不是太監就是宮女。一日，慈禧獨自一人在院子附近散步，這時一個儒雅俊朗的年輕男子迎面踱步而來。細看時，這位爺頭戴潔白簪纓銀翅王帽，身著鎦金黃色四爪蟒袍，風度翩翩，處處透露著非凡的皇家氣度。慈禧正忖度，哪個皇親貴胄能如此大膽，到皇家後院閒逛，於是立刻閃立一旁。年輕男子正好瞧見，徑直走過來，施禮微笑，慈禧嬌羞得無地自容，低頭還禮。他正是到圓明園來探望母親康慈皇貴太妃的恭親王奕訢，好久不曾入園，四處逛逛，不久後自己有了府第就不便在園中四處亂逛了。

　　兩顆年輕驛動的心，彼此狠狠相撞。奕訢雖然年輕，也閱過女子無數，這女子卻別有一番風味，讓人怦然心動，眉山似黛，眼含

秋波，肌膚如雪，一顰一笑間嫵媚十足，重要的是兩眉間一股英氣逼人，奕訢一看便知是剛入宮的秀女。這個秀女住在園中如此偏遠的地方，一看就知道不是咸豐帝最中意的對象。入宮備選后妃的秀女一旦未被相中，便可以賜給親王貝勒為福晉，自己近水樓臺，只要康慈皇貴太妃一句話，賜婚還不是輕而易舉。有了這股心思，奕訢更大膽了，上前攔住欲躲還羞的慈禧，說了些撩撥的話，羞得慈禧無地自容。慈禧是個聰明人，入宮近兩個月，早已對宮廷的底細摸了個八九不離十，從年齡、著裝上一猜便知道他是咸豐帝的弟弟。

這時慈禧也動起了心思，既然入宮爭寵的機會渺茫，出宮後嫁個近支親王也算不錯，何況這王爺英武帥氣，如果有幸留在宮中，將來朝中有個親王支持，力量也會倍增。慈禧這時的心思百轉千回，她決定釣住這條大魚。她抿嘴一笑，扭著水蛇腰，遲疑而妖嬈地往回走，不時微笑著回望。這種勾魂攝魄的微笑，像一種巨大的魔力，吸引著奕訢往前走。奕訢到了宮門前，忽然停了腳步，看著佳人消失的方向，發了一會兒呆，笑了笑轉身離開。

那晚他們一夜未眠，像所有一見鍾情的年輕男女一樣，瘋狂地思念著對方。

第二天一早，他們不約而同地來到同一個地方，沒有言語，他們緊緊地相擁在了一起。親王和秀女有私情這是有悖倫常的殺頭之罪，正是這種罪惡的念頭像興奮劑一樣，讓他們欲罷不能。在慈禧的住所，在圓明園的一些私密角落，他們放肆地享受男歡女愛。

慈禧想儘快出宮，和奕訢光明正大地舉案齊眉，可一場家庭變

故讓慈禧改變了主意。慈禧的父親惠征被調往安徽任道台後，因受太平軍侵襲，攜印出逃，咸豐帝一怒之下責人徹查，惠征憂思成疾，一病不起，家中弟妹年幼，慈禧覺得唯有接近咸豐帝才能真正救父親，救自己的家庭。

慈禧通過安德海等太監的幫助，讓咸豐帝終於接受並愛上了自己，咸豐二年（1852）年底，慈禧被封為貴人。奕訢的鴛鴦夢徹底破滅了，雖然有些傷心，有些怨恨，但最終接受了現實。

咸豐帝三宮六院，好色成性，即使寵幸慈禧的日子，仍然會時常眷顧其他的妃嬪，奕訢是個不任要職的閒散親王，常藉口請示禮儀的事情入宮，頻頻與慈禧約會。奕訢自小在宮中長大，對妃嬪們爭寵奪嫡的手段再熟悉不過，常為慈禧奪寵出謀劃策。咸豐帝子嗣單薄，妃嬪眾多，卻難以成孕，奕訢高大英武，頗有男子氣概，遠非終日病殃殃的咸豐帝可比。可宮中侍寢敬事房的太監都有詳細的記載，一旦日期不對，追查起來，事情非同小可。每次咸豐帝召幸後，慈禧都會急匆匆地派小太監約會奕訢，增加受孕幾率。

世上沒有不透風的牆，奕訢與慈禧的不倫之戀早已傳遍了宮廷，奕訢的生母康慈皇貴太妃也聽聞了風言風語，對兒子的荒唐之舉十分擔憂，曾涕泣流淚要兒子斬斷情絲，可奕訢已墜入情網難以自拔，口頭應承，暗中更加不捨。不久太妃撒手西去，更加無人能阻止。

咸豐五年（1855），慈禧懷孕了，第二年生下了同治帝載淳，宮廷內外四處傳言，載淳為奕訢親生，不過這一點連慈禧也說不明

白。重要的是，慈禧母憑子貴，地位急遽上升，慢慢參與一些政務，成了咸豐帝身邊不可多得的智多星，可不久也因此而招嫉。因肅順等人的離間，慈禧開始受到咸豐帝的猜忌，足智多謀的奕訢為她拆招解圍。

安德海到慈禧身邊以後，獨寵專房，並引來了慈禧的初戀情人榮祿，很快榮祿成了她的枕邊紅人。奕訢與慈禧都是野心勃勃的翻雲覆雨手，情人關係慢慢淡化，在政治上的聯手卻越來越多，尤其是辛酉政變後，奕訢對政治的熱情更甚於男女情事，叔嫂聯手在政治上創造了「同治中興」的盛局。

叔嫂聯盟力鬥輔政大臣

終咸豐一朝，奕訢的政治生命都是低落的，直到二十八歲那年，恭親王蟄伏十多年，終於等來了他政治生命的第一個春天。在這場朝廷內部的權力之爭中，奕訢和兩宮寡嫂聯手計勝臨危受命的八位顧命大臣，贏得澈底的勝利。

當奕訢在北京為排解內憂外患而殫精竭慮時，熱河行在的咸豐帝「直把杭州作汴州」，整日縱情酒色，荒淫無度，終於耗盡了精血，躺上了病榻。肅順等人蒙蔽聖聽，熱河幾乎成了他們為所欲為的天下，奕訢幾次懇請皇帝回京，都被肅順等人汙為挾制朝廷，他們甚至一度造謠，稱恭親王暗中借助洋人力量準備造反登基，引起

了咸豐帝的更大猜疑。咸豐帝病重時，奕訢幾次請求趕赴熱河探望，咸豐帝都以「相見徒增傷悲」為由，屢屢阻止，兄弟情誼再次蒙塵。

咸豐十一年（1861）七月十六日，咸豐帝病危，獨子載淳年僅六歲，被立為嗣君，命肅順、端華、載垣等八位為贊襄輔政大臣，為了防止大臣專權，又分賜「御賞」、「同道堂」兩印給慈安和慈禧，安排完畢即駕鶴西去。咸豐帝駕崩的噩耗和遺詔傳到京城，文武大臣頓時陷入悲痛和惋惜之中，奕訢更是心懷憤懣和失望，自己滿腹才華卻屢屢遭兄長排擠，八位贊襄輔政大臣的名單居然沒有他的名字。奕訢心有不甘，但熱河行在是肅順的地盤，如果貿然前往，到時羊入虎口，受人挾制，就只有坐以待斃了，他要等待時機。肅順等人專權的消息傳到北京，也讓留守京城的臣僚們心生危機，加上肅順往日的飛揚跋扈得罪了不少人，咸豐帝病重時，奕訢有意籠絡戶部侍郎文祥、文華殿大學士桂良、總管內務府大臣寶鋆、副都統勝保，形成了一個以他為首的新的政治集團。

當安德海將兩宮太后的密信送達奕訢的案頭時，奕訢明白機會來了。八月初一日，奕訢以祭奠皇兄梓宮為由，馳往熱河行在。奕訢奔到咸豐帝梓宮前伏地痛哭，聲徹殿宇，其悲情感天動地，圍觀者無不為之落淚。這淚中既有逝兄的悲痛，更多的是十多來年的委屈和不平。

祭奠完畢後，奕訢在載垣、肅順等人面前表現得恭恭敬敬，顯得十分謙卑，在雙方客套的氛圍中，肅順等人的警惕性也有所放

鬆，一聽說要叔嫂相見，軍機大臣杜翰就跳出來指責：「先帝剛死，皇太后居喪，叔嫂應當避嫌，這時不宜召見親王。」杜翰話中含譏帶諷，但兩宮太后以探聽北京情況為由幾經催促，奕訢去了於禮不合，不去又違旨，如何是好？奕訢表現得很順從，表示聽從肅順的意見，一向精明的肅順也一時懵了，兩宮太后又沒說要見外臣，如何是好？於是他要鄭親王端華陪同，端華不肯，又要載垣去，載垣也不肯，只好作罷，讓奕訢單獨前去。

兩宮太后見了奕訢，如見了救星，將在熱河的種種委屈向奕訢一一哭訴。奕訢見兩位寡嫂梨花帶淚，哭得如悲如泣，也是悲憤不已，尤其往日執手相愛的慈禧竟受了這般窩囊氣，更是悲憤填膺，於是三人密商剷除計畫。奕訢表示，無論時局多險惡，一定要先忍耐，他速歸京城佈署，準備在北京將他們一網打盡，因為在北京，無論洋人還是百官、軍隊，他都有安排，兩宮太后這才心下稍安。

兩宮太后召見奕訢後，熱河的氣氛開始變得緊張起來。在肅順等人宴請奕訢的時候，酒至半酣，一貫冒冒失失的惇親王奕誴喝得醉醺醺的，突然提起肅順的辮子，指著奕訢說：「人家要殺你啊！」一語既出，四座皆驚。肅順驚慌之下，竟尷尬地說：「請殺，請殺！」

奕訢在熱河的秘密活動，不免引起肅順等人的注意和不滿，為了避免夜長夢多，八月初七日，熱河一切安排妥當，奕訢返回京城。為了躲避肅順等派人追殺，奕訢特意讓自己的手下在承德外的普陀寺設了障眼法，自己則帶兩個侍從一路快馬加鞭，既不打尖也不住宿，日夜兼程，五日後回到京城。事實上，奕訢過於擔心了，肅順

等人麻痺大意，當時只樂得讓奕訢早點離開熱河，根本沒想到簡短的叔嫂會，竟已為政變定下了基調。

一到京城，奕訢就暗中緊鑼密鼓地為政變做各種準備，尤其是軍事準備。當時清廷有兩支強大的武裝，分別掌握在僧格林沁和勝保手中，他們都與肅順有隙，早與奕訢結成聯盟。奕訢命勝保帶兵佈置在北京和熱河的京畿一帶，京城武裝則留在京城拱衛皇城安全。僧格林沁公開擁護皇太后，最有實力的曾國藩則保持中立，他在靜觀時局，肅順的親信王闓運幾次企圖拉攏他，都以失敗告終。奕訢將親信曹毓瑛安排在熱河，隨時彙報熱河動態。曹毓瑛原為肅順心腹，因未入軍機處，心懷怨恨，因而改換了主子，投靠了奕訢，可肅順還蒙在鼓裡。曹毓瑛早在奕訢到達熱河前，就已經看出肅順等人與兩宮太后及奕訢之間的矛盾；等奕訢到了熱河，感覺朝局可能會有變化，於是積極為奕訢通風報信或出謀劃策，試圖在變局中謀取未來的不世之功。奕訢萬事俱備，只欠東風，而肅順已為他人俎上魚肉，可全然不知，依然得意忘形。

奕訢這邊一切安置妥當，慈禧也正要思量，是韜光養晦、暫避鋒芒？還是魚死網破、針鋒相對？或許義旗一舉、天下皆從，冷靜、睿智的慈禧決心走一著險棋。奕訢前腳剛走，慈禧便授意山東道監察御使董元醇寫了一篇《奏請皇太后權理朝政並另簡親王輔政》的奏摺，吹響了政變的第一聲號角。董元醇的奏摺中提出了兩點建議：一是皇帝年幼，皇太后應該權理朝政，左右不得干預；二是從親王中簡派一二人輔政，防止皇權旁落。這一奏摺猶如一枚重磅炸

彈，將雙方矛盾完全激化。八大臣閱摺後暴跳如雷，咸豐帝屍骨未寒，便有人公然無視遺詔的存在，最令肅順等震驚的是，慈禧居然將此摺「留中不發」。八大臣心急火燎地責成軍機處擬定批駁董元醇的諭旨，由於措詞不夠激烈，被八大臣之一的焦佑瀛改為「是何居心，絕不可為」等字眼的討伐文章。其他七大臣閱後，交相稱讚，交兩宮太后蓋印。慈禧仍舊「留中不發」。慈禧要看一下八大臣的反應，要向朝廷重臣明確宣示自己的主張。八大臣坐不住了，向慈禧反覆催要。八月十一日，兩宮太后抱著小皇帝召見了八大臣。雙方一見面便如同世仇，言出傷人，唯恐不中要害。在偌大的殿堂中，八個壯碩男人的咆哮聲很快漫過了兩個小娘子柔弱的聲音，六歲的小皇帝載淳嚇得哇哇大哭，一頭鑽進了慈安的懷抱，毫不猶豫地把一泡龍尿撒在了慈安的褲子上。最後，肅順等拂袖而去，並公然宣稱：「以後請太后看奏章已經是多餘了！」兩宮太后氣得渾身顫抖，眼淚直流。第二天，八大臣再次大鬧後宮，氣哭了兩宮太后，下發批判董元醇的諭旨被拒後，直接罷工——既不處理奏章，也不移交兩宮太后。大臣罷工的事亙古未有，可慈禧的算盤卻遠遠地超過了肅順等人能猜測的範圍。以慈禧的聰明，她不會貿然在肅順的勢力圈內完成如此艱巨的轉變，她不過是想造聲勢，借肅順等人之口向百官臣僚發出一個信號，兩宮太后和恭親王奕訢要扳倒肅順等八大臣，正面向天下招兵買馬。兩天後，慈禧覺得目的已經達到了，將公開批判董元醇的諭旨一字不改地下發。直到這時，肅順等八大臣才言笑如初，表面上慈禧遭受了重大羞辱，可慈禧是在以退為進，

以時間換空間，勝負未定，一切要等到了北京後再說。

九月二十三日，咸豐帝靈柩回京。兩宮太后藉口小皇帝長途跋涉、過於勞累，決定在避暑山莊麗正門外跪送咸豐帝靈柩起程後，由端華等陪同從間道先行回京，而肅順等人則護送咸豐帝的靈柩從大路緩行。兩宮太后由榮祿護送，快馬加鞭，提前了四天回到京城，奕訢率眾臣出城相迎，三人就政變後的體制及權力分配作最後密商。

二十九日，勝保上摺，引經據典，抨擊肅順等人矯詔竊權，請兩宮太后垂簾聽政和親王輔政，第一次對肅順等人輔政的合法性提出了質疑。三十日，兩宮太后緊急召見奕訢、文祥、桂良、周祖培等人，將女人的柔弱和無辜發揮得淋漓盡致，一把鼻涕一把淚地傾訴肅順當日的大逆不道、飛揚跋扈，眾大臣憤慨不已，一致贊同誅殺肅順等人。慈禧當即下令擬詔，當眾宣讀。會後，奕訢帶領侍衛將先行回宮的載垣、端華擒拿，交宗人府看管。兩宮又以小皇帝名義下密旨，命醇親王帶人相機擒獲肅順。醇親王連夜趕往密雲，將臥室中正與兩名小妾調戲的肅順抓個正著。肅順這才如夢初醒，跳罵道：「悔不該早治了此婢！」

十月初六，奕訢等公佈肅順等八條罪狀，賜白綾，令端華、載垣自盡，肅順斬立決，景壽等五大臣全部革職，發配新疆效力，另有十多名平時作威作福的親信革職充軍。肅順掌權多年，黨羽遍佈六部九卿，株連太廣，勢必人人自危，為了穩定政局，慈禧連下三道上諭，宣佈既往不咎，前車之覆，引以為鑒，否則嚴懲不貸。二十九日，軍機處將所查收的肅順家產帳目及其來往書信，全部當

眾銷毀，至此人心大定。

新的政權得到了空前廣泛的支援，曾國藩、李鴻章嘆服政變為「自古帝王所僅見」之「英斷」；吳雲稱，政變後「朝端肅清，政化一新」；英國公使普魯斯更是欣喜地向本國彙報：「大家認為其表現最有可能和外國人維持友好關係的那些政治家掌握政權了。」英國某種程度上成為「這個政府的顧問」。法國駐華公使在日記中寫道：「宮廷革命沒有騷動地結束了」，「恭親王成為執政者，以後的談判將更易進行」。京城內外官紳和外交人士對新政權充滿著期待。

奕訢是個不可多得的忠臣，在辛酉政變中，運籌帷幄，張弛有度，上下聯絡，左右周旋，是個掌握政變進程的核心人物。而慈禧初涉政壇，缺乏經驗，但她慧眼識人，膽略兼備，對奕訢用而不疑，委以重托，使奕訢放開手腳，大膽謀劃，終使政變成功。這次政變，慈禧與奕訢的配合，堪稱珠聯璧合。

政權穩定後，兩宮太后同理朝政，政勢和榮耀漫天花雨般撒向奕訢。精力充沛、頭腦敏捷、思想新銳的奕訢同時獲得三個要職：議政王、軍機大臣、宗人府宗令。議政王這一頭銜使他明顯地凌駕於其他諸王之上，成為兩宮太后和幼帝之下的第一人；軍機處是清代的特殊政治機構，是直接稟承皇帝旨意辦理一切重大政務的中樞，實際上是皇帝內廷的辦公廳或機要室，地位極其重要，而奕訢為首席軍機大臣。奕訢的心腹桂良、寶鋆、沈兆麟、曹毓瑛、文祥全部入主軍機，加以重用；宗人府位於六閣之上，宗令是宗人府最高長官，是管理皇族內部事務的要職。宗令有權賞罰皇族成員。三

個要職集於一身，這在清朝是絕無僅有的。奕訢此時極盡榮寵，權傾天下。

十月初八日，兩宮太后再授奕訢為鐵帽子王的至上榮譽，有清以來僅九人受此封賞。奕訢這才意識到月滿則虧，人滿則損，極力辭謝，兩宮太后這才改為享受親王的雙份俸祿以示優禮。

十月初十日，兩宮懿旨，康慈皇太后長祔太廟，永極尊崇。慈禧明白這是奕訢的心病所在，當年為生母爭太后之名，奕訢差點與咸豐帝鬧翻，雖然封了太后，卻與妃嬪們同葬一處。如今升祔太廟終於告慰母親的在天之靈了，奕訢感激涕零，連連在兩宮太后面前磕頭謝恩。

十二月初九日，兩宮懿旨「恭親王奕訢長女聰慧超群」，晉封為固倫公主。按清制，皇后之女才封固倫公主，妃嬪之女封和碩公主，親王之女封郡主，皇后養女出嫁時封和碩公主。奕訢的女兒封固倫公主，這在清朝是空前絕後的創舉。

第二年元旦，慈禧再發上諭，恭親王特許在紫禁城內坐四人轎，以示優禮，其子載澄賞戴三眼花翎。

至此，奕訢的權勢達到登峰造極的地步，上至亡母，下至子女皆備受優待。當然冷靜睿智的慈禧不會這樣將政權拱手相讓，即使是共度良宵的情人也不行，在權力面前，慈禧永遠保持著清醒的頭腦。在肅順被誅殺的第二天，太后即下旨宣佈：一切奏報上報太后披覽裁奪，軍機處擬旨，太后審定後再正式頒發，即奕訢對任何政務的處理，必須先徵得兩宮太后的批准同意。

　　慈禧，一個二十七歲的深宮女人，初涉政權，只是以偶爾的情愛和位極人臣的權力即將這位聰明能幹的親王牢牢地拴在了自己的身邊。奕訢，一個不到而立之年的親王，終於等來了一展抱負的機會，在風雨飄搖的封建末世，創造了一段「同治中興」的佳話。

綏亂安邦的賢王

　　咸豐帝留下的是一個千瘡百孔的爛攤子，兩個未過而立之年的年輕統治者——慈禧和奕訢，大刀闊斧整吏治，不拘一格求人才，一個朝內穩坐中軍帳，一個鞍前馬後效才力，叔嫂一心，使清王朝一度呈現內治外安的局面。

　　政變後的當務之急就是收買人心，收買人心屢試不爽的辦法首先便是整頓吏治。咸豐帝晚年，官場拖沓低效、投機鑽營、賄賂公行、驕橫不法的官吏大有人在，嚴重影響了行政效率。慈禧與奕訢商議，決定從整肅朝綱入手。

　　兵部侍郎慶英因挪動公款被議罪，擬降二級處分。慶英夜訪奕訢，帶了兩包金子，跪地哀求奕訢法外開恩。奕訢怒不可遏，將其逐出門外。第二天，奕訢帶著這包金子去見兩宮太后，慈禧義憤填膺，聲稱新皇登基，積弊重重，同意奕訢的建議，將慶英交刑部嚴辦。諭旨一出，一時輿論譁然，看來，朝廷是認真的了。

　　不久，各地密摺雪片般飛往京城。順天府蔣大鏞被報收受賄

賂；永興知縣被劾貪酷害民，候補都司姚復鉞被參臨陣逃脫，如此
等等，奕訢一律下令嚴查，一經查實，不拘親疏，按律懲辦。當然，
奕訢因此也折了兩員大將何桂清和勝保。

同治元年（1862）正是三年一度的京察，兩宮太后和奕訢親自
把關，不徇私情。京察結束後，年老體衰的內閣學士巴彥春、平庸
無能的光祿寺雷以諴、品行敗壞的光祿少卿範承典被同時勒令退
休，而才華出眾、耿介正直的潘祖蔭，敢作敢為、膽魄過人的左宗
棠等人則加以提拔重用。從此，朝廷一改往日的頹勢，一個活力四
射的領導團隊組成了，行政效率極大提高。

平反冤獄也是收買人心的必備良器。肅順專權時屢興大獄，冤
假錯案堆積如山。首先得以昭雪的是「五宇鈔票案」。咸豐年間，
為了解決浩繁的軍費開支，戶部設了四座「乾」字編號的寶鈔處和
五處「宇」字編號的官錢總局，大肆鑄造劣質大錢充行市面。肅順
奉旨查辦時，發現宇字五號局的帳目與官錢總局的帳目不符，貪污
高達數千兩白銀。肅順大動干戈，抄了數十家，拘捕了百餘人，歷
時兩年多，弄得朝廷人心大亂。奕訢指示刑部，凡是查無實據的一
律平反釋放，發還家產，三天內迅速結案，上百人沉冤得雪，一時
人心大快。

緊接著，御史任兆堅等人上奏，懇請為戊午科場案而斬立決的
大學士柏葰昭雪。柏葰，蒙古人，因咸豐八年（1858）任主考官時，
因聽信家人囑託，參與舞弊，被肅順抓住把柄，公報私仇，次年二
月，柏葰被判斬立決，同時有多人被判死刑，幾十名大員被革職流

放。百官認為罰不當罪，奕訢立即表示贊同，造冊平反，柏葰之子法外開恩，錄為正式官員。聖旨一下，朝野歡呼雀躍，稱頌奕訢為一代賢王。剛過而立之年的奕訢舉止安祥，儀表超群，少了當日肅順的咄咄逼人，給人一種幹練脫俗的印象。

奕訢收買人心的又一措施便是廣招天下賢才。為了避免禍起蕭牆，在親族中起用了已長大成人的醇親王為御前大臣、後扈大臣、正黃旗領侍衛大臣，並管理神機營事務，另簡拔了豫親王、肅親王等委以要職，從而大大提高皇族親貴的地位和威望。

奕訢利用新皇開蒙館的機會，將一些被肅順排擠的耆碩舊勳選為帝師，如前大學士李鴻藻、翁心存和前太常寺卿李棠階，其門生弟子對奕訢都是感恩戴德。奕訢還請旨要各省各軍唯才是舉，舉薦者給予表彰和獎賞。朝廷破除積習，不拘一格，廣攬賢才，湘軍能人輩出，巡撫、總督達幾十人，布政使、按察使、提督、總兵以上高級官員多達數百人，一時湖湘弟子遍天下。奕訢的聲望空前提高，朝廷的凝聚力極大增強。

奕訢上臺後最重要的一個「功績」是領導並剿滅了太平天國運動，加強了朝廷對全國的控制力。洪秀全於咸豐元年（1851）在金田起義以來，一路勢如破竹，過全州、經長沙、奪武漢、下九江、到南京，最後改南京為天京，定為都城，於咸豐八年（1858）達到全盛，佔據了當時的天下糧倉江浙一帶，八旗勁旅雄風早失，綠營子弟武備廢馳，聞戰色變，各地自辦團練，其中曾國藩的湘軍獨樹一幟，漸成勁旅，但名聲大噪的湘軍卻遭到朝廷猜忌，曾國藩是個

有名無實的在籍守孝侍郎,所到之處受到節制,不能順利籌備糧餉,以致貽誤戰機。政變後,奕訢迅速奏請委任曾國藩為兩江總督,節制江南四省軍務。當時慈禧手中正握著杭州失守、巡撫王有齡自殺、太平軍進攻上海的六百里加急軍報,朝野大臣急得驚慌失措。奕訢不慌不忙地分析戰敗局勢,王有齡拒交軍餉在前,曾國藩按兵不動在後,彼此有隙,致使杭州失守,扭轉局勢的關鍵是重用曾國藩,提拔曾國藩手下大將,將左宗棠任命為浙江巡撫、李鴻章為江蘇巡撫、沈葆楨為江西巡撫、李續宜為安徽巡撫、駱秉章為四川總督等,讓他們齊心協力,共同剿匪。奕訢語驚四座,一些大臣認為一介布衣庶民一躍為二品巡撫,何況滿漢有別,剿匪之後,擁兵自重,尾大不掉,恐怕會重演三藩之亂。奕訢卻認為,曾國藩胸襟開闊,李鴻章才氣逼人,左宗棠性格高傲,只要適當運用,讓他們相互掣肘,一時之間也難成氣候。朝廷正在危急存亡時刻,無人可用,無軍可使,何不放手一搏。慈禧思慮再三,不得已勉強同意,大膽運用。

　　朝廷上諭一出,一時間朝野譁然,同時將這麼多作戰省區的行政大權交到漢族官僚手中,這樣,半壁江山都控制在曾國藩之手,怎一個險字了得。滿族權貴屢屢上摺,請求裁其軍,削其權,慈禧和奕訢始終不為所動。曾國藩自知權重招災,曾上摺請辭,稱自己權位太重,恐他日形成外重內輕之勢,請求收回四省軍務。當然,這只是曾國藩對慈禧和奕訢態度的一種試探。

　　奕訢自然不肯,並請旨升他為協辦大學士,管理軍部,不久又

批准了他派李鴻章招募淮軍的請求。此後，曾國藩的一切奏報，慈禧和奕訢一律親自閱看；一切規劃，言聽計從。曾國藩果然不負所望，他坐鎮安慶，經過周密部署，命曾國荃攻天京，左宗棠攻杭州，彭玉麟攻長江下游，多隆阿攻廬州，李續宜攻蘇州，鮑超攻寧國等，一場以天京為中心的攻堅戰開始了。四年時間內，太平軍節節敗退，逐漸退守，湘軍終於於同治三年（1864）攻破天京，取得徹底勝利。朝野歡騰，大肆賞爵，曾國藩加太子太保銜，封一等侯爵。

　　曾國藩一時功高蓋主，手握重兵，坐擁半壁江山，戚勳舊部遍天下，奕訢與慈禧開始擔心湘軍有變。奕訢勸慈禧靜觀其變，湘軍是自募成軍，非國家正規軍隊，戰事一息，即無存在的理由，只要曾國藩解散湘軍，威脅自然全消，朝廷貿然下令解散湘軍，一旦激起兵變，後果不堪設想。慈禧覺得言之有理，對曾國藩不但不收權，反而加意籠絡。湘軍內部擁兵自立的呼聲不斷，但曾國藩始終不為所動，權衡利弊之後，決定解散積習成弊的湘軍，保留精幹的淮軍，消除朝廷猜疑。湘軍解散，奕訢和慈禧都鬆了一口氣，不久又派淮軍去剿滅僧格林沁征討多年無功而返的捻軍。曾國藩和李鴻章以靜制動，重點圍剿，並築長牆、挖戰壕，進攻與鞏固陣地相結合，歷經四年，最終剿滅了為患多年的捻軍。

　　大亂削平，吏治清明，奕訢聲望日隆，一度被人稱為綏亂安邦的「賢王」。奕訢出身皇族，一向自視甚高，功高位尊，不免自驕，叔嫂二人由當初的同舟共濟到貌合神離，矛盾逐漸顯現。

「鬼子六」力排萬難辦洋務

奕訢上臺以來，除了指揮戰場上的武力廝殺、談判桌上的唇槍舌劍，在經濟上也排除萬難，勵志圖強，著力發展洋務，當時京城流傳一句諷刺奕訢的聯語：鬼計本多端，使小朝廷設同文之館；軍機無遠略，誘佳子弟拜異類為師。「鬼子六」的綽號由此流傳開來。

隨著國門敞開，西方列強蜂擁而入，在敵強我弱的形勢之下，奕訢採取「外敦信睦，隱示羈縻」的方針，趨利避害，以圖中外相安無事。同治元年（1862），湘贛一帶的豪紳發動了驅趕洋人的運動，各國公使提出嚴重交涉。奕訢也想打擊一下洋人的囂張氣焰，無奈國事糜爛，北有捻軍，南有太平軍，列強更是虎視眈眈，恨不得將中國分而食之。權衡再三，奕訢決定對群眾進行疏導，對外賠款修和，由於處置得當，事態很快平息下去。

太平軍與湘軍激戰正酣時，葡萄牙趁火打劫，要求獲得《天津條約》中與英法同等的權力，葡萄牙稍加壓力，缺乏外交經驗的奕訢便滿口應承，輕而易舉的勝利激發了葡萄牙政府無限的貪欲。同年，葡萄牙的澳門總督來到北京，簽訂《中葡和好貿易條約》，條約中用隱晦的詞語將澳門佔為己有，毫無國際法律知識的奕訢鑽進了葡萄牙設定好的圈套內卻渾然不覺，直到稍懂國際法的通商大臣薛煥發現問題並提出修約要求時為時已晚，奕訢等人在學習國際外交的過程中交出了第一筆沉重的學費。

在外交事務上頻頻遭受打擊為了進一步調整中外關係，向西方

學習，奕訢奏請設立總理各國事務衙門，專門負責處理外交事務，咸豐帝迫於形勢，於咸豐十一年（1861）正月，任命奕訢、桂良、文祥等為總理各國事務衙門大臣，辦理對外交涉事宜。總理衙門設立後，通過與洋人的近距離接觸，奕訢對東西方在技藝上的差距有了深刻的認識，屢次上摺請辦洋務，行自強救國之策，並成為京城洋務運動的中心，一批新崛起的漢族官僚和有遠見卓識的封疆大吏很快成為這場運動的中堅力量。身處權力頂峰的慈禧雖然痛恨外來侵略，但她希望洋務運動能夠成為她鞏固政權的重要法寶，用各種方式關注和支援著這場自強運動。奕訢也在自強的名義下積極宣導購買洋槍洋炮和創辦近代軍事工業。

鴉片戰爭中西洋人的堅船利炮令中國人記憶猶新，奕訢明白自強禦侮最直接的方法就是發展軍事工業。西方人都是自海上來，中國水軍卻只能近海作戰，缺乏現代艦艇，為今之計購買是最快捷的方式。通過一番考量，奕訢決定向英國購買，前海關總稅務司李泰國答應代購，暗中卻策劃奪取中國今後的海軍控制權。奕訢努力周旋，李泰國態度強硬，談判最終不歡而散，但奕訢的外交手腕初現崢嶸，最終贏得了國人的一片讚譽。

同治五年（1866），赫德請了六個月的婚假，建議政府派一個考察團同他到西歐考察政情風俗。一聽說出洋，大家都視為畏途，最終是總理衙門年過花甲的斌椿主動請纓，帶了兒子和三位同文館學生組團出國。西方璀璨的物質文明讓他們目不暇給，奔馳的火車，四通八達的交通，極其便利的電燈、電話，速度驚人的大機器

生產……與田園詩似的中國完全是天壤之別。他們將所見所聞訴諸文字並呈給奕訢時，奕訢再次深感洋務自強的緊迫性和必要性。

　　同年十一月，奕訢上摺，請求在同文館開設天文算學，請西洋教師上課。招生範圍除八旗子弟外，五品以下京官、年齡在二十歲以下者都須入學。養尊處優的慈禧雖然不懂洋務，但自強求富，她還是深表贊許的，看著因歷練而變得更加穩重成熟的奕訢，會心一笑，批了一個「准」字，奏摺中另一句話卻引起了軒然大波：翰林院的編修、檢討、庶起士也入館演習。御史李盛藻認為科學是技巧，讓以科舉正途的士人拜洋人為師，有辱斯文。大學士倭仁稱「立國之道，尚禮儀不尚權謀；根本之途，在人心不在技藝」，拜洋人為師無異於奇恥大辱，捨本逐末，以夏變夷，「鬼子六」的稱號更是在朝臣中不脛而走，頑固派鬥爭的矛頭直指奕訢。慈禧親自召見他們，詢問理由，當場將他們搶白了一頓，並命倭仁主持同文館，窘迫得倭仁在給小皇帝上課時老淚橫流，最後因意外受傷才辭掉這個讓他難堪的職位。奕訢更是據理力爭，痛斥倭仁等人的食古不化、不識時務。叔嫂一心，其利斷金，令頑固派無計可施，倭仁等這才有所收斂。慈禧為了支持奕訢的自強之舉，還連發上諭，表彰幾個地方上的洋務大臣，洋務人士立刻士氣高漲。

　　一波未平，一波又起，當年恰逢華北大旱，疫情不斷，倭仁等乘機反撲，誣指洋務運動引起人神共怒，天降處罰。慈禧閱後十分生氣，下令軍機處擬摺據理反駁，痛斥了倭仁等人的守舊論調，旗幟鮮明地站在奕訢一邊，將自強運動進行到底。

在慈禧和奕訢的支持下，洋務運動順利開展，飽含著現代化資訊的現代工業雨後春筍般湧現在中華大地上：

同治元年（1862），第一支近代化陸軍出現在天津，第一所翻譯學校京師同文館設立；

同治四年（1865），第一個大型兵工廠江南製造總局成立；

同治五年（1866），第一所近代海軍學校福州船政學堂成立，第一座造船廠福州船政局建立；第一個赴歐考察團順利出國。

同治九年（1870），中國第一支近代海軍——北洋水師籌建。

光緒二年（1876），中國的第一條鐵路吳淞鐵路建成。

光緒三年（1877），第一批海軍留學生赴歐留學，第一煤礦——臺灣基隆煤礦建立。

光緒四年（1878），最早的機器毛紡織廠——蘭州織呢局建立。

光緒五年（1879），第一條從北塘到天津的電報線架設成功。

光緒六年（1880），第一座機器紡織工廠——上海機器織布局正式開工。同年，在天津設立水師學堂，購置軍艦；設立南北電報局。

光緒七年（1881），設立開平礦務局。

光緒八年（1882），建立旅順軍港。

光緒十一年（1885），清政府新設了海軍衙門；在天津設陸軍武備學堂。

洋務運動雖然弊端明顯，最終以失敗而告終，但這場帶有鮮明西學色彩的改革給衰朽的王朝帶來了無限生機和活力。兩位年輕而朝氣蓬勃的統治者——慈禧和奕訢，攜手合作，共創了這段輝煌。

臣強主弱遭蹉跎

　　器滿則傾，志滿則覆；名高妒起，寵極謗生，這位志酬意滿的親王忘記了這些深刻的教訓。歷代皇帝的臥榻之側，都容不下他人鼾睡。無冕女王慈禧更是如此，往日情愛再深，只要阻擋了皇權大道，必被掃地出門。

　　奕訢以議政王身份總攝朝政，部院大臣有事必然以他的意見為尊，奕訢也漸漸有了太后只享垂簾聽政的美名而實權歸己的想法，慈禧對此早已洞察秋毫，但她還需要奕訢為她力挽危局，只是不動聲色地連折了他兩員大將：何桂清和勝保。

　　咸豐帝時，何桂清任兩江總督，擁兵自衛，坐視常州兵敗而不救，太平軍攻城時，何桂清準備棄城而逃，當地百姓聞訊赴轅門跪請何桂清率兵堅守，何桂清居然射殺百姓。何桂清欲逃入蘇州，蘇州巡撫拒絕其入城躲避，並上摺告發。咸豐帝龍顏大怒，下令革職嚴審，何桂清逃往上海，受到薛煥的庇護。後因咸豐帝逃往熱河，此事不了了之。同治元年（1862）十月，御史們舊案重提，慈禧下令刑部重治其罪。奕訢心痛不已，率親信大臣上疏為何桂清辯解翻案，慈禧絲毫不為所動。

　　痛失何桂清兩個月後，奕訢再失勝保。勝保在辛酉政變以武力支持完成了親王議政的大局，後以奕訢為後盾恃寵而驕。勝保在鎮壓太平軍的過程中攜妓隨營，收納陳玉成的叛妻為妾，並抽釐自肥，捏造大捷，被御史查到實據，後在鎮壓回民之亂時，多次作戰

失利，並擅自調招降的捻軍苗沛霖部前往陝甘，造成軍隊嘩變。慈禧命多隆阿將其擒回京城，交奕訢審訊。奕訢竭力為勝保開脫，慈禧趁奕訢離朝的間隙，下詔立斬勝保，奕訢得知消息，回頭去救時，勝保人頭早已落地。

慈禧需要的不僅僅是能臣幹將，更重要的是要言聽計從的親信心腹。慈禧此舉無異敲山震虎，殺雞儆猴，給權勢顯赫的奕訢一個嚴重警告。連損兩員大將，奕訢悲痛不已，在這場沒有硝煙的較量中，生性耿直、雷厲風行的奕訢面對老謀深算的慈禧顯然棋輸一著。

同治三年（1864）六月，太平軍失掉了最後一個據點——江寧，朝野內外眾人歡騰，兩宮太后連下諭旨，按功賞賜，奕訢以議政王主持樞廷居首功，賞加三等軍功。奕訢同時也獲得了時人的高度肯定，不少人稱頌他為「豁達大度」、「定亂綏邦」的「賢王」，稱他「削平僭偽，綏靖邊陲，偉烈豐功」有史以來從所未見，甚而一度形成了「只知有恭親王，不知有大清朝」的局面。奕訢也被榮譽沖昏了頭腦，有點得意忘形。

每次入宮議事，太監給皇帝和慈禧獻茶時，慈禧必定命太監也給奕訢獻茶。有一次，召見時間太長，慈禧忘記命太監獻茶了，結果奕訢一時忘了尊卑，徑直拿起案上的御茶喝了，喝到一半，奕訢才發覺這是小皇帝的御茶，趕忙放了回去，而奕訢的無意之舉則被慈禧記在心中，並認為是有意挑釁小皇帝和太后的權威。

奕訢在被兩宮太后召對時，有時會因沒聽清楚或沒聽明白而請

慈禧重述一遍，這往往被慈禧認為奕訢是佯裝沒有聽到，有意捉弄並輕侮自己。奕訢和太后意見不同的時候往往還高聲抗辯，這讓慈禧感覺到奕訢因聲望漸隆而對她們日漸傲慢無禮。兩宮太后召見大臣，不經太監傳旨，任何人不得擅入，而奕訢常常不經傳旨徑直入內。他甚至當著兩宮太后的面說：「兩宮太后的地位都是由我保全的。」小叔子成天在外面風光，以為她們深居宮中，蒙蔽無知，這非常傷慈禧的自尊心，她決心好好整治一下這位不知天高地厚的親王。慈禧對此絕不能寬恕。

同治四年（1865）的某一天，慈禧與奕訢兩人因政見不同而吵了起來，慈禧憤而怒斥奕訢：「你事事與我為難，我要革你的職！」奕訢卻不甘示弱地回敬說：「臣是先皇第六子，就算太后能革我的職，也不能革我皇子的身份！」

當年三月初四，奕訢像往常一樣入值覲見兩宮太后，這時，慈禧突然拿出一份奏摺，滿臉嚴肅地對奕訢說：「有人參劾你！」奕訢冷不防地被嚇了一跳，下意識地問：「誰彈劾我？」慈禧非常不滿意奕訢的傲慢態度，「哼」了一聲，說：「蔡壽祺！」奕訢聽後，很不以為然地說：「蔡壽祺不是好人！」他還準備要逮問蔡壽祺。

蔡壽祺是一個日講起居注官，因經常出入宮中，通過安德海得知了慈禧和奕訢不和的內幕，這才冒險上摺彈劾當時位高權重的恭親王奕訢，目的是藉此討好慈禧，讓自己一舉成名。

慈禧看到奕訢毫無認錯的意思，反而要逮問蔡壽祺，不免心頭

火起，於是便立刻將奕訢斥退。隨後慈禧避開奕訢掌握的軍機處，召集了大學士周祖培、瑞常、吏部尚書朱鳳標、戶部侍郎吳廷棟、刑部侍郎王發桂、內閣學士桑春榮、殷兆鏞等人到宮內開會。

會上，慈禧梨花帶淚，第一句話便是：「議政王執黨擅權，現在已經到了我沒法忍受的地步，我要重治他的罪！」聽得各大臣心疼不已又莫名其妙，不知道他們叔嫂之間發生了什麼，不知從何說起。慈禧見大臣們沒有反應，還以為他們怕奕訢報復，厲聲說：「各位大臣，你們想想先帝的遺詔，你們有什麼可怕的？議政王現在是罪無可逃，你們趕緊想個辦法，治他的罪！」眾位大臣是第一次看到慈禧發那麼大的脾氣，一個個被嚇得膽顫心驚，更不敢隨便說話了。

老成持重的周祖培見慈禧怒氣衝衝，敷衍了一句：「這事得兩宮皇太后乾坤獨斷，我們這些做臣子的不敢妄言。」慈禧聽後大怒：「如果什麼事情都讓我們來做，那還要你們幹什麼？等到皇帝今後長大親政了，我看你們到時怎麼逃脫懲罰！」

慈禧半是怒斥半是威脅的話，頓時讓氣氛緊張了起來。周祖培身為眾臣之首，畢竟是深得官場之道，他略一沉吟，便從容答道：「這事得要有真憑實據，還望太后容臣等退下調查清楚後再治罪不遲。」說完，周祖培還主動請纓，請求與大學士倭仁一起來抓這個案子。

周祖培的提議，既是緩兵之計，也是給兩宮太后的臺階，慈禧只得准奏，讓他們先去調查，再作處理。周祖培與倭仁接令後不敢

怠慢，隨後將蔡壽祺召來詢問。蔡壽祺的奏章主要彈劾了奕訢「貪墨、驕盈、攬權、舞弊」四大罪狀，可只有「貪墨」（收受賄賂、任用私人）一項提出了「薛煥、劉蓉」兩個證人，可連這兩個人蔡壽祺也僅是風聞而已。周祖培等人一時為難，不知道該怎麼回稟是好。經過一番商議，二人提出了這樣的處理建議：「原摺彈劾恭親王『貪墨、驕盈、攬權、舞弊』各款，雖查無實據，但未必事出無因。想必恭親王在召對之時，偶爾會流露出『驕盈、攬權、徇私』之狀，自然是難逃聖明洞鑒。臣等建議是否將恭親王的事權稍加裁減，也可保全懿親之處？」

令周祖培等人沒有想到的是，慈禧在再次召見他們時根本不看他們的奏議，直接拿出一份她自己早已擬定的朱諭：

「朕奉兩宮皇太后懿旨：本月初五日據蔡壽祺奏，恭親王辦事徇情、貪墨、驕盈、攬權，多招物議，種種情形等弊。嗣（似）此重情，何以能辦公事！查辦雖無實據，是（事）出有因，究屬曖昧知（之）事，難以懸揣。恭親王從議政以來，妄自尊大，諸多狂敖（傲），以（倚）仗爵高權重，目無君上，看（視）朕沖齡，諸多挾致（制），往往諳（暗）始（使）離間，不可細問。每日召見，趾高氣揚，言語之間，許多取巧，滿口胡談亂道，嗣（似）此情形，以後何以能辦國事？若不即（及）早宣示，朕歸（親）政之時，何以能用人行正（政）？嗣（似）此重大情形，姑免深究，方知朕寬大之恩。恭親王著毋庸在軍機處議政，革去一切差使，不准干預公事，方示朕保全之至意。特諭！」

　　雖然語言不甚通順，憤恨之意卻體現在字字句句中，慈禧未經軍機處，直接將此諭旨交內閣發出，同時對罷免奕訢後形成的政治真空作了相應的彌補。軍機處派惇親王、醇郡王、孚郡王等人輪流帶領；總理衙門則責令文祥等人和衷共濟，協同辦理。盛怒之下的慈禧態度之決絕，行動之專斷讓人瞠目結舌。此詔一發，震動朝野。無論是王公大臣還是外省督撫紛紛上摺，請太后收回成命。眾多大臣的強烈反應，也大大出乎了慈禧的意料。

　　一向遠離朝政的惇親王奕誴親自上摺為六弟辯白，指出恭親王自辦事以來，無大劣跡，即使語言之間有些不恭，也不過是無意為之，何必大動干戈，徒增話柄，在處理奕訢的問題上明確表示不滿。慈禧將蔡壽祺和惇親王的摺子交各部議處，城中盛傳恭親王將復政輔政的消息，事情似乎向著有利於奕訢的方面發展。

　　不料，事情並不那麼簡單。三月初九，慈禧召見了倭仁、周祖培等八位重臣，怒斥恭親王狂肆不堪，稱絕無複用的可能，並對上疏說情的惇親王冷嘲熱諷。但在會議結尾時，慈禧話鋒一轉，又稱朝廷從諫如流，眾大臣合疏為恭親王求情，兩宮未必不慎重考慮。這種矛盾複雜的心情和表態讓大臣們一頭霧水，難辨真偽，一時也拿不出什麼具體的意見，只好推遲到十四日再議。一直在外督促東陵工程的醇郡王十三日回京後，直奔紫禁城，為恭親王說情。他先讚頌慈禧知人善任，措置得當，接著肯定恭親王感荷深恩，敢於任事，請求慈禧令其改過自新，以觀後效。大臣們受了啟發，紛紛上疏，請求慈禧對恭親王酌賞錄用，以觀後效。

　　事情到了這一步，應該有所轉圜了。慈禧借坡下驢，擺出虛心
納諫的姿態，於三月十六日，羞辱打擊奕訢的目的達到之後，以同
治帝名義明發上諭：希望恭親王通過此次懲儆，痛自斂抑，體諒朝
廷小懲大誡、曲為保全的美意。恭親王雖然咎由自取，但尚可錄
用，仍在內廷行走，並仍管各國事務衙門，但免去他「議政王」的
頭銜和首席軍機大臣的要職。慈禧進一步收緊了最高皇權。

　　明諭發佈後，慈禧並沒有立即召見奕訢。奕訢請求召見，她不
予理睬，以示冷淡。直到二十多天後的四月十四日，慈禧召見了奕
訢。召見時奕訢立刻伏地痛哭，叩頭請罪，作出了服從諭旨、聽從
裁決的姿態。經過蹉跎的奕訢，第一次真真切切感受到了昔日枕
邊人的厲害，三年前一日三封，恩及故母和子女，何等風光，三
年後，翻臉無情，所有恩賞一日之內蕩然無存。奕訢的心涼到了
谷底。

　　為了表達澈底悔改的決心，同治四年（1865）九月，咸豐帝奉
安定陵，奕訢籌備有功，慈禧準備優獎。奕訢牢記功高蓋主的古
訓，再三請辭，所以宗人府評價他「近來事無鉅細，深自斂抑」，
慈禧對此十分滿意，特旨其言行無須納入起居注。奕訢為進一步表
明心跡，請慈禧收回對其女的封號，慈禧同意其請求，但仍將其長
女封為榮壽公主。奕訢從此變得謹小慎微，頗中慈禧的心意，叔嫂
關係緩和不少。

　　通過這次挫折，奕訢明白自己從來就不該有與太后平起平坐的
念頭，即使他偶爾還被允許爬入她的鳳榻，但雙方的關係就像主婦

和管家一樣，永遠不可逾越。從此銳意進取的親王變得小心翼翼、瞻前顧後，剛剛起步的中興大業也大打折扣。

銳意進取遭羞辱

百足之蟲死而不僵，雖然奕訢被削去了「議政王」的稱號，不少親信大臣紛紛落馬，但僅憑他往日的威信、親王之尊和軍機大臣之職，加上慈安的支持，收斂了不少的恭親王依然是慈禧政壇上的勁敵。

慈禧也不是個愚昧的專權者，她深知奕訢的能力，在軍事、洋務、外交等方面，她還需要依靠他去施展拳腳，用其所長，雖偶有不快，但慈禧有信心駕馭這個功高蓋主的親王。

奕訢和慈禧的第一個重大衝突是安德海之死。安德海仗著慈禧撐腰，培植黨羽，權勢熏天，瞞上欺下，朝中大臣敢怒不敢言，他還不斷離間慈禧與奕訢、小皇帝、慈安的關係，惹得人怒天怨，人人欲殺之而後快。安德海奉慈禧之命出宮採辦龍袍時，被奕訢等逮著了機會，密令山東巡撫丁寶楨將其就地正法。安德海伏誅後人心大快，慈禧啞巴吃黃連，有苦說不出，卻心生嫉恨。

慈禧對奕訢的第二怨便是阻修圓明園。重修圓明園一直是慈禧的夙願，安德海曾授意御史史德泰上奏請修圓明園，奕訢等人極力勸阻，慈禧只好作罷。同治帝親政後，為了擺脫挾制，獨攬皇權，

以奉養太后為名重提修圓明園之事，戶部侍郎桂清等上奏諫阻，遭到同治帝的嚴厲斥責，重修圓明園勢在必行。奕訢見反對無果，主動捐銀表心跡。但重修圓明園工程浩繁，開支巨大，結果剛開始就鬧出一個李光昭詐騙案，百官停止修園的呼聲越來越高，同治帝一概置之不理，整日藉著視察工程為名遊玩嬉戲。因為此事牽涉到其子載澄，奕訢只得唆使其他大臣出面諫阻。一次，醇親王在諫阻同治帝微服一事時，當眾將其某時遊玩某地一個不差地羅列出來，氣得同治帝跺腳大罵載澄出賣了他。而奕訢再次提及此事時，同治帝都會冷言相加，言語中飽含憤恨。真正要停修圓明園唯有慈禧點頭，大學士李鴻藻挺身而出犯顏直諫，慈禧這才覺得阻力過大，下令停修。同治帝得知消息後怒不可遏，指責奕訢等有離間母子、把持朝政之嫌，嚇得奕訢趕快叩頭申辯。在下旨停修之前，同治帝發了一個上諭：盡革恭親王所兼軍機處及一切差使，降為不入八分輔國公，交宗人府嚴議。文祥等人拒不接旨，並要求面聖，同治帝一概拒見。第二天他再發朱諭，稱恭親王目無君上，語言多有失儀，革去親王世襲罔替，降為郡王，仍在軍機上行走，其子載澄革去貝勒郡王銜，以示懲儆，並將醇王、景壽等十多名重臣以「朋比為奸，謀為不軌」為名革去職位。兩宮太后見同治帝胡鬧，趕緊到弘德殿見同治帝和眾位革職的重臣，責令同治帝長跪不起，兩宮太后流淚懇請眾臣原諒皇帝少不更事，聲稱前日諭旨一律取消，賞還恭親王及其子的爵位，停修圓明園。眾位大臣這才笑顏如初。在這場較量中，老謀深算的慈禧一直站在幕後支持兒子抵制群臣，當同治

帝和眾臣兩敗俱傷時，奕訢再遭羞辱，慈禧這才一把眼淚、滿腔恩情地出面制止，關鍵時刻，慈禧讓人再次認清她才是大清朝的當家人。

經圓明園一事，讓同治帝窩了一肚子火，他從此忙著玩樂，與宮外的私娼鬼混。放浪形骸的日子很快結束了，身染梅毒的同治帝纏綿病榻，最高皇權之爭也在微妙地進行著。

同治帝病重時，命帝師李鴻藻代批奏摺。李鴻藻深知其中利害，每次僅批「知道了」、「交該部議」等字樣，實權落到了軍機處首領奕訢手中。慈禧怎會容許大權旁落，同治十二年（1873）十一月初八，奕訢閱摺不過三天，兩宮太后在東暖閣召開軍機大臣和御前大臣會議，慈禧暗示大臣們要再次籲請太后垂簾聽政。

次日，慈禧再次急不可待地在同治帝病榻前召見大臣們，授意同治帝請太后垂簾聽政，並責令恭親王必須順從恭敬，不得擅自做主，奕訢嚇得不敢申辯，只是唯唯稱諾。第二日，依惇親王所請，奕訢在行使了五天代為閱摺和裁決權後，將其全部移交慈禧。經過前幾場挫折，奕訢已經明白了自己的處境，主動交權才是明哲保身的方法。

同治帝之死再次將慈禧和奕訢之間的權力平衡打破，在皇位繼承問題上，嗣君的選擇直接關係到皇權的去向。奕訢是皇族近支，其子也有繼承權。但經過幾十年的權力較量和接替，慈禧已經大權在握，關鍵時刻她要選擇一個最有利於自己的嗣君，她選中了醇親王年僅四歲的兒子載湉。這一次，慈禧以毫無猶疑的高壓方式完成

了自己繼續掌權的夢想，奕訢再輔新君，但銳氣已遠不如前。隨著文祥、沈桂芬、王文韶等人的相繼離世離職，慈禧又扶植了李鴻藻、倭仁等清流派與之相抗，奕訢的勢力日漸單薄，竟有孤立無援之感。

正當奕訢感覺孤掌難鳴時，一向支持和信任奕訢的慈安突然壯年而逝，這讓奕訢更加勢單力孤。慈安雖一向不理政務，畢竟位居東宮，慈禧在禮儀上無法超越，兩人或明或暗在地位和皇權上屢有爭奪。慈禧與慈安在斬安德海、同治帝皇后選擇、嗣君選擇等問題上一直存在分歧。慈禧不守婦道，穢亂宮廷，幾次被吃齋念佛的慈安撞破，慈禧對她早起殺機，無奈慈安手持咸豐帝密旨，不敢貿然動手。光緒七年（1881），慈安偶感風寒，慈禧割手臂為藥引，將慈安感動得無以復加，遂將密旨拿出當眾銷毀；次日便驟然離世，御醫對其死因也是閃爍其詞。慈安一死，奕訢賴以尊榮的力量崩塌，慈禧增植的力量也慢慢地掌握了內務府、軍機處等要職，慈禧已經可以無所顧忌地將奕訢玩弄於股掌之間了。只是奕訢諳練老成，長於外交，慈禧還要運用他與列強周旋。

光緒八年（1882），由於長年的奔波勞累，奕訢體力不支，最終病倒，請假半年有餘。慈禧乘機命親信李鴻藻主持軍機處，李鴻章入總理衙門處理外交事務。重回朝廷時，奕訢見形勢丕變，更加沉默寡言，對中法戰事的和戰問題，態度模棱兩可，一切以慈禧馬首是瞻，但這改變不了他被罷黜的命運。

光緒十年（1884）三月初八，日講起居注官盛昱上奏摺，主旨

是追究中法戰爭失利的原因，認為恭親王奕訢和各軍機大臣要戴罪立功，改正前非。慈禧正在中央尋找中法戰爭失利的替罪羊，決定以此摺作為轟擊恭親王奕訢一干人的第一炮。三月十三日，她單獨召見領班軍機章京，藉口中法戰爭中山西、北寧失守是奕訢因循失職，謬執成見，昧於知人，因而頒佈上諭，宣佈將奕訢為首的軍機處全部撤換，奕訢被革去一切職務，並撤去恩加雙俸的待遇，令家居養疾。奕訢的親信大臣全部革職或調離軍機處，全部由慈禧的親信大臣填缺。慈禧僅用了不到一個星期的時間，使王朝官僚階層來了一次大換血，建立了一個完全聽命於朝廷的新軍機處，其組成人員，在見識、威望、能力和人品上與原軍機處相差甚遠，但慈禧此時需要的不過是一些裝飾物罷了，慈禧在真正意義上成了不受任何約束的太上女皇。

奕訢的這次罷黜與十九年前的彈劾風波截然不同，反響寥寥。奕訢自己也很平靜，不再申辯，也不再憤懣，簡單地收拾了一些物品，安靜地離開，經歷了這麼多波折，奕訢終於寵辱不驚了。苦心經營了二十多年，羽翼漸豐的慈禧終於完成了夙願——獨掌大權。

懦弱親王撐危局

經過了幾十年的宦海沉浮、風雲跌宕，一朝罷官，奕訢無官一身輕，過起了閑雲野鶴般的日子。整日陪著家小享受天倫之樂，閑

暇時邀上二三好友遊山玩水，吟詩作對。一晃十年過去了，光緒二十年（1894），古老的帝國再次面臨嚴峻挑戰，日寇長驅直入，朝野戰和爭論不休，危急時刻，光緒帝想到了奕訢。

光緒帝成年後，為真正掌握皇權努力不懈，朝廷很快分成涇渭分明的帝后兩黨。在甲午戰爭中，帝后兩黨一個主戰，一個主和，主戰的帝黨實力明顯不如后黨。光緒帝多年來一直聽聞恭親王頗有決斷力，是有史以來唯一一個敢與慈禧頂撞的人，時局維艱，恭親王如果願意出山，帝黨勢力必然大增。在翁同龢的主持下，一個集體奏議出現了。奕訢歷經兩朝，曾運籌帷幄，戡平太平軍之亂，現在日本人兵臨城下，中國軍隊節節敗退，國難當頭，大家一齊懇請恭親王出山。慈禧閱摺後，鳳顏大怒，心想奕訢閒居十年，魅力仍在？她冷冷地回絕了大家：「恭親王閒居數年，對朝事已經生疏，何況年事已高，還是讓他頤養天年吧。」她語氣決絕，毫無商量的餘地。

光緒帝仍不死心，指示帝黨四處奔走，再次聯名上奏。慈禧迫於壓力召見了奕訢，多年未見，奕訢兩鬢已染風霜，但精神還算矍鑠，顯然寶刀未老。彼此寒暄一陣後，慈禧請奕訢出山。雖然閒居多年，但奕訢一直高度關心時政，對目前的危局擔憂不已，一直苦於師出無名，想不到自己年逾六旬了，還有為朝廷效力的機會，趕緊伏地謝恩。慈禧以奕訢染疾為名，命奕訢在內廷行走，幫辦外交和軍務，當差隨意。此話表面上是體恤奕訢年事已高，卻暗含猜疑的意味。奕訢經過十年蹉跎，不少老友離世，家中四妻三子女

也相繼撒手人寰，早已沒有往日的銳氣，上任一月有餘，都是按部就班、毫無建樹。慈禧這才放寬心來，派奕訢督辦軍務，各路統兵大員均歸其節制，不遵號令者可軍法處置。一個月後，再授軍機大臣，職務逐步恢復。

令光緒帝大失所望的是，原意將其拉攏為帝黨中堅的奕訢一上臺便緊隨慈禧步調，在甲午戰爭中，密令李鴻章和日本人談和，並托故友赫德代為斡旋。但在前方戰事上，奕訢不忍國土失守，主張邊戰邊和談，慈禧卻醉心於自己的六十大壽，認為開戰開支浩大，要以和代戰。前方戰事不斷，慈禧卻拒談戰事，也不允許大臣們談論戰事。東北國土化成一焦土，大連告急，旅順告急，北京城內卻歌舞昇平，奕訢和光緒帝一樣痛心疾首。很快奕訢又病倒了，病榻之上的奕訢還在尋求和平解決的希望，而日本人的目的是要鏟平清廷的北洋海軍。光緒帝一籌莫展，危難之際，戰無精兵，國無良臣，北洋海軍全軍覆沒的消息傳來時，光緒帝驚得半晌無語。同時，這也宣佈了奕訢的外交斡旋失敗。日本春帆樓裡，受盡侮辱的李鴻章被迫簽下了城下之盟——《馬關條約》。條約一出，輿論譁然，奕訢再度求助俄、德、法，促成了三國干涉還遼，雖然付出了三千萬兩的「贖遼費」，但也不失為奕訢外交上的一次成功。割讓臺灣的消息傳出後，更是群情激憤，清朝準備就割台一事派人前往日本交涉，奕訢深知不可為，立即稱病不出，最終李鴻章之子李經方承下這千古罵名。

甲午一敗讓中國士人痛不欲生，更激發了光緒帝變革圖新的決

心。他雄心勃勃，想一顯身手，並以此擺脫慈禧的掣肘。帝黨中堅翁同龢想拉攏威望甚高的奕訢，可奕訢此時考慮的是如何調和兩派矛盾，帝后攜手，共禦外侮。維新派首領康有為得到光緒帝的重用，但這位狂妄而不諳政壇風雲的書生職位太低，他的摺子必須先經軍機處審核才能面聖。康有為連上幾摺都被軍機處扣押，《上清帝第六書》就在奕訢手裡整整停了四十多天。光緒帝對軍機處的多方阻撓十分惱火，準備繞開軍機處，另立制度局。帝后矛盾已經到了白熱化的程度，慈禧藉載澍之母控告其子不孝，強令光緒帝將其圈禁，以此敲山震虎。多年相處，奕訢明白慈禧的手腕，一方面他不許光緒帝違背祖制，實行變法；另一方面，他要維護光緒帝的皇位，阻止慈禧行廢止之舉。

當年的五月二十九日，六十七歲的奕訢已經走到了他的彌留之際，他囑咐前來探望的光緒帝：「聞有廣東舉人主張變法，請皇上慎思，不可輕信小人。」奕訢在遺摺中更是叮囑光緒帝，要與慈禧搞好關係，如今強鄰環伺，應該經武整軍，才是自強之策，千萬不要遽行變法。

奕訢病逝時，慈禧和光緒帝親自前往祭奠。奕訢死後第十三天，光緒帝宣佈變法，奕訢擔心的一切事情接二連三地發生了。不久變法失敗，光緒帝被囚禁，慈禧一手遮天，內憂外困接踵而至。十三年後，大清王朝宣告結束。

綜觀其一生，他聰敏過人，見寵於道光帝，與皇位擦肩而過；見嫉於咸豐帝，終其一朝，無所建樹。辛酉政變，與秘密情人慈禧

攜手共度患難，贏得議政王的大權，大展拳腳；忠誠謀國，在軍事
上運籌帷幄，在外交上縱橫捭闔，一度贏得了賢王的稱號，可惜功
高震主，最終屢遭蹉跎。歷史一唱三歎的背後，是無數個人命運的
跌宕沉浮。

第八章

慈禧最信任的男人
——權臣李鴻章

他是慈禧最信任的漢臣，是繼奕訢、曾國藩之後，慈禧的扛鼎之臣。他少年科第，壯年戎馬，中年封疆，晚年洋務，一路扶搖直上。他精於做人，敢於做事，內政外交，一身獨當，在波譎雲詭的晚清政局中力撐危局。幾十年不倒的官場常青樹，全因對慈禧的一個「忠」字。

李鴻章

他既不是親王，也不是權監，更不是情人，他憑
著一顆忠心，成為慈禧的肱股大臣。

鮮血染紅頂戴

　　他被慈禧稱為大清朝「再造玄黃」之人，是清代漢族官員中唯一一位在京師建祠的人，他官至直隸總督兼北洋通商大臣，授文華殿大學士，是漢官之首。他既不是奕訢那樣的親王貴冑，也不是榮祿那樣的舊日情人，他與無冕女王慈禧原無瓜葛，靠著自募的淮勇、後來的北洋海軍和勇於任事的性格，照亮自己的進仕之路，也打開了直達天廳的管道。

　　李鴻章，字少荃，出生於安徽合肥的名門望族，父兄在朝為官，二十四歲即考中進士，入翰林院編修，受業於曾國藩門下，立志「遍交海內知名士，去訪京師有道人」，只為封侯掛帥，直擊雲天。太平軍興起，李鴻章回鄉辦團練，最終失敗，後入曾國藩幕府，負責起草文書。但他少年的生活較懶散，有一次，李鴻章謊稱頭疼，臥床不起，曾國藩派人去催，並稱所有幕僚來齊了才開飯，李鴻章這才發現情況不妙，倉皇披衣前往。飯後，曾國藩表情嚴肅地訓道：「少荃，我的幕僚惟獨崇尚一個誠字！」說完拂袖而去，李鴻章嚇得大氣不敢出，此後養成了飲食起居有常的習慣。

　　曾國藩對這位才氣極佳的門生十分看重。同治元年（1862）底，太平軍直搗杭州，威逼上海。上海的士紳急忙派人來安慶向曾國藩求援。曾國藩決定讓李鴻章獨當一面，授命他組建一支淮軍東援。曾國藩又調撥了湘軍的幾營淮勇和一部分湘軍入淮軍，風趣地稱之為這是送女兒出閣的「贈嫁之資」，作為李鴻章淮軍的最初班底。

很快，李鴻章組建了一支六千五百多人的淮軍，兩個月後帶著他們乘上海士紳雇的外國汽船離開了安徽。在曾國藩的極力舉薦下，李鴻章被任命為江蘇巡撫並署理通商大臣，成為一位封疆重臣。

當淮軍剛到上海時，淮軍士兵自由散漫，粗話連篇，穿著土氣，他們長巾裹頭，前胸一個「淮」，後背一個「勇」，十裡洋場的人都稱他們為「叫花子軍」。李鴻章卻宣稱「淮軍雖是土氣了些，可很會打仗」，上海士紳對此嗤之以鼻。恰好，太平軍進攻上海，在戰鬥最緊張的時候，李鴻章搬了一把椅子坐在軍隊後退必經的橋頭，親自督戰。太平軍火力很猛，張遇春很快頂不住了，撤退至橋頭，李鴻章厲聲喝道「拿把刀來，把他的頭砍了」，嚇得張遇春連忙掉頭又去跟太平軍拼命。結果淮軍首戰旗開得勝，上海人歡欣鼓舞，李鴻章更是躊躇滿志。

李鴻章是個與時俱進的人，到上海時他才發現英法軍隊「大炮精純，子藥細巧，器械鮮明，隊伍雄整」，遠比他的淮軍要先進，要有戰鬥力，於是他大力整肅淮軍，三年內淮軍從軍紀、武器到戰術均已更新換代，並擁有了中國第一支新式炮兵隊。由於兵器精良，訓練得法，淮軍成了明顯優於湘軍的一支團練部隊。

由於曾國藩「用事太久，兵柄過重，權利過廣，遠者震驚，近者疑忌」，慈禧為此惴惴不安，採取了揚李抑曾的策略。為了遠權避謗，曾國藩以裁湘留淮，保全晚節，從此淮軍更是成了清朝政府賴以平內亂、禦外侮的唯一依靠。

太平天國失敗後，安徽、山東一帶捻軍四起，令慈禧夙夜憂歎，

朝廷先後派出僧格林沁和曾國藩進行鎮壓。僧格林沁依靠優勢兵力長途奔襲，結果被擅長游擊戰的捻軍耍得團團轉，以全軍覆沒而告終。清廷不得不重新起用曾國藩，而將兩江總督之職交由李鴻章署理，李鴻章為此喜不自禁。

曾國藩以靜制動，以逸待勞，不料防線太長，毫無勝算，加上淮軍雖由湘出，而實權操諸李鴻章之手，李暗中操縱，貽誤了戰機，朝廷這才起用李鴻章接任。李鴻章爭權競勢，把接任剿捻視為仕途升遷的一大機遇，甚至到曾國藩處索要關防，被曾國藩譏為「拼命做官」。

同治五年（1866）秋，李鴻章吸取了曾國藩失敗的教訓，認為要撲滅倏忽不定的捻軍，必須增添馬隊，馬步配合，左右夾擊，前後堵截，才能扭轉尾隨追逐、勞而無功的局面。在戰略上，他堅守曾國藩畫河圈地的主張，實行扼地兜剿，驅逐捻軍到深山惡水，重重圍困，加以殲滅。與此同時，他還利用收買、招降等方式分化瓦解，最後分割包圍並消滅捻軍有生力量。同治六年（1867）十二月，賴文光被俘就義，東捻軍為李鴻章所撲滅。同治七年（1868）正月，西捻軍進入直隸，京師大震，清廷急調李鴻章、左宗棠進行鎮壓。七月，西捻軍進入山東境內黃河、運河和徒駭河之間的狹窄地帶，被清軍圍困，突圍失敗，全軍覆沒。

李鴻章在鎮壓東捻軍中立下了汗馬功勞，於同治六年（1867）被清廷實授為湖廣總督；西捻軍覆滅時，又賞加太子太保銜，成為握有實權的封疆大吏。李鴻章履行他做事更做人的理念，四處網羅

人才，據統計，通過戰功推薦的四品以上官吏就達二十多人，中級官員達兩千多人，組成了以李鴻章為首的龐大淮軍集團。李鴻章到處結交朝廷重臣以資奧援，尤其是設法接近並效忠於恭親王奕訢，以固恩寵。

不久曾國藩因天津教案備受詬病，慈禧擔心曾國藩威勢過高，有意抑曾揚李，將曾國藩調任兩江總督，由李鴻章擔任直隸總督，兼任北洋通商事務大臣。他在天津設立的衙門，號稱「第二中央政府」。此後，他成了慈禧的樞機重臣，參與清政府內政、外交、經濟、軍事等一系列重大舉措，被慈禧倚作畿疆門戶、恃若長城的肱股重臣。

隨著李鴻章地位和權利的上升，他一手創建的淮軍成為扮演國防軍角色的常備軍，而淮軍將領、幕僚以及一批志同道合的官僚組成了淮軍集團。他們在李鴻章的帶領下，成為當時最具實力的一個洋務集團。李鴻章在仕途上雖小有波折，但總的趨勢是一路扶搖直上，同治十一年（1872）任武英殿大學士，仍留直隸總督任；光緒元年（1875），晉封文華殿大學士。文華殿大學士居大學士之首，一向是滿人的專利，李鴻章以漢人授此職，是亙古未有。當時人稱李鴻章坐鎮北洋，遙執朝政，所有內政外交，慈禧無不言聽計從，是有清以來漢臣中最有權勢的人。

中法談判一定大局

　　奕訢雖經同治四年（1865）一挫，在內政外交方面依然是慈禧不可或缺的幹將，然而面對歸政光緒帝的時間日益迫近，慈禧隱憂叢生，她決心在歸政之前將奕訢逐出權力核心，組建完全聽命於自己的樞臣機構。光緒八年（1882）中法一戰為慈禧找到了重組軍機處的契機，為李鴻章走向權力核心打開了天窗。

　　光緒六年（1880），法國積極籌畫武力奪取越南北部，矛頭直指清國西南邊境。奕譞、左宗棠、劉坤一等主戰，認為中越山水相連，唇齒相依，清廷絕不可坐視不理。李鴻章當時為直隸總督兼北洋大臣，主張戰備、議和雙管齊下，但戰為和計。很長時間內，慈禧在戰和問題上遊移不定，遲延不決，後來逐漸被主戰派慷慨激昂的愛國熱情感染，一心主戰。她派李鴻章到廣東督辦越南事宜，所有廣東、廣西、雲南的防軍均歸其節制，李鴻章因反對中越開戰，堅決請辭。

　　光緒八年（1882），由於長期的勞累奔波，日積月累，奕訢的身體狀況迅速下降，經常感覺倦怠，八月以後，更是感覺身體不支，有時甚至幾天不能入值軍機，而且經常便血，無奈請長假在家休養。十二月，鑒於奕訢的病情無法在短期內恢復，總理衙門許多事務等待處理，慈禧環顧四周，選中了李鴻章代理其有關外交大事。次年二月，奕訢病癒，但仍精神不振。慈禧再賞假一月，讓他安心調養。直至該年六月，奕訢才重入軍機處，期間正是中法戰爭

「和」、「戰」難決的時候。

　　光緒九年（1883），法國主戰的茹費理內閣上臺，加強了對清廷邊境的挑釁，慈禧聲稱不能再退讓了，一面命李鴻章、曾紀澤主持談判，對法國特使提出「劃界撤兵，共剿土匪」的要求；一面又令西南前線將領，督飭嚴防，以戰促和。隨著山西、北寧的相繼失守，慈禧這才發現這群不習戎事的書生根本不足任事，奕訢也早已庸碌無遠見，唯有李鴻章高瞻遠矚，國防、軍事上有賴其淮軍支撐，外交上也有賴李鴻章與洋人拉關係，儘快脫離戰事的困擾，因而在內政外交上多倚重於他。

　　光緒十年（1884），李鴻章給總理衙門的一封公函，從士氣、戰術、裝備、訓練等方面分析法軍優越於清軍的狀況，認為開戰後，兵連禍結，一發難收，要慈禧或避戰求和，或下令前線避開陣地戰，展開叢林戰和遊擊戰，方能取勝。這封公函表達了李鴻章長久以來主和的緣由，得到慈禧的基本認可。

　　法國人一直企圖以武力逼中國就範，根本無心與中國議和，李鴻章雖然以相當的耐心和柔韌應對法國人的強硬，但和局總是撲朔迷離，山重水複，難成定音。

　　紙橋大捷等戰役將狂妄的法國人打得鬥志全消，法國人開始重估中國軍隊的實力。以李鴻章為首的求和談判一直在延續，法方代表的態度也隨戰局的變化而發生改變，雙方終於簽訂了《中法簡明條約》，慈禧見無割地、賠款，便盲目地批准了條約。慈禧和李鴻章本以為戰事就此結束，可條約墨蹟未乾，法軍又從海上攻擊福建

和臺灣，馬尾船港盡毀，慈禧對法國人的出爾反爾震驚不已，三天後對法宣戰。李鴻章的淮軍成為國家恃為長城的國防軍，被派遣於西南、東南戰場。雖然中國在軍事、外交上一直處於有利地位，可慈禧和李鴻章卻擔心兵連禍結，會激起兵變、民變，始終或明或暗地積極進行求和活動。李鴻章的做法引來了謗議喧騰，清流派攻擊他挾淮軍以攬權，長夷人聲勢來恫嚇朝廷，以掩蓋其貪生畏死、牟利營私的詭計，甚至上摺彈劾李鴻章。慈禧對此冷眼旁觀，雖然她也深悉，此時李鴻章手握淮軍和北洋海軍兩張王牌，不少漢臣均出自其門下，舉朝望去，自奕訢之後，懂洋人心思的唯有李鴻章，可如今時勢已不同於曾國藩時期，國事糜爛已非李鴻章不可了，當然一方面她培植清流派和以左宗棠為首的湘軍集團抵制李鴻章及其淮系，另一方面依然對李鴻章委以重任，在軍事、外交上傾心依賴於他。

經過二十多年的政壇磨礪，此時的慈禧已經諳悉權謀機變，朝中大多官僚唯她馬首是瞻，可歸政在即，雖然奕訢和光緒帝兩股勢力目前還不足為懼，但一旦聯合，會像奕訢和慈安一樣聯合掣肘於她。不久後她真的要回後宮頤養天年了，她絕對不會允許這樣的事發生。同年甲申朝局之變，以奕訢為首的軍機處在短短一個星期內消失殆盡，奕訢開始了長達十年之久的休閒生涯，取而代之的是醇親王奕譞、禮親王世鐸、慶郡王奕劻，可這些新進的王公更加庸碌，言聽必從、有求必應且能力卓絕的李鴻章集團成為朝廷實際的樞廷機構，尤其是總理衙門的有關外交事宜全權交給李鴻章負責。此舉

猶如給清流派當頭棒喝，李鴻章求和的態度變得更積極主動。

　　近代以來的戰爭，抗戰總是受到嚴重掣肘而議和總是那麼迫不及待。甲申朝局之變後，慈禧也一意求和，諭令李鴻章通盤籌畫，在不失國體的情況下保全和局。李鴻章接到諭旨心情抑鬱，敗軍之將如何能不失國體？在李鴻章的反覆爭取下，與法軍艦隊司令簽訂了《中法會議簡明條款》，法國如願以償地打開了中國西南門戶。主戰派群起而攻之，四十七位御史會同翰林院一起彈劾李鴻章，李鴻章成為眾矢之的，處境難堪。輿論不容小覷，慈禧被迫起用主戰的左宗棠，李鴻章被攆出中法交涉事局。法軍乘機也加大了對中國的炮火攻擊，慈禧六神無主，在奕譞面前哭訴道：「不願像先皇一樣遠離京城，也不願江山因我而失。」議和再次提上日程，慈禧這時才深感非李鴻章不能了。為了保全天朝顏面，李鴻章一面指揮淮軍與法軍奮力對抗，一面積極斡旋和談。

　　就在和談陷入僵局時，鎮南關─諒山大捷消息傳來，局勢向著有利於清廷的方向發展，法國茹費理內閣倒臺，慈禧和李鴻章想乘勝即收，把鎮南關大捷作為尋求妥協的絕好機會，加緊了議和步伐。光緒十一年（1885），李鴻章與法國特使巴德諾簽訂了《中法停戰條款》，承認法國對越南的保護及西南開放通商口岸等內容，中國西南門戶洞開，法軍長驅直入。中國在軍事勝利的情況下做出如此巨大的讓步，連法國當局都驚呼「簡直難以想像」。條約的簽訂意味著「中國不敗而敗，法國不勝而勝」的結局。

　　李鴻章雖然說過：「款議始終由內主持……雖予全權，不過奉

文畫諾而已。」雖然其中難免有推脫罪責之詞，但可看出君臣在此事上的高度一致，也正是這種君臣一致才是李鴻章手握重兵，依然能相安無事的一個重要理由。

北洋海軍榮辱生涯

思想敏銳的李鴻章從歷年來「寇自東來」的經驗中總結出海軍的重要性，尤其是日本自明治維新後的臥薪嚐膽、苦練海軍，讓李鴻章明白了建立海軍的緊迫性。慈禧從中法戰爭中海軍的一敗塗地中也認識到了海防的重要性，對李鴻章籌建海軍的建議採取支持的態度。

光緒十一年（1885），慈禧親自召見李鴻章五次，詳細討論海軍建設問題，十月，清軍正式成立海軍衙門，李鴻章為會辦。籌辦海軍最大的問題是人力和物力。海軍的常額經費是每年四百萬兩，可從未收足，急得李鴻章四處哭窮：「海軍至今不名一錢，不得一將，茫茫大海令我望洋興嘆，深感恐懼，如何是好！」

儘管如此，李鴻章還是克服重重困難，從德國訂做了鎮遠、定遠兩艘鐵甲艦，到光緒十四年（1888），北洋海軍已經初具規模，號稱亞洲第一。為了解決人才和經費問題，李鴻章親自辦船廠──上海機器製造局和福州船政局，另還附設船政學堂專門培養製造和駕駛船隻的技術人才。為了提高技術，李鴻章另派了三十多人到歐

洲學習技術，其中劉步蟾、林泰曾、蔣超英、嚴復等是佼佼者。

由於經營得法，北洋海軍很快形成了東起鴨綠江，南到膠州灣，以大沽、旅順、威海為防禦重點的海上防禦體系，成為了京師的海上防衛門戶。其實這些都是徒有其表，北洋海軍的艦隻十多年來未曾更新換代，早已被後來居上的日本超過。

海軍部成立後，軍費並未增加，原先歸北洋海軍獨享的四百萬兩銀子如今還要顧及南洋海軍餉所需。屋漏偏逢連夜雨，海軍衙門才成規模，李鴻章便急著請慈禧派人來鑒定他的政績，醇親王帶著李蓮英來到北洋水師時，除了對李鴻章的治軍水準誇讚一番之外，重要的是為慈禧修頤和園籌集銀子。這次是想把海軍衙門徹底掏空，往年海軍經費流入頤和園建設的數量本來就已經不少，修頤和園可是個無底洞，李鴻章也很心疼。但他一向以慈禧之命是聽，修園更是慈禧的夙願，光緒帝已下令擴建，定於慈禧六十大壽時竣工。光緒帝對海軍衙門下令：「正款備海軍之用，雜款供修建頤和園之用。」乍一聽此令不無道理，經費主要仍用於海軍建設，剩餘零款用來修建頤和園。然而實際上北洋海軍早已陷入經濟窘境，近十年來未添設任何軍艦，正款尚不敷出，哪裡還有餘款！李鴻章原來準備在德國再訂製兩艘艦艇，已經與德方取得聯繫，看來這次購艦計畫又得一場空。李鴻章明白，朝廷的正款、雜款之說不過是客套話，為慈禧做壽，有錢得捐，無錢也得捐，還不能少捐。李鴻章硬著頭皮把全年的海軍經費全部貢獻了出來，捐了四百萬兩。醇親王寫信給李鴻章，說建萬壽山銀子不夠，李鴻章馬上心領神會，

以「朝廷籌措海軍經費」為名讓海軍衙門每個人捐錢。光緒十七年（1891），慈禧首次視察頤和園工程後，嫌進程太慢，頗有怒意，從此凍結了全國海軍添置艦炮的費用。不久，李鴻章以海軍建設名義向各地又相繼募捐了二百六十多萬兩的「生息錢」。前後共六百多萬兩全送進了頤和園的建設之中，相當於四艘定遠艦的費用，萬里海疆的安危就這樣換成了昆明湖一池清水、萬壽山的幾堆石頭。

一邊是慈禧的怡然自得，一邊是明治天皇捐皇室經費擴軍備戰，嗅覺靈敏的日本人早已知己知彼，清王朝已經是一隻爛透了的蘋果，佔朝鮮、掠臺灣、進攻東北已經可以穩操勝券。

光緒二十年（1894），慈禧六旬大壽，朝廷幾乎將全部人力物力都投入到大壽的準備工作中，年初，慈禧開始大賞群臣，賜李鴻章三眼花翎和黃馬褂，乾隆帝至清末只有七人得此封賞，這是千古猶榮的恩寵。此時日本也給慈禧送來了「厚禮」。朝鮮東學黨起義，中日共同派兵戡亂，日本有意挑起戰亂，雙方在朝劍拔弩張。自慈禧訓政以來，朝廷儼然形成了帝后兩黨，以光緒帝為首的帝黨一意主戰，李鴻章則站在慈禧一邊傾向和商，以俄制日，雖將防日提到戰略首位，但於備戰卻消極對待。李鴻章深知淮軍暮氣已重，海軍又毫無實戰經驗，敵強我弱，一旦進剿，陸海軍都遭覆滅的話，他就沒有可依恃的力量了，而慈禧則擔心中日開戰延誤自己做壽和削弱后黨勢力，支持李鴻章的主張。光緒帝幾次下令李鴻章派重兵前往朝鮮備戰，李鴻章總以守尚有餘、攻則不足為由拒絕增兵，指示在朝的淮軍將領葉志超等扼險據守，見機行事。慈禧對光緒帝的主

戰抱依違兩可的態度，認為日本是倭寇小國，堂堂華夏豈容小國淩辱。之後，李鴻章在朝廷的屢屢切責下不得不開始備戰。

正當李鴻章致力於請俄國出面調停之際，七月二十五日，日本不宣而戰，在牙山口外豐島附近襲擊並擊沉清朝運兵的商船「高升號」，船上七百餘人全部遇難。八月一日，光緒帝對日宣戰。李鴻章制定了加強京畿、奉天和平壤的防禦體系，而忽視了黃海、渤海的制海權。主帥葉志超初則輕敵猛進，受挫後棄城而逃，狂奔五百里，將鴨綠江防線拱手相讓。八月十八日，日本海軍在鴨綠江口的大東溝海面挑起了黃海大戰，北洋海軍頑強抵抗，統帥丁汝昌負傷，「致遠號」等四艘戰艦被擊沉，幾百名北洋海軍官兵壯烈殉國。九月二十六日，日軍渡過鴨綠江，大舉侵入遼南，隨後向大連、旅順進犯。

前方戰事吃緊，軍費開支屢屢告急，帝黨官員奏請停止為慈禧祝壽，將慶典款項移充軍費。慈禧十分惱怒，向御前諸臣公然宣稱：「今日令吾不歡者，吾將令他終身不歡。」李鴻章此時也成了眾矢之的，光緒帝下令拔去其三眼花翎，褫去黃馬褂，慈禧為了息事寧人，對此採取默認態度，可慈禧深慮淮軍難馭，對李鴻章依賴多於憂疑。慈禧派翁同龢前往天津斥責李鴻章貽誤戰機，李鴻章申辯道：「奉天兵力不足，又鞭長莫及；北洋海軍十多年未添艦隻，如何救急？」翁同龢一時語塞。翁同龢此行的主要目的是轉達慈禧派李鴻章會商與俄結盟的指示，在這點上，君臣高度一致。李鴻章立刻與俄使秘密接洽，但此舉無異於與虎謀皮，李鴻章轉而依賴英、德，

可英、德對他也不過是虛與委蛇。

慈禧的慶壽大典，從十月初一到十六一直持續不斷，十月初十達到高潮，而這一天旅順、大連相繼失守，慈禧卻在宮中升殿受賀，大宴群臣，並接連賞戲三天。

光緒二十一年（1895）正月，威海衛陷落，北洋艦隊覆沒，李鴻章經營了幾十年的海軍毀於一旦，自然痛徹心扉。當時日軍已陷威海衛和遼東半島，北京危如累卵，清廷派往日本的議和大臣張蔭桓、邵友濂遭到拒絕。日本要求另派十足全權、能辦大事、名位最尊、素有聲望的人來主持談判，明確暗示議和大臣非李鴻章不可。正月十八，慈禧面諭軍機大臣請李鴻章來京，次日，發佈上諭，為李鴻章賞還三眼花翎，開複革留處分，並賞還黃馬褂，作為頭等全權大臣前往日本議和。

三月，李鴻章與日本首相伊藤博文、外相陸奧宗光在馬關會議。談判舉步維艱，日本肆意凌辱，李鴻章甚至遭受槍擊，最後李鴻章在日本早已擬好的條約上簽字。

《馬關條約》後，李鴻章遭到朝野一致的口誅筆伐，躲到天津，稱病不出，慈禧主和一黨也成了輿論的矛頭所向。為了平復洶洶輿情，痛失北洋海軍的李鴻章再失直隸總督和北洋大臣的寶座，僅保留了文華殿大學士的頭銜，以全其勳臣臉面。李鴻章離開昔日門庭若市的直隸總督府，寄居門可羅雀的賢良寺，一生事業，至此掃地無餘。

宦海不倒翁

　　雖然身受巨創，依然泰山不倒，在官場沒有萎靡和退縮的時候，這便是李鴻章。戊戌政變後，六君子喋血菜市口，康梁遠走海外，李鴻章因同情維新派變相地遭到慈禧懲罰，被派往日本簽訂《馬關條約》，歸來後成為千夫所指的賣國賊。然而未預機要、杜門卻掃的日子他仍然在等待，等待慈禧的再次召喚。

　　李鴻章投閒置散的日子並不長久，戊戌年秋，因黃河決口，數十縣難民流離失所，黃河浮屍蔽水。重新訓政的慈禧為了收買人心，穩定大局，派七十五歲高齡的李鴻章前往山東勘察河工。慈禧一則想安撫災民，再則想藉此懲罰李鴻章。李鴻章力辭再三，都被慈禧拒絕，不得不硬著頭皮前往。李鴻章為了表明自己老當益壯的心力和超眾出群的才幹，不顧隆冬嚴寒，驅馳數千里堤壩，用科學方法標本兼治，歷時四月，成功覆命，可這並未就此通過慈禧的考驗。

　　政變後，慈禧曾有廢立之意，無奈各國對光緒帝病重之事屢表懷疑，一旦廢帝必然引起反對，正猶豫之際，慈禧心腹榮祿走訪了閒居中的李鴻章。老奸巨滑的李鴻章覺得東山再起的機會來了，想藉此遠離禍事迭起的京都，建議朝廷將他外任為總督，外國使節來祝賀時可順道瞭解打探情況，這樣既不失國體，也不失資訊的可靠性。榮祿覺得言之有理，慈禧很快將他任命為兩廣總督。在京洋人果然紛紛來賀，李鴻章「無意間」談起廢立問題，並表示這是中國

內政，外人無權干涉，慈禧仍然是中國最有能力的統治者，可各國表示，中國另立新君是否會得到本國的外交承認還得請示本國政府，間接表達了反對之意。李鴻章、榮祿擔心廢立會引來各國干涉，主張先立大阿哥，再從長計議。此議得到慈禧的認同。

慈禧的考慮更深遠，兩廣洋商眾多，外交糾紛讓一般的督撫都難以招架；兩廣華僑也最多，最支持康梁保皇派，革命黨人數也不在少數，因此，保境安民，綏亂安邦，兩廣總督的任務也最重，將李鴻章置於危險前線，還可以藉此考驗其忠心，慈禧想一箭三鵰。就在李鴻章被任命的第二天，慈禧再發諭旨，命各省督撫嚴拿康梁一黨以明正典刑，尤其是沿海一帶各督撫責任最重。向來八面玲瓏的李鴻章自然明白慈禧的心思，可嗜權戀棧的性格讓這位八十高齡的督撫大臣在接到諭旨的第二天，還是懷著「一息尚存，不敢不勉」的雄心壯志，戴著三眼花翎便意氣風發地走馬上任去了。

在兩廣總督任上，李鴻章首先要面臨的便是處理與保皇黨的關係。光緒二十六年（1900）五月，慈禧立端王載漪之子溥儁為大阿哥，史稱己亥建儲，這是慈禧廢黜光緒帝的一種試探。諭旨一出，引來一片反對之聲，康梁深感時局維艱，急謀對策，加緊在廣東的活動，準備武裝勤王。

李鴻章既要奉旨而行，又不想與保皇黨澈底決裂。由於捉拿不到康梁，慈禧大怒，嚴令李鴻章將康梁的祖墳鏟平，李鴻章卻以惟恐生變為由遲遲不動。慈禧大怒，痛斥李鴻章身膺疆寄卻瞻顧彷徨，還威脅他，如果逆焰囂張便要唯李鴻章是問。在慈禧的威逼下，

李鴻章不得不一方面鏟平康梁祖墳，一方面暗中與康梁書信往來，解釋原委。康梁也一改殺李的態度，評價其為「敬其才」、「惜其識」、「悲其遇」。李鴻章也害怕康梁危及兩廣安全，危害自己仕途，對保皇派又打又拉。

李鴻章致力於防範保皇黨起事，因而對孫中山等人的態度更具戲劇性。孫中山曾想策動李鴻章宣佈兩廣獨立，先請港督卜力與李鴻章的心腹劉學詢聯繫，劉學詢建議李鴻章以羅致孫中山為由，設法讓他回國。康有為因宣導保皇為慈禧所不容，孫中山雖反滿但一直勢單力孤，未成氣候，一直不被慈禧重視。李鴻章擔心康梁與孫中山聯合謀取兩廣獨立，決定誘捕孫中山，對劉學詢的建議十分贊同。劉學詢請港督葡力代為轉達孫中山，稱因北方義和拳之亂，李鴻章也有讓廣東獨立的想法，請他回廣州共商大計。孫中山對此將信將疑，最後決定冒險一試。在宮崎寅藏、鄭士良等的陪同下到達香港，最終因為害怕李鴻章誘降，又迅速轉往了越南西貢。

李鴻章曾奉朝廷之命北上議和，途經香港。港督卜力原決定挾持李鴻章促成兩廣獨立，因英國政府極力反對而作罷，轉而力阻李鴻章北上，聲稱這個任命是由提出進攻使館的端王載漪簽署的，有誘李北上而加害之意，但此意被李鴻章婉言拒絕。卜力甚至表示，一旦所有公使在北京遇害，各國將會讓中國最強有力的人當統治者，如果李鴻章本人願意，一定會眾望所歸。李鴻章誠惶誠恐地表示，請英國不要拋棄慈禧，不管慈禧有什麼過錯，慈禧「無疑是中國最有能力的統治者」。李鴻章告誡卜力，聯軍一定不要牽連太廣，

否則會激起中國人普遍的仇外情緒。卜力見李鴻章態度堅定，不得不無奈放棄，其實從始至終，李鴻章從無兩廣獨立的念頭，他不會讓他的統治區域捲入到南方分裂主義的冒險中去。

李鴻章對保皇黨和革命黨的懷柔政策保全了他的烏紗帽，也成全了他對晚清朝廷的忠心。他盡心做事，只為拼命做官，而這正是慈禧所需要的，也是他官場不倒的秘訣所在。

辛丑談判再造玄黃

光緒二十六年（1900），發生了震驚中外的八國聯軍侵華戰爭，兩宮外逃，聯軍長驅直入，將數百年的文化古都掠奪一空，當這個巨大的帝國到了毀滅的邊緣時，慈禧等當權者唯一且必須啟用的人就是李鴻章。

李鴻章在兩廣總督任上時，慈禧早已在端王等人的策動下準備對八國聯軍宣戰，催李鴻章迅速北上。李鴻章曾多次冒死電奏朝廷，反對「聯拳滅洋」，早被義和團所恨，殺李鴻章的口號在義和團中廣泛流行。將在外君命有所不授，李鴻章怕貿然北上，惹來殺身之禍，拒不北上。

六月朝廷對外宣戰，李鴻章與兩江總督劉坤一、湖廣總督張之洞卻與列強達成了維持東南局勢穩定的「東南互保」協議。隨著戰局的惡化，早已歷經外逃之苦的慈禧這才感激李鴻章等人的先見之

明，並積極謀求和局。七月八日，任命李鴻章為大清國封疆大吏中的最高職位——直隸總督兼北洋大臣，雖未明言議和之事，但這已經是對外的和議信號。終於再回中樞機構，李鴻章長吁了一口氣，但面臨的議和難題卻讓他宿夜憂歎，一籌莫展。臨出發時，李鴻章曾流著眼淚對南海縣令裴景福感慨，八國聯軍萬一攻下北京，必然剿滅義和團以示威，並要求懲辦禍首官員以洩憤，而慈禧首當其衝，如何使列強原諒慈禧，困難度之大難以預料，至於賠款則可能不計其數。生性謹慎的李鴻章早已洞察慈禧深意，決定啟程北上，首站便到香港。

七月二十一日，李鴻章到了上海，北京的局勢依然不明朗，慈禧依然抱僥倖心理，清軍與聯軍的對抗還在零星地進行，義和團在北京的大量聚集，讓中外戰爭更加白熱化。李鴻章此番前去，聯軍必然獅子大開口，而慈禧還未下定最後求和的決心，貿然前去必然會兩邊不討好。他深知此時此刻要慎之再慎，走錯一步將滿盤皆輸，甚至性命難保。到達上海後，他便以身體不適為由，要慈禧賞假二十日。這時，慈禧顯然亂了方寸，其政策非常矛盾。一方面，她急盼李鴻章前往北京向洋人求和；另一方面，主戰的意圖仍然未變。七月二十八日，慈禧將反對與列強盲目開戰的大臣許景澄、袁昶處死，八月七日卻正式任命李鴻章為全權大臣負責與各國外交部電商停戰事宜，到了八月十一日，又將反對開戰的大臣徐用儀、立山、聯元處死。李鴻章在上海得知消息，慶幸自己沒有貿然北上，成為義和團的俎上之肉。

　　為了促使慈禧全面求和，李鴻章多次遞摺要求慈禧一定要將外國駐華使節平安送出京城，並剿滅義和團，他還斗膽要求朝廷下「罪己詔」，以獲得列強的諒解。當然，他絲毫沒有反對慈禧之意，當西方外交使官有讓慈禧歸政光緒帝的打算時，他斷然為其開脫，認為慈禧訓政兩朝，削平大難，受臣民愛戴，此次拳匪之亂，來勢洶洶，慈禧正設法挽救。

　　隨著八國聯軍攻下北京，李鴻章的奏請逐漸有了效果。八月十五日，慈禧以光緒帝名義發佈「罪己詔」；九月七日，朝廷又發佈了剿滅義和團的諭旨，昔日盟友此時成了肇禍之端，非痛加剷除不可，陣前浴血奮戰的義和團民突然腹背受敵，損失慘重；九月八日，朝廷再電李鴻章，罪在朝廷，悔不當初，請李鴻章一定要即日進京，與各國使節會商和議問題，此行雖然驚險萬分，但卻是朝廷的生死存亡所依，即使勉為其難，也須不辭辛苦。慈禧此詔態度誠懇，幾乎是在懇求李鴻章。此時，李鴻章才認為北上議和的條件成熟，於九月十五日離開上海北上，這位遲暮之年的老人決定為病入膏肓的大清朝作最後的努力。

　　十月十一日，李鴻章到達北京，看到聯軍把「一座昔日充滿著輝煌金漆房舍的北京城」踩躪成「只是一片羅列著蕭條殘物的荒野」，不由得老淚縱橫。聯軍宣佈除了「兩個小院落仍屬於清國政府管轄」外，其他由聯軍分區佔領。這兩個小院落一個是李鴻章住的賢良寺，另一個則是參與談判的慶親王的府邸，可慶王府有持槍的日本兵「守護」，慶王如一囚徒；李鴻章的門外則有俄國兵保護，

是個受到禮遇的俘虜。

談判的兩位全權大臣——李鴻章和慶親王奕劻，因奕劻在外人面前資望不足，李鴻章大權獨攬，慈禧自然對李鴻章倚如泰山，她急於求得列強的諒解，一日不見李鴻章的電報便寢食難安，可談判中最困難的是要說服聯軍不將慈禧作為禍首懲辦。

李鴻章到京後，遍訪各國公使，請求儘早議和，可中國已經一敗塗地，哪來議和籌碼？聯軍統帥瓦德西連續一個月拒見奕、李二人，唆使各國對華採取強硬態度，並派兵四處攻掠，各國私下自然也要緊急磋商，力圖拿出一個令各方滿意的方案，而慈禧一再電促奕、李速辦議和之事，以免貽誤大局。奕、李左右為難，一面向列強苦苦哀求，一面迫使慈禧委曲求全。直到十一月十五日，瓦德西才接見奕、李，兩人請求聯軍儘快撤出北京，瓦德西則坦言，聯軍將在北京過冬，並拿出一張佔領區域圖，請李鴻章等簽字畫押，此時奕、李已是敗軍之使，唯有任由各國索取，連榮祿都不免對兩人深表同情，「可憐奕、李名為全權，與各國開議，其實不過各國自行商量，拿出條款照會二人而已」。弱國無外交，怎容得奕、李二人討價還價，李鴻章一面要受列強的肆意奚落，一面要設法維護和局。李鴻章密令直隸清軍不得開戰，並要優禮聯軍。談判主要就懲辦禍首問題進行磋商，這是慈禧最為關注的。早在李鴻章入京時，榮祿便奉慈禧之命代為轉述，只要列強諒解慈禧，一切好辦。

為了維持慈禧搖搖欲墜的統治，李鴻章做了最後的努力，每當聚議時，一切辯駁均由李鴻章陳詞，所奏朝廷摺電，概出自李鴻章

之手。經過李鴻章的再三努力，列強終於答應維持慈禧的統治。慈禧接到電訊，欣喜若狂，表示願意「量中華之物力，結與國之歡心」。戰端一開，雙方必然會損兵折將，一旦戰事結束，懲凶以洩私憤在所難免，慈禧自己是費了九牛二虎之力才僥倖逃脫，根本無力再保全他人，列強開出了一百四十二人的戰犯名單，挑起事端的載勳、載漪、載瀾、董福祥等必殺，另有十多名官員由判死刑改為永遠流放，其他的或流放或監禁。牽連之廣，職位之高，懲罰之嚴厲，令慈禧頭痛不已。諭旨一發放，慈禧的身邊每天環繞著一批哭哭啼啼、乞求活命的皇親重臣，她對此卻束手無策。

李、奕婉轉與列強協商，請求對禍首從輕處罰，列強對此十分不滿，在京城郊外陳兵，聲稱再遷延不決便要兵戎相見。李鴻章聲稱列強或許明年有另立政府之謀，慈禧得知消息震驚不已，深感事態緊迫，電訊李、奕，大局攸關，和議可成不可敗，可審時度勢相機處理。李鴻章見慈禧放權，大膽與列強談判，可成效甚微。李鴻章建議她丟卒保車，慈禧這才下定決心，像切西瓜一樣一口氣殺了一百二十多個大臣，懲凶風波才告平息。

禍首問題談妥後，雙方要談的便是兩宮回鑾的問題。列強均將兩宮回鑾作為議和的先決條件，好用武力挾制慈禧，脅迫清朝澈底投降，慈禧則深恐受制於列強，表示聯軍不撤，絕不回京，並責備李鴻章不能體諒她不得已的苦衷，表示決無偏安西北、輕棄京師的理由。

由於事務繁雜，心理壓力巨大，風燭殘年的李鴻章終於招架不

住，在拜會英、德公使後回賢良寺的路上受了風寒，一病不起。故作拖延以漫天要價的聯軍終於沉不住氣了，他們唯恐清廷再也無人來收拾這個爛攤子，經過一番緊急磋商，一個耗盡中國財力兵力的《議和大綱》終於出臺了。《議和大綱》條款異常苛刻，李鴻章閱後連連歎息，唯恐慈禧不允，以原文電奏慈禧。

湖廣總督張之洞聯合南方的封疆大吏，力主不能在《議和大綱》上畫押。李鴻章對局外論事的張之洞十分惱火，他表示如果堅持不畫押，談判即刻便會破裂，結果只能是將大清國拖入無休止的戰亂之中，在這種內外皆危的局勢下，高談闊論並不能扭轉危難。

慈禧見並未將她置於禍首之列，大喜過望，聲稱「事關宗廟社稷，不得不委曲求全」，不能因為姑息數人，使國家陷於危亡之境地，除細節婉轉磋商外，一切應允，四億五千萬兩的賠款數額，慈禧基本同意。談判結束的標誌便是聯軍撤出北京城和皇室回京。

近代史上空前賣國的條約簽字生效了，李鴻章作為談判全權大臣，惹來了國人的一片聲討聲：「賣國者秦檜，誤國者李鴻章」！李鴻章因憂鬱積勞，寒熱間作，痰咳不止，病重期間再次奔波輾轉，終至病情惡化，醫生診斷為胃血管破裂。在病榻上他感念時局，老淚縱橫地給朝廷發了份電報：「臣等伏查近數十年內，每有一次構釁，必多一次吃虧。上年事變之來尤為倉促，創深痛巨，薄海驚心，今議和已成，大局稍定，仍希朝廷堅持定見，外修和好，內圖富強，或可漸有轉機。」話說得懇切沉痛，而這時的流亡朝廷還在返回北京的路途中。死前一個小時，俄國使臣維特手持條約還在催

促李鴻章畫押簽字，可李鴻章一死，維特不得不遺憾地表示：「大清朝再也無人能夠勇敢地負責與外國人辦交涉了，我們的談判得從頭開始。」十一月七日，李鴻章因胃部大出血撒手人寰。慈禧接到電報後，頓感梁傾棟折，驟失倚恃，涕淚雙流，心痛不已，慨歎道：「大局未定，倘有不測，如此重荷再也沒有人分擔了。」

慈禧這位剛完成「再造玄黃之功」使命的執鞭作馭的晚清大臣，沒等他苟延殘喘的王朝斷氣便先行離去，留下的震動和惋惜可想而知。朝廷特旨諡號文忠，追贈太傅，晉封一等侯爵，入祀賢良寺，在京師建立專祠，由地方官春秋致祭，清代漢官中在京師建祠的僅此一人。

第九章

慈禧和她的緋聞男人們

她富有天下，藏有四海，所有男人對她俯首稱臣，在情感上她卻還不如一個村婦自由。撥開歷史的重重迷霧，無論是琉璃廠白姓古董商、金華飯店史姓夥計、琴師張春圃，還是巴克斯的浪漫異國戀，稗官野史還原了一個有血有肉有情慾的真實女人。

琉璃廠白姓古董商

　　北京的琉璃廠是文房四寶聚集之地，也是文人墨客穿梭之所，這兒書香汗墨，這兒也魚龍混雜。每年冰雪消融的時候，這兒便摩肩接踵，揮汗成雨，連袂成蔭。蘇州客商白某出生古董世家，每年這個季節便到京城來淘貨。通過眼看、手摸、耳聞、鼻嗅、舌舔，白某上手的貨物一拿即準，當然白某最大的興趣不在古董，而在女人。據說北京的八大胡同聚居全天下的絕色精品，不單有蘇妓的柔媚，還有東北妓女的豪邁和京城妓女的貴氣，白某每次都會貨色雙收。

　　白某也深受窯姐們的喜愛，他正值而立之年，玉貌雪膚，眉目如畫，瘦不露骨，豐不垂腴，是千百年來難得一見的美貌男子，因常年出沒於粉黛釵鬢中，早就練就一身出神入化的床上功夫，所過之處的窯姐無不為之神魂顛倒。慈禧難耐深宮寂寞，身邊雖男寵不少，畢竟天朝顏面要緊，不敢公然納寵，只能由安德海或李蓮英出外相「貨」。李蓮英跟隨慈禧多年，練就了一雙火眼金睛。常到琉璃廠守候的李蓮英好幾天沒有收穫了，慈禧早已微有嗔怪。光緒八年（1882）的春天，李蓮英的眼前一亮，一個風流倜儻、偉岸飄逸的中年男子在琉璃廠的古董攤上來回穿梭，李蓮英嘖嘖稱讚，這可是地上無兩、天下無雙的俊朗男子、慈禧深愛的類型。可如何搭上線，李蓮英頗費了一番心思。

　　宮中多的是古玩瓷器，且全是名震天下的珍品。一天，李蓮英

喬裝成一個落魄的旗人子弟，用舊紡布包裹一個綠龍瓷盤，故意招搖過市，見白某在賞玩古董，故意湊近，低聲問道：「老闆，看看我的貨。」說完他遞了過去。哪有不做買賣的商家，白某知道旗人近年來難以謀生，這些人手上好貨多，但好面子。白某果然是識貨的行家，一看便知是明朝景德鎮的皇家供品，自然不想錯過良機。李蓮英俯耳低聲道：「家中有不少，先生可否過府看看。」白某心想肯定遇到皇室遺少了，這次說不定能逮著幾個大件，立即欣然前往。

　　李蓮英帶著白某拐進了頤和園附近的小宅院，白某一看高興了，宅院清雅別致，擺設不多，卻件件堪稱名品，隨意淘一兩件，便足以名震蘇浙。李蓮英叫女僕奉了一杯茶，招呼白某稍坐，便進了內室。白某本是色鬼，見女僕姿容秀麗，便不免眼裡浮了幾分春色。這時，慈禧娉娉婷婷地從內間出來，羞澀中帶著十分柔媚，別看慈禧已經四十六歲了，因為保養得好，肌膚依然吹彈即破，風韻不減當年，加上端莊貴氣，白古董商在民間哪曾見過這種絕色，早就骨頭酥軟，一時連茶也忘了喝。慈禧一看對方長得既有白面書生的儒雅，也有男人的陽剛力道，眼神中春色滿園，李蓮英眼力不錯，果然是一等一的貨色。白某是風月場中的老麻雀，見慈禧不停打量自己，也大膽對視，那種眼神和步態只有極度思春的女人才有，難不成今天還有一場豔遇？白某興奮有些不能自抑，他在思謀著如何將這個女人勾搭上手。

　　女僕退去，慈禧以女主人身份邀白某入內室看貨，白某自然求

之不得，尾隨而入，內室別有一番景象：一張檀香木的龍鳳合歡
榻，四面竟是春色誘人的春宮畫，榻前紅幔垂地，讓人兩鼻充血。
慈禧媚笑著脫去外衣，薄如蟬翼的拖地長裙圍裹著白嫩的嬌軀翩翩
起舞。白某覺得自己進入了太虛幻境，全身開始熾熱，塵根豎起，
這時他才明白，茶裡有春藥。白某是個謹慎的人，不知底細，貿然
抱得如此美色，難道另有陰謀？轉念一想，難得瑤池會王母，牡丹
花下死，做鬼也風流，何不盡享這人間絕色，再謀對策？早已慾念
難捺的白某迅速褪去衣服，把慈禧抱進了合歡榻。

　　一個是久曠的怨婦，一個是歡場的高手，一度春宵帳暖，情意
綿綿。慈禧只說自己是某京官置的外室，如今京官已外調湖廣，一
年半載難得回京一趟，叫他只管放心居住。其實這是李蓮英為了替
慈禧掩人耳目在宮外另置的房產，專門供慈禧淫樂。慈禧國事繁
忙，很快便要回宮處理要事，李蓮英安排下人好生侍候，奇品珍果
應有盡有，瓊汁玉釀有求必應，李蓮英不時還尋訪些淫書穢畫供其
研磨，白某無聊時便品嚐這人間美食，夜晚便變著法子享受這人間
至福。日子過得真快，一晃就是半月有餘。但白某發現室內雖然自
由，但門外總有侍衛模樣的人把守，白某想出去透透氣總是被拒
絕。白某幾次問慈禧，慈禧只是敷衍作答，也給不出實質性答案。
慈禧每天必會來與其宣淫，但總是來去匆匆，美味再好總有吃膩的
時候，白某半月沒出過宮，也未曾給京城的朋友報過平安，心中不
免有幾分焦慮。慈禧總是好言相勸，又將白某扮成宮女模樣，由貼
身小太監帶著，在頤和園逛園子。白某從未進過皇家園林，裡面的

皇家氣派和水榭樓閣無一不吸引著他，來來回回又是十多天。白某貪戀慈禧美色，本捨不得離開，這一來二去，一玩就是一月有餘。白某本是鐵打的體格，雖然每日補精進陽，也經不住天天打熬，漸有形銷骨立之感，慈禧整日與他耳廝目染，也已失了新鮮感。

世事難料，慈禧原本以為做得天衣無縫，不料每日外出露了行蹤，慈安也漸漸有了耳聞，宮女太監當面不說，背後不免有些嚼舌根。一日李蓮英陪慈禧在後花園散步，聽到兩個宮女在假山背後偷偷議論此事，說慈安已知慈禧在外置男寵的事，準備通過禮部來廢后，禮部官員提醒她明哲保身，這才忍氣吞聲。慈禧一聽，氣不打一處來，惱怒地回到寢宮，兩個嚼舌根的宮女第二天便溺死在了水池內。

白某原本就是個聰明透頂的人，雖對慈禧的身份半信半疑，卻料想到此人非大富即大貴，也不好深究，惟恐惹禍上身，只求早日獲得自由。他暗中請求李蓮英放他歸家省親，李連英見他身體日瘦，慈禧也有倦怠之意，便在慈禧的默認下，在半夜將其送出，叮囑他不得四處宣揚。這白某表面答應，出宮後發現與自己夜夜春宵的居然是大權在握的慈禧，不免有些後悔，當日不曾乘機謀得一官半職，如今卻早已尋訪無門，便將他巧遇王母的事到處張揚，但眾人只當他胡言亂語，一笑了之，僅少數街頭說書先生將他的奇遇編成故事，在街頭巷尾討點活命錢。

北京金華飯店史姓夥計

在稗官野史中還流傳這樣一則故事，北京金華飯店的一史姓夥計居然意外走了桃花運，不料錯進了王母娘娘的後宮，引發了一段離奇怪異的皇宮「性福旅」。

緊連頤和園有一座百年老字號飯店——金華飯店，老北京和南來北往的客人大多在這兒品嚐過，小太監有時候投李蓮英所好，變著法子討好他，李蓮英一向嚐著宮中的御膳美食，對北京城的小吃瞭解不多。一次，一個小太監進貢了幾枚湯臥果。湯臥果其實就是清湯臥雞蛋，別看東西不稀奇，吃起來卻別有風味，李蓮英一嚐，果真口舌留香，香甜嫩滑，於是進貢了一枚給慈禧嚐嚐，慈禧平時吃慣了山珍海味，一嚐這湯臥果，胃口大開，意猶未盡，吩咐李蓮英每日送四枚來。李蓮英吩咐御膳房先做，可御膳房從未做過這種菜，試了幾次都不滿意，向小太監一打聽，才知此菜出自金華飯館，於是派人每日到那兒定做。

只要是慈禧的事，坐臥起居，全是大事，李蓮英絲毫不敢怠慢，儘量親力親為。前幾日都是李蓮英親自早起到金華飯店去接湯臥果，接到後派人飛奔送入慈禧寢宮，到慈禧品嚐時還是熱氣騰騰的。大家都知道他是宮裡的李大總管，李蓮英為人和氣，金華飯店的人都有和他聊上幾句。李蓮英來往多了，漸漸發現店裡有一個史姓夥計，二十出頭，長得細皮嫩肉的，頗招人喜歡，便生了個心眼，故意和他搭訕。史紫東雖出身貧寒，但手腳利落，很招老闆的喜歡，

因年輕好玩，又聽李蓮英描述宮中如何有趣，經常央求李蓮英帶他入宮看看，李蓮英看他玲瓏知趣，也偶爾帶他到宮中走走。

有一天，史姓夥計正在景和門前隨李蓮英走著，忽然迎面碰上了慈禧，李蓮英便領著史某磕頭。慈禧早見史某，問李蓮英道：「這是什麼人？」李蓮英忙奏明來歷，趴在地上準備受罰，因為按清宮規矩，擅自帶外人入宮，理當受罰。慈禧暗露喜色，這史姓小夥子長得玉樹臨風，儀容俊美，是難得一見的美男子，她只是微微嗔怪著說了一句：「小李子，你膽子不小喔。」說完便叫兩人起身站起，自己朝儲秀宮走去。李蓮英一看情形明白了八九分，將史某拉到一處偏僻的廂房，問他要不要到娘娘們的內宮看看，一探究竟，這是史某想都不敢想的奢望，一聽來了興致。「只是要換副打扮才行。」李蓮英說。史某一時興起，便也任由著李蓮英給他換了套宮女的衣服。史某本長得唇紅齒白、眉清目秀，這身宮女服裝一穿，活脫脫一個俊俏娘子。

李蓮英每晚都得侍奉慈禧睡了以後才能離開，那晚一切照常，李蓮英離房後，只留下了一個值夜的宮女。慈禧扭頭一看，這宮女面孔很陌生，全身還在瑟瑟發抖，但長得倒風華絕色。慈禧不好女色，便有微怒，叫道：「小李子！」李蓮英在窗口應了一聲，連忙入內，跪倒在地：「老佛爺息怒，這是奴才家的一個小侄子，甘願聽從老佛爺差遣。」慈禧一聽是小侄，回憶起了白天見過那個小相公，心中不由一喜。慈禧隨手賞了一些物件給李蓮英，示意李蓮英在門外候著，宮中人多眼雜，謹防萬一。慈禧與李蓮英在這事上本

就心照不宣，李蓮英知趣地退至門外。

史某是個愣頭青，因為家貧，二十年來未近過女色，可青春性起，志趣頗高，白天見了慈禧雍容華貴，玉指蔥蔥，肌膚滑嫩如剛破殼的熟雞蛋，雖然心裡忐忑不安，最終性慾戰勝了一切畏懼。史某俊臉早已脹得通紅，兩眼直勾勾地盯著慈禧，像隨時可以爆炸的火藥桶，一觸即發。慈禧早是此中高手，見史某如此，早已撩起了興致，回頭對他嫣然一笑，輕輕褪去外衫，鑽進鳳榻。史某一時不知所措，直愣愣地看著，慈禧輕輕地拉了一把，便撲倒在床上。

李蓮英一夜未眠，東方已白，慈禧滿面春色地立在宮門口，史某由李蓮英先領回。此後夜夜如此，史某的床上功夫也越來越出神入化，慈禧越來越離不開。李蓮英白天領走，進食些滋補的藥，晚上送來，偶爾慈禧閒時，史某便扮成宮女侍立在側。

慈禧在頤和園有一塊菜園，原是仿先人重農的主意，慈禧怕史某悶得慌，便安排他在那兒閒時養雞種菜，暗中也往他家中寄了大量銀兩。史某沒了後顧之憂，年輕後生才破了戒，興致很濃，樂得慈禧合不攏嘴。李蓮英常到御膳房拿一些春藥來幫他們助興，一個是年輕後生，一個四十如虎，玩得不亦樂乎。

寒來暑往，一晃就是一年，慈禧的性伴侶很少有如此長久的，即使是鐵打的身子骨，大多也只能堅持一兩個月，史某不愧是後生可畏，可一年有餘身子也漸漸掏虛了。李蓮英是個見機的人，見慈禧慢慢召見得少了，便思謀著把他送出宮去。不料，事情徒然起了變化。慈安聽聞了此事，不便在慈禧面前發作，便派了下人四處尋

找姦夫的藏身之所,終於尋到了頤和園的菜園,命人將其偷偷處死。史某的皇宮性福之旅居然賠上了性命,死也無法瞑目,慈禧得知消息十分惱怒,卻不便發作,暗中對慈安又添了恨意。

琴師張春圃

慈禧私下裡男寵不少,這些人大多妖媚取寵,像張春圃那樣狷介有個性的卻是少數,因而琴師張春圃不願屈節侍太后的故事在民間傳頌多年。

北京琉璃廠有個叫張春圃的琴師,以彈琴伴奏糊口度日。他為人憨直且樸實,琴技出神入化,在士大夫中口碑極好。慈禧向來好絲竹之音,群臣中有人投其所好,曾向慈禧推薦此人,慈禧一笑了之,心想宮中百工樂匠個個是高手,所謂的民間奇人應該也不過是徒有其名。

李蓮英終日絞盡腦汁討好主子,時日久長自然花樣難以翻新,早聽說張春圃不僅琴技高超,還長得英氣逼人,特意找到琉璃廠去聽了幾回他的彈奏,果然聞名不如一見,長得果真貌比潘安,不高不矮,不胖不瘦,十指纖細,面如敷粉,秀氣中透出一股英氣和傲氣,李蓮英一時計上心來。

李蓮英一番實探後,在慈禧面前將張春圃吹得天花亂墜,不僅其琴音能繞梁三日,其樣貌也是世間難覓。慈禧本來不以為然,聽

李蓮英這麼一說，不由得心動，第二天宣懿旨請張春圃進宮演奏。

張春圃出身於宮廷樂師世家，父祖曾在宮中當值，父親因不滿太監的欺壓，消極抵抗，最終被逐出宮中，從此飲酒為樂，不謀生計，家境也日漸沒落。張春圃師承庭訓，雖不滿父親的作為，但也不願屈節入宮當值，本人狂傲不羈，雖有一身好琴藝，基本上是豪門不入，只是在街頭賣藝以糊口度日，父親早逝，母親也於前幾年飲恨而終，張春圃二十有餘卻一直未成家立業。他本不願到皇宮演奏，可禁不住李蓮英的死纏爛打，勉強答應，但有一個要求，不能跪著彈，必須坐著才可以彈好，可見太后哪有不跪的道理。李蓮英有些為難，後來跟慈禧一商量，想了個折中的辦法，讓張春圃在簾外彈，這樣彼此不照面，就用不著拘禮節了。

張春圃也不打扮，像往日一樣一襲半舊的青布長衫就入宮了。彈琴的地方特意安排在了儲秀宮的西廂房，張春圃一入高牆紅瓦的皇宮，一種肅殺之氣就迎面撲來，他昂頭挺胸，落落大方地在西廂房的高椅上坐下。西廂房共有七間屋，慈禧被李蓮英請到了最西邊一間，這間就在西廂房隔壁，透過薄薄的紗幔，張春圃的英武之氣直逼眼簾，慈禧甚為滿意，一杯香茗，一把摺扇，款款落坐。

宮廷樂師早在西廂房擺著七八具琴，都是金弦玉軸，極其華貴，張春圃試彈後稱都不合節拍，太監們慌亂了，害怕慈禧不悅。正巧這日慈禧心情大好，見張春圃硬朗有骨氣，且俊美異常，心上歡喜，自然比往日更有耐心。見太監們一陣慌亂，坐在隔間的慈禧和聲地吩咐李蓮英：「可將我平日所用的琴取來讓他彈。」小太監

立即奉命到東暖閣取來給張春圃。張春圃一落指，覺得聲音十分清越悠長，連聲稱讚：「好琴好琴。」慈禧一聽，果然是識貨的，眉間的笑意更濃了。

　　張春圃先彈了一首《陽關三疊》。琴弦在張春圃的指間跳躍，時而舒緩有致，時而激昂緊湊，層層緊扣，意韻悠長，將那種清微淡遠的意境烘托得如在眼前，如在心間，琴音繞梁，經久不散。慈禧和著節拍，聽得如癡如醉。緊接著張春圃又彈了幾首令人心蕩神迷的曲子，如《胡笳十八拍》、《高山流水》等。張春圃彈了幾首，有些累了，慈禧示意讓他稍作休息，奉上香茶。這時一個十來歲的小男孩，在幾個乳母模樣的人的帶領下走了過來。這幼童衣飾華美，直奔張春圃手中上的琴而來，準備用手指去撥動琴弦。張春圃立即阻止說：「這是老佛爺的東西，動不得。」這幼童便是小光緒，在宮中他只怕慈禧，慈禧不在便顯了幼兒天性，好奇好動。小光緒怕慈禧，內心卻十分反抗，一聽張春圃也拿慈禧來壓自己，十分惱怒，狠狠地瞪了他一眼。旁邊一個婦女即責備張春圃：「你知道他是誰，老佛爺事事都依他，你敢攔他，你不打算要腦袋了！」張春圃嚇得不輕，深知茲事體大，便不再說話。

　　慈禧本欲將他留在宮中，李蓮英反覆強留，示意老佛爺對他有好感，無奈張春圃只當聽不懂，堅決辭行。慈禧正是欣賞他骨格清奇、狷介有志，也不強求，便放他出了宮。自這天出宮後，後來慈禧又宣召，他早明白慈禧心意，內心鄙視不已，寧死也不肯去了。慈禧曾命李蓮英傳話說：「你好好用心供奉，將來為你納一官，在

內務府差遣，不愁不得富貴。」但張春圃深知宮中事非多，小時候看過許多貞節烈婦的彈詞說唱，對慈禧的不耐寂寞嗤之以鼻，絕不肯再入宮。大多數同行羨慕他有此等難得的機遇，但他卻不以為然：「此等齷齪富貴，我不羨慕。」

　　肅親王聽說張春圃的名聲，召他至府邸彈琴，給他月俸三十金，早來晚歸。張春圃覺得束縛不自由，一直想辭掉，卻苦於沒有好辦法。一天黃昏下雨，肅王說：「你別回去了，就住在這裡罷。」張春圃不肯，肅王再三挽留。張春圃說：「肆主不知我在此留宿，還以為我在別處去嫖娼呢。」肅王聽完大怒，將他驅逐出去，再也沒有召他進府。張春圃欣欣然引為得意。有一個世家小姐曾請張春圃教琴，其間主動示意願結秦晉之好，無奈張春圃不願攀附，午後才來，彈完一曲就走，連一口水都不沾唇。

　　雖然張春圃的琴技名動公卿，但終日以街頭賣藝為生，收入本來不高，後來京城幾番事變，蕭條了不少，日子就更難以為繼了，公卿王府又請不動他，最終貧困而死。

晚年洋情人巴克斯

　　巴克斯，原名愛德蒙‧伯克豪斯，是一位很有才氣的英國作家，寫了大量新聞和歷史報導，在當時影響很廣。但是因為他和慈禧的特殊關係，他在三十歲以後潛心研究中國大清宮廷的隱密生活，被

視為當時最權威的歷史學家。

改變巴克斯命運的關鍵性人物，是一位叫做莫理遜的英國《泰晤士報》駐北京的負責人。他選擇了巴克斯作為自己的助手，於是，巴克斯在二十歲之時，第一次來到了北京。在莫里遜的印象中，巴克斯是一個羞澀、內向的年輕人，有一張溫文爾雅的臉，像一隻溫馴敏感的小白鼠，事實上，巴克斯不僅才華橫溢，而且思想敏銳，能言善辯，懂得英、法、德、拉丁、希臘等十二國語言，是一位在文學和語言方面有特殊天賦的天才。

巴克斯到中國後，在極短時間內熟悉掌握了滿漢兩種語言，如魚得水地周旋於中國官員中間，很快又被博大精深的中國文化所吸引。他寫了大量有份量的新聞報導，開始嶄露頭角，令同行關注和側目。

光緒二十六年（1900），八國聯軍入侵北京，慈禧倉皇西逃，西方列強在硝煙中燒殺淫掠，無惡不作，一座座宮殿在濃煙中倒塌，無數奇珍異寶被掠奪或焚毀。年輕的巴克斯身手敏捷，無數次地出入皇宮和王府，掠奪了大量的宮中秘檔和中文古舊抄本。他智慧過人，通過閱讀舊本，很快瞭解了中國宮中內幕和權力運轉的潛規則，對慈禧——這位東方最具權威的女人產生了濃厚的興趣。八國聯軍侵華事變也改變了大清王朝的對外政策，改變了慈禧的觀念。她從排外開始轉向主動接觸西方，邀請各國公使和公使夫人進入紫禁城和皇家御苑。於是，晚清的宮廷出現了前所未有的熱鬧景象，大量的西方人士，不管是男人還是女人，他們興高采烈，進入

神秘的中國皇宮。巴克斯就是在這個大風潮之中進入了中國宮廷，進入了慈禧的生活。

雖已七十高齡的慈禧心理上依然很年輕，她的狀態很好，風采照人，善於保養的她皮膚依然細膩光滑。她熱情洋溢地接待了一批又一批西方人士，和他們相處甚歡。年輕英俊的巴克斯一進皇宮就成為了慈禧的座上賓。當時與慈禧相戀半生的榮祿剛去世不久，在情感上一時之間失去支持的慈禧感覺空虛寂寞，巴克斯的雄性荷爾蒙激發了慈禧已經老化的身體裡殘存的活力。他在皇宮中待了六年，這位有著異國風情的高鼻樑男子令慈禧十分著迷。他以外國宮廷顧問的身份登堂入室，與慈禧朝夕相處。慈禧喜歡巴克斯這種英俊而富於個性的男人，特別是那雙與眾不同的眼睛總是飄忽不定，籠罩著一層摸不透的憂鬱。慈禧的眼睛也是很獨特的，他們之間的對視，產生了難以想像的結果。雖然慈禧也感受到了她的帝國正在逐漸形銷骨立，她對整個帝國的控制逐漸失去了效力，但這絲毫不影響她私生活的品質。他們像所有熱戀中的情人一樣，談論中西文化習俗，一起品茶看戲，當然他們還有熱烈的擁吻和纏綿的床戲。他們表面上像母子一樣相親相愛，難捨難分，沒有人會用情人這樣的字眼套用在他們身上，慈禧畢竟七十多歲了，只有李蓮英知道這個秘密，但他總是三緘其口。

光緒三十四年（1908）十月，慈禧去世，中國結束了這位第一女人長達近五十年的鐵腕統治。然而，關於她的故事沒有結束。傷心欲絕的巴克斯隱入英國使館區，拒絕所有的社交邀請，像一個清

教徒一樣，生活簡單，獨來獨往，他的晚年大多數時候在夕陽下度過。

多年以後，巴克斯把他們之間的故事著成了書——《滿洲的衰落》，書中大約有十五萬字，詳盡地描繪了他與慈禧的交往、性生活及宮廷生活。在此書中，這位隱藏在幕後的洋情人浮出水面，極大地滿足了人們的窺私欲。此言一出，天下譁然，人們不敢相信，晚年的慈禧，竟然在她生命的最後歲月還有一位廝守到最後的英國情人！此書的語言活潑生動，材料逼真具體，在西方一時洛陽紙貴。

《觀察家》高度頌揚此書可靠詳實，引人入勝；《紐約時報》則稱此書是權威之作，即使匆匆一瞥，也能感受到它卓越的品質；牛津大學還給了作者一個名譽教授的頭銜，將他的名字與洛克菲勒的名字並列。但在中國，「兄弟鬩於牆而外禦其侮」的慣性規律立刻發生了作用，更多的中國人寧願相信，巴克斯只是一個徹頭徹尾的騙子。

慈禧大事年表

道光十五年（1835）一歲

十月初十日，慈禧在北京誕生，取名杏貞。父親惠征，官任筆帖式。原系鑲藍旗，後抬籍為鑲黃旗。

咸豐元年（1851）十七歲

清廷頒佈選秀女詔書，慈禧姐妹應選。

咸豐二年（1852）十八歲

父親惠征受到重用，被任命為正四品的安徽徽寧池太廣道。同年二月慈禧選秀入宮，五月被封為蘭貴人。

咸豐三年（1853）十九歲

六月初三日，父親惠征病故。太平軍攻入南京，改南京為天京，定為國都。

咸豐四年（1854）二十歲

晉封為懿嬪。

咸豐五年（1855）二十一歲

麗貴人產下皇長女，慈禧喜獲龍種，雲嬪因蠱惑罪而死。

咸豐六年（1856）二十二歲

二月二十三日生子載淳，當日晉封為懿妃。

咸豐七年（1857）二十三歲

晉封為懿貴妃。

咸豐十年（1860）二十六歲

八月，英法聯軍進逼北京，咸豐帝逃往熱河行宮，慈禧隨行。

咸豐十一年（1861）二十七歲

七月十六日，咸豐皇帝病逝於熱河，年三十一歲。慈禧聯合慈安與肅順等贊襄政務大臣展開權力鬥爭。八月初一日，恭親王奕訢赴熱河叩謁梓宮，兩宮皇太后召見，密謀發動宮廷政變。九月初一日，兩宮太后獲尊號。懿貴妃尊稱為慈禧皇太后；皇后尊稱為慈安皇太后。九月二十三日，奕訢自熱河啟程返京師。慈禧、慈安護同治皇帝先歸，肅順護咸豐帝梓宮自為一路。九月三十日，將九月十八日已在熱河擬定的上諭宣示天下，宣告肅順、載垣、端華之罪，解除贊襄政務八大臣職務。隨即將載垣、端華、肅順擒拿入獄，分別處以死刑。十一月初一日，舉行垂簾聽政大典，兩宮皇太后垂簾聽政。

同治元年（1862）二十八歲

李鴻章受命組建淮軍。

同治三年（1864）三十歲

六月，太平天國天王洪秀全病死。七月初一日，天京被攻陷，太平天國革命失敗。自垂簾以來，慈禧重用漢臣曾國藩、李鴻章、胡林翼等人，予以重權，終於平定太平天國革命，成就所謂「中興」。

同治四年（1865）三十一歲

三月，借侍講官蔡壽祺參劾，慈禧親自寫諭旨，將恭親王奕訢趕出軍機處，革去一切差使。四月十四日，以延臣疏諫，奕訢認罪，僅罷議政王一職，仍令在軍機處議政。

同治七年（1868）三十四歲

捻軍全軍覆沒，李鴻章立下汗馬功勞。

同治八年（1869）三十五歲

慈禧以同治帝名義發佈上諭，命就地處死寵監安德海。實際上在此之前，山東巡撫丁寶楨已將安德海曝屍多日。

同治九年（1870）三十六歲

六月二十七日，母親佟佳氏病逝，發銀三千兩治喪，並派員穿孝駕典，而未親臨行祭禮。

同治十年（1871）三十七歲

光緒帝載湉生於醇親王府。

同治十一年（1872）三十八歲

同治帝舉行大婚。皇后為慈安和同治帝選中的阿魯特氏，富察氏慧妃為慈禧所看中。

同治十二年（1873）三十九歲

正月，同治年滿十八，舉行親政大典，慈禧撤簾歸政。同治帝重修圓明園，因遭群臣一致反對而作罷。

同治十三年（1874）四十歲

十二月，同治帝染病，不久駕崩。是月，召王、大臣議立嗣君，慈禧以醇親王之子載湉立嗣。議畢迎入宮中登極，改元光緒，慈禧二度垂簾聽政。

光緒元年（1875）四十一歲

二月，同治皇后崇綺女，被逼自盡，封為嘉順皇后。是月，左宗棠請求收復新疆失地，李鴻章反對，廷議相持不下。慈禧支持左宗棠，命其為欽差大臣督辦新疆軍務率軍西征。李鴻章晉封文華殿大學士。

光緒四年（1878）四十四歲

二月，左宗棠克復新疆南路西四城，新疆收復。詔晉左宗棠二等候爵。

光緒五年（1879）四十五歲

三月，主事吳可讀以爭同治嗣子服毒自殺。

光緒六年（1880）四十六歲

六月，派曾紀澤為出使大臣，與俄國交涉侵佔伊犁事宜，訂《伊犁條約》，收還伊犁。

光緒七年（1881）四十七歲。

三月，慈安太后暴斃，傳言為慈禧毒殺。

光緒十年（1884）五十歲

七月，中法戰爭爆發。海戰中國敗績，陸戰法軍慘敗，法國茹費理內閣因此倒臺。慈禧、李鴻章鼓吹乘勝即收，簽訂《中法新約》。慈禧將恭親王奕訢逐出軍機處，組建了一個完全聽命自己的樞臣機構。十月，清朝成立海軍衙門。

光緒十一年（1885）五十一歲

二月，頤和園修成。自此以後，慈禧以此作為休養之所，時常臨幸。六月，頒佈歸政詔書，定於明年二月歸政。

光緒十二年（1886）五十二歲

七月，欽天監發佈懿旨，光緒帝擇日親政，群臣上奏摺請慈禧訓政，慈禧順水推舟，下令擬定了《訓政細則》。

光緒十三年（1887）五十三歲

光緒帝親政，慈禧訓政，依然大權獨攬。

光緒十五年（1889）五十五歲

正月，在慈禧主持下，光緒帝舉行大婚典禮。侄女葉赫那拉氏立為皇后，即隆裕。二月，舉行親政大典。

光緒二十年（1894）六十歲

六月，日軍偷襲駐牙山清軍，中日戰爭爆發。七月，中日雙方宣戰，中國海陸均失利。當時，慈禧正率眾臣在頤和園大肆慶祝自己的六十歲生日。李蓮英賞二品頂戴，成為有史以來品級最高的總管太監。

光緒二十一年（1895）六十一歲

正月，派李鴻章為全權大臣赴日議和。三月，李鴻章與日本伊藤博文簽訂《馬關條約》。

光緒二十四年（1898）六十四歲

四月二十三日，光緒發佈《明定國是詔》上諭宣佈變法維新，重用康有為等推行變法。五月，恭親王病逝，遺摺中叮囑光緒帝不要遽行變法。八月初六日，戊戌政變，變法失敗。慈禧第三次垂簾聽政，光緒帝被囚禁於瀛台。

光緒二十五年（1899）六十五歲

十二月，立端王載漪之子溥儁為大阿哥，以絕光緒帝復辟之望。

光緒二十六年（1900）六十六歲

五月，招撫義和團，用以打擊洋人。七月，八國聯軍進逼京師，慈禧攜光緒帝等人一同出京西逃，經太原至西安。出逃前，慈禧處死珍妃。十一月，奕劻、李鴻章等與各國議和。

光緒二十七年（1901）六十七歲

七月，奕劻、李鴻章與各國聯軍簽訂《辛丑合約》，慈禧自西安歸京。 十月，詔撤溥儁大阿哥名號。

光緒二十八年（1902）六十八歲

是年，全面推行新政。自西巡至西安後，慈禧頒佈推行新政詔書，二十七年十一月回京之後，全面推行。

光緒三十一年（1905）七十一歲

十二月，派端方等五大臣出國考察。

光緒三十二年（1906）七十二歲

七月，頒佈預備立憲詔書。

光緒三十四年（1908）七十四歲

八月，詔定實行預備立憲年限為九年，並擬定「憲法大綱」。十月二十一日，光緒皇帝駕崩，詔以醇親王載灃之子溥儀繼承皇位，改元宣統，以載灃為攝政王。十月二十二日未正三刻，慈禧病逝於中南海儀鸞殿。

1928 年，以孫殿英為首的盜墓者盜掘了金碧輝煌、極盡奢華的慈禧墓定東陵。

慈禧太后和她身邊的男人們

作　　　者	高淑蘭
發　行　人	林敬彬
主　　　編	楊安瑜
責 任 編 輯	陳亮均
助 理 編 輯	黃亭維
美 術 編 排	于長煦
封 面 設 計	林妍邑
出　　　版	大旗出版社　行政院新聞局北市業字第1688號
發　　　行	大都會文化事業有限公司
	11051台北市信義區基隆路一段432號4樓之9
	讀者服務專線：(02)27235216
	讀者服務傳真：(02)27235220
	電子郵件信箱：metro@ms21.hinet.net
	網　　　址：www.metrobook.com.tw
郵 政 劃 撥	14050529 大都會文化事業有限公司
出 版 日 期	2012年9月初版一刷
定　　　價	280元
I S B N	978-986-6234-50-7
書　　　號	History 45

©2011 Phoenix Publishing House (PPMG)
Chinese (complex) copyright © 2012 by Metropolitan Culture Enterprise Co., Ltd.
Published by arrangement with Phoenix Publishing House (PPMG)

國家圖書館出版品預行編目資料

慈禧太后和她身邊的男人們 / 高淑蘭 著. -- 初版. --
　臺北市，大旗出版，大都會發行, 2012.09
　320面；21×14.8公分 -- (History-45)

ISBN 978-986-6234-50-7 (平裝)

1.(清)慈禧太后 2.傳記

627.81　　　　　　　　　　　　　　101015804

![大都會文化] **大都會文化　讀者服務卡**

書名：慈禧太后和她身邊的男人們

謝謝您選擇了這本書！期待您的支持與建議，讓我們能有更多聯繫與互動的機會。

A. 您在何時購得本書：＿＿＿年＿＿＿月＿＿＿日

B. 您在何處購得本書：＿＿＿＿＿＿書店，位於＿＿＿＿＿＿(市、縣)

C. 您從哪裡得知本書的消息：

　　1.□書店　2.□報章雜誌　3.□電台活動　4.□網路資訊

　　5.□書籤宣傳品等　6.□親友介紹　7.□書評　8.□其他

D. 您購買本書的動機：（可複選）

　　1.□對主題或內容感興趣　2.□工作需要　3.□生活需要

　　4.□自我進修　5.□內容為流行熱門話題　6.□其他

E. 您最喜歡本書的：（可複選）

　　1.□內容題材　2.□字體大小　3.□翻譯文筆　4.□封面　5.□編排方式　6.□其他

F. 您認為本書的封面：1.□非常出色　2.□普通　3.□毫不起眼　4.□其他

G. 您認為本書的編排：1.□非常出色　2.□普通　3.□毫不起眼　4.□其他

H. 您通常以哪些方式購書:(可複選)

　　1.□逛書店　2.□書展　3.□劃撥郵購　4.□團體訂購　5.□網路購書　6.□其他

I. 您希望我們出版哪類書籍：（可複選）

　　1.□旅遊　2.□流行文化　3.□生活休閒　4.□美容保養　5.□散文小品

　　6.□科學新知　7.□藝術音樂　8.□致富理財　9.□工商企管　10.□科幻推理

　　11.□史地類　12.□勵志傳記　13.□電影小說　14.□語言學習（＿＿＿語）

　　15.□幽默諧趣　16.□其他

J. 您對本書(系)的建議：

＿＿＿＿＿＿＿＿＿＿＿＿＿＿＿＿＿＿＿＿＿＿＿＿＿＿＿＿＿＿＿＿＿＿＿＿

K. 您對本出版社的建議：

＿＿＿＿＿＿＿＿＿＿＿＿＿＿＿＿＿＿＿＿＿＿＿＿＿＿＿＿＿＿＿＿＿＿＿＿

＿＿＿＿＿＿＿＿＿＿＿＿＿＿＿＿＿＿＿＿＿＿＿＿＿＿＿＿＿＿＿＿＿＿＿＿

讀者小檔案

姓名：＿＿＿＿＿＿＿　性別：□男　□女　生日：＿＿年＿＿月＿＿日

年齡：□20歲以下　□21～30歲　□31～40歲　□41～50歲　□51歲以上

職業：1.□學生 2.□軍公教 3.□大眾傳播 4.□服務業 5.□金融業 6.□製造業

　　　7.□資訊業 8.□自由業 9.□家管 10.□退休 11.□其他

學歷：□國小或以下 □國中 □高中／高職 □大學／大專 □研究所以上

通訊地址：＿＿＿＿＿＿＿＿＿＿＿＿＿＿＿＿＿＿＿＿＿＿＿＿＿＿＿＿＿＿＿

電話：（H）＿＿＿＿＿＿＿＿（O）＿＿＿＿＿＿＿　傳真：＿＿＿＿＿＿＿

行動電話：＿＿＿＿＿＿＿＿　E-Mail：＿＿＿＿＿＿＿＿＿＿＿＿＿＿＿＿＿

◎謝謝您購買本書，也歡迎您加入我們的會員，請上大都會文化網站 www.metrobook.com.tw

登錄您的資料。您將不定期收到最新圖書優惠資訊和電子報。

北 區 郵 政 管 理 局
登記證北台字第9125號
免　貼　郵　票

大都會文化事業有限公司
讀　者　服　務　部　　　收

11051台北市基隆路一段432號4樓之9

寄回這張服務卡〔免貼郵票〕
您可以：
◎不定期收到最新出版訊息
◎參加各項回饋優惠活動